《文心雕龍》文體論中
自然崇拜與祖先崇拜之理路成變
—— 從人類學及宗教社會學抉微

To study the Nature Worship and Ancestor Worship in the Literary

Form of *Wen Xin Diao Luong* Via Anthropology and the Sociology of Religion

許玫芳著

(Mei-Fang Xu)

文 史 哲 學 集 成

文史哲出版社印行

國家圖書館出版品預行編目資料

《文心雕龍》文體論中自然崇拜與祖先崇拜之理
路成變 To study the Nature Worship and Ancestor
Worship in the Literary Form of *Wen Xin Diao Luong*
Via Anthropology and the Sociology of Religion /
許玫芳著. -- 初版. -- 臺北市 :文史哲,民 89
面; 公分. --（文史哲學集成；430）
參考書目:面
1.文心雕龍 - 研究與考訂

820   89002617

文史哲學集成

《文心雕龍》文體論中
自然崇拜與祖先崇拜之理路成變
---從人類學及宗教社會學抉微

著　　者:許　　　玫　　　芳
出版者:文　史　哲　出　版　社
登記證字號:行政院新聞局版臺業字五三三七號
發行人:彭　　　正　　　雄
發行所:文　史　哲　出　版　社
印刷者:文　史　哲　出　版　社
　　　臺北市羅斯福路一段七十二巷四號
　　　郵政劃撥帳號：一六一八〇一七五
　　　電話 886-2-23511028 · 傳真 886-2-23965656

實價新臺幣三四〇元

中 華 民 國 八 十 九 年 五 月 初 版

自 序

　　與《文心雕龍》之因緣，起源於就讀國立台灣師範大學博士班之前的暑假，爲了選修「《文心雕龍》」，我特以電話請益王師更生，應從何種版本手閱讀，我渴望暑假先讀，幸得王師指點，而正式進入《文心雕龍》的文評之旅。在受業期間，實感王師更生在《文心雕龍》方面造詣之深，受益匪淺，對於研讀《文心雕龍》之啓蒙恩師，我感激在心。

　　1995 年有幸參與《文心雕龍》國際學術研討會時，以國立台灣師範大學博士班二年級學生之名義，發表論文：〈《文心雕龍·原道》篇之交道觀及其所呈顯之美感形態〉並被刊載於 1996. 北京大學出版之《文心雕龍研究》第一輯中，北京大學張師少康所給予之幫助甚爲殷切，在論文上給予的助益極多。在學術研討會中，林其錟教授的觀點，對我的論文，提出了足以作爲研究方向更深入思考的問題。1998 年參與在湖南懷化舉行之《文心雕龍》學術研討會，發表〈《文心雕龍》文體論中先民自然崇拜之心理與祖先崇拜之情懷〉，蔡教授鍾祥在會議上，針對我的論文所給予的指教，受益匪淺，此論文亦被刊載於 1999.9.北京大學出版之《文心雕龍研究》第四輯中。

　　回台後，我從人類學及宗教社會學之角度作爲方法學研究，繼續不斷的撰寫論文，同時我在龍華技術學院授課時，已在大三學生「文學專題研究」之選修課程中開《文心雕龍》課程有二年之經驗，授課所予我對《文心雕龍》的閱讀中，能對文意有更深入一層之體會及不

斷地修正自己詮釋《文心雕龍》之機會，對我而言，點滴皆是甜美。

1999 年因應徵國立台灣大學教師聘用，此亦是去年五個國立大學徵聘中文教師時，我唯一投寄的學校。張師少康特從北京大學 fax 一張有關我在湖南發表的〈《文心雕龍》文體論中先民自然崇拜之心理與祖先崇拜之情懷〉已決定被刊載之證明給我，讓我參與台大教職之應徵，心中有無限的激盪；另幸得文史哲出版社負責人彭正雄先生願予我出版《文心雕龍》論文之機會，當時甚是感動，因我們未曾謀面，僅靠一通電話之情誼。雖然，去年未能如願，但我所想的是自己往後更應多努力才是。在我最需要受到協助時，北京大學張師少康及文史哲出版社負責人彭正雄先生，給予我及時的幫忙，此將是生命中難以忘懷的一年。

此次出版《文心雕龍》文體論之自然崇拜與祖先崇拜研究---從人類學及宗教社會學抉微(To study the Nature Worship and Ancestor Worship in the Literary Form of *Wen Xin Diao Luong* Via Anthropology and the Sociology of Religion)，對於啓蒙恩師王師更生及北京大學張師少康而言，此乃受業在學習《文心雕龍》過程中的一次小小心得，「不愧對二位恩師的教誨與幫忙及曾教導我的師長」是我對此部論文品質的終極期盼。

許玫芳序文於家中,2000.2.14.

論文之中英文摘要

摘要【Abstract】

人類於傳衍過程中，不斷地編織各種風俗習慣及成規之制度以適應生態環境及調節其社會生活。劉勰《文心雕龍》文體論中有極富饒之人類學史料，其精蘊值得深掘。本論文嘗試從人類學及宗教社會學探研《文心雕龍》文體論中古先民自然崇拜與祖先崇拜之義法、情境與理路成變，祈能從方法學之運用，為《文心雕龍》之研究增闢蹊徑。

在自然崇拜之研究中，《文心雕龍・祝盟》與《禮記・郊特牲》中云尹耆氏之蜡祭，應為中國最早之自然崇拜儀式；在〈祝盟〉、〈封禪〉、〈頌讚〉、〈銘箴〉及〈誄碑〉之研究中，無論古先民使用何種文體以禮祀天地自然，在劉勰《文心雕龍》書中顯示出人類對大自然中之天神地祇或居於人間之小神的崇拜，通常是五體投地的禮敬，建立謙誠之態度應為人類與大自然和平共處、互利共生之不二法門。在祖先崇拜之研究中，筆者發現古人對階級性祭拜之嚴禁與規範，往往因有英雄人物之出現而除忌；〈誄碑〉、〈哀弔〉中有關祭弔往生者之部分，日後卻成了祖先崇拜之基礎；在〈祝盟〉、〈封禪〉、〈頌讚〉及〈銘箴〉之研究中，功頌祖先者除了具有禳災祈福之功能外，卻均為古帝王、諸侯之「政治軀體」(body politic)之表態，藉此可施行文化整合，以達政、經、教三方協恭同寅之目的，刻勒一己功績者，雖為英雄主

義之作祟，但亦能滿足人類光耀個人理想之功能。自然崇拜與祖先崇拜已成為人類日後演進過程中找尋早期記憶，或為接續人類命脈，或作為藏身處，畢竟繁衍之重責大任，仍無法肩卸；崇拜儀式之傳習，正足為人類繼續存有之祐障。

劉勰《文心雕龍》之文體論，對文體歷經不同朝代之流變，文祥史贍，其提供了後人對古先民祭祀行為與文壇之動向剖析、深造之契機，於前朝社會體系之功能和發展，貢獻厥偉。

In the process of mankind's surviving, they waved all kinds of customs and institutes to adapt to circumstances. There were filled with lots of history information about anthropology in the literary form of Liou Xiao,s *Wen Xin Diao Luong*. In this thesis, I tried to study the nature worship and ancestor worship of *Wen Xin Diao Luong* via anthropology and the sociology of religion.

In the research of nature worship，Zha-Worship was the earliest type of ancients' nature worship. In Liou Xiao's *Wen Xin Diao Luong,* no matter what ancient people used any kind of literary form, zhu-meng, feng-shan, seng-zan, min-zhen, lei-bei to worship God, the only way to make harmony with the nature was mankind must establish modest attitudes. In the research of ancestor worship, I found that social class system usually broke by the great man in ancient times. To concern about 'lei-bei' and 'ai-diau', it was the foundation of ancestor worship. In the study of zhu-meng, feng-shan, seng-zan, min-zhen, to worship ancestor not only for blessing but also

4

for emperor's expression of body politic. According this, it made the culture unify and can easy to reach the cooperation among politics, economy and education. Nature worship ancestor worship had been a thread for mankind to find the earliest memory, or for serving, or for hiding, because to live was a most important job for all the human beings. Handing down of ritual of worship, it offered the blessing and protecting for mankind's surviving.

Liou Xiao supplied a turning point for us to realize the ancients' worship behaviors and the tendency of the literary circles deeply. Especially for the function and development of social system in ancient times, He did a great contribution.

關鍵詞(keywords)：文心雕龍(*Wen Xin Diao Luong*)、自然崇拜(Nature Worship)、祖先崇拜(Ancestor Worship)、人類學 (Anthropology)、宗教社會學(Sociology of Religion)

206 頁倒數第三行更正
誤：Chirrs Herrick's　正：Chris Horrecks

《文心雕龍》文體論中

自然崇拜與祖先崇拜之理路成變

---從人類學及宗教社會學抉微

目　錄

自　序--1

論文之中英文摘要--3

**第一篇　從人類學及宗教社會學研析《文心雕龍》文體論中
　　　　「自然崇拜」之義法、情境與理路**--------------1

**第一章　從人類學與宗教社會學探研《文心雕龍》文體論
　　　　中「自然崇拜」之義法**------------------------3

　　第一節　從人類學與宗教社會學探研《文心雕龍》文體論中古先
　　　　　民「自然崇拜」之精義--------------------------3

　　第二節　古先民「自然崇拜」之儀式、象徵與情境------------18

　　第三節　《文心雕龍》〈祝盟〉、〈封禪〉、〈頌讚〉、〈銘箴〉及〈誄
　　　　　碑〉中有關「自然崇拜」之儀式、情境的異同-------49

**第二章　《文心雕龍・祝盟》中所示現之「自然崇拜」的
　　　　成變理路**------------------------------------56

　　第一節　《文心雕龍・祝盟》中「自然崇拜」興起之背景與沿革
　　　　　--56

第二節　祝文從求生、輔政、厲戰及哀策流文之理路變革----89

第三節　盟文從口頭約誓至血祭之演變及其附加價值-------99

第三章　《文心雕龍》〈封禪〉、〈頌讚〉、〈銘箴〉及〈誄碑〉中美報天神地祇與英雄主義之矛盾情結
--------------------------------------107

第一節　《文心雕龍‧封禪》中「自然崇拜」之興起背景及齊桓公「欲越權行封禪」之反思--------------------107

第二節　〈頌讚〉、〈銘箴〉及〈誄碑〉中「自然崇拜」精神之成變----------------------------------112

第三節　〈封禪〉、〈頌讚〉、〈銘箴〉及〈誄碑〉中「自然崇拜」思想中英雄主義之矛盾情結與附加價值--------115

第四章　結論------------------------------------119

第二篇　從人類學及宗教社會學研析《文心雕龍》文體論中「祖先崇拜」之義法、情境與理路--------------124

第一章　從人類學與宗教社會學探研《文心雕龍》文體論中「祖先崇拜」之義法-------------------126

第一節　從人類學與宗教社會學探研《文心雕龍》文體論中古先民「祖先崇拜」之精義----------------------126

第二節　古先民「祖先崇拜」之儀式、象徵與情境------------139

第三節　《文心雕龍》〈誄碑〉、〈哀弔〉、〈祝盟〉、〈封禪〉、〈頌讚〉、〈銘箴〉及中有關「祖先崇拜」儀式、情境之異同----155

第二章　《文心雕龍》〈誄碑〉與〈哀弔〉中政教運用及其成變理路----------------------------159

　第一節　《文心雕龍》〈誄碑〉、〈哀弔〉中有關祖先崇拜所孕育之孝思傳衍的背景----------------------------159

　第二節　〈誄碑〉從貴族文化邁向平民基模中「祖先崇拜」之成變理路----------------------------164

　第三節　〈哀弔〉從人祭至慰問中有關「祖先崇拜」之成變理路
----------------------------169

第三章　《文心雕龍》〈祝盟〉、〈封禪〉、〈頌贊〉及〈銘箴〉中「祖先崇拜」之功頌心態及其成變理路
----------------------------175

　第一節　〈祝盟〉中從對農神之崇拜至會盟祈祖中有關「祖先崇拜」之思想及其附加價值----------------------------175

　第二節　〈封禪〉中有關「祖先崇拜」之背景、理路及其附加價值
----------------------------180

　第三節　〈頌贊〉與〈銘箴〉文中有關「祖先崇拜」之精義及其記憶前賢之功能----------------------------183

第四章　結　論----------------------------190

參考書目----------------------------198

附　錄：1995 年文心雕龍國際學術研討會發表之論文修正版：《文心雕龍・原道》篇之文道觀及其所呈顯之美感形態--211

第一篇 從人類學及宗教社會學研析《文心雕龍》文體論中「自然崇拜」之義法、情境與理路

　　人類於傳衍過程中，不斷地編織各種風俗習慣及成規之制度以適應生態環境及調節其社會生活，有令人極為動感之毅力與耐心；在玄想架構宇宙本體過程中，試圖宰制宇宙，並為人類遠景勾勒理想藍圖；有耐人尋味之智慧與企圖心。在劉勰《文心雕龍》文體論中富含豐盛之文學史料與政治、歷史之陳跡；其中或可依託時人之心志、綺幻與夢想，並陳時事、社會情態及自然環境。人類在史跡中緩步烙印生命進程，藉此便可資鑒清古先民不斷與生態環境互動所累積之生活經驗與文化承傳。

　　劉勰《文心雕龍》文体論詳述文體之起源與變遷，從遠古至魏晉南北朝，因而後人對其間文變之史跡有一概括印象。不過劉勰文體論形製之完備，卻前有所承，其在〈序志〉篇中評論各家論文之大要云：「魏典密而不周，陳書辨而無當，應論華而疏略，陸賦巧而碎亂，流別精而少巧，翰林淺而寡要。…並未能振葉以尋根，觀瀾而索源。」（ 范文瀾註本、卷10、頁726），因此在詳列文體論之淵源、體制、風格、比較各家之文論優劣及敘述文體與時推移之流衍變化時，既能承繼又能新變，故能奠定中國早期文學理論穩固奇正之基石。劉勰以〈原道〉、〈徵聖〉、〈宗經〉、〈正緯〉及〈辨騷〉為文之樞紐，而後自〈辨騷〉

至〈書記〉止[1]，開啓文體論之辯證；其中所闡釋之主題有：民歌及其變奏、歌功頌德之意義、先民自然崇拜之心理、鑒戒諷喻之文、祖先崇拜之情懷、對歷史薪傳之重視、反映當代學術流派之動向、古聖賢之語及縱橫家之動言中務、帝王之命令、軍中之公文、陳政之文及社會規桌與記實等多層意涵之文體運用及其所顯現之特質，而在〈祝盟〉、〈封禪〉、〈頌贊〉、〈銘箴〉、〈誄碑〉及〈詔策〉中潛藏著先民自然崇拜之心理。自然崇拜是古先民初始與外在環境搏鬥之精神支柱，可顯示出中國此一民族之文化景觀的某些特質。然除了政治、經濟、學術對人類有其必然之影響外，相對於人之周遭境象似乎與人相互虛擬（Simulation）[2]遞變。人類超自然觀之形成，應非僅以「人」爲中心之投射昇華，人類或有對天體之運行並不排除有外力干預之可能？因

---

[1] 〈辨騷〉究屬文體論中一篇與否？至今研究《文心雕龍》之學者仍持正反二種說法。紀昀評曰：「詞賦之源出於騷，浮艷之根亦濫觴於騷。辨字極為分明」（見於黃叔琳注、紀昀評《文心雕龍注》頁 14）范文瀾註本《文心雕龍注》、卷 1 亦提及紀昀之說（頁 48~49），是皆以為文體論根源於〈辨騷〉。〈辨騷〉雖為文之樞紐，但卻亦是詞賦以下二十篇開端，以騷體為屈原所創，且〈辨騷〉中亦有述及騷體與《詩經》之差異及其影響與流變之思路，故〈辨騷〉既為文之樞紐，亦應視為文體論之開篇。

[2] 「虛擬實境」一詞出自布希亞（Jean Baudrillard）之擬象說。Chris Horrocks' *Baudrillard*（布希亞），傅偉勳主編，王尚文譯。布希亞云：「自然不再是原初和起源之表現，這種表現象徵的對於文化。自然變成一種擬象模式（Simulation model），一種自然的再流通的符號的消費品（Consomme）」（頁 53）布希亞為法國人，目前全世界之理論批評家將其視為二十世紀新思想之大師。

[3] 李亦園《宗教與神話論集》中曾云：「傳統中國人的超自然觀就是這樣以『人』為中心而投射出去的世界，所有超自然存在都是人的投射昇華」（頁 181）李先生此處對超自然觀（指自然崇拜、神明崇拜、祖先崇拜）之詮釋，全然站在以人為中心的出發點上，筆者甚為懷疑？究竟宇宙間之運作是以「人」為主宰所投射出之昇華觀點，抑或對天體之運行，人類並不排除有以「外力」作為主體之可能？

此透過古先民運用天人溝通之心理，亦可資宏觀古先民精神、思想層面之深度。

　　本文將研析劉勰《文心雕龍》文體論中先民自然崇拜之崇拜之義法、情境與理路全文分爲四章：第一章：從人類學及宗教社會學探研《文心雕龍》文體論中古先民「自然崇拜」之精義；第二章：《文心雕龍·祝盟》中所示現之「自然崇拜」的成變理路；第三章：《文心雕龍》〈封禪〉、〈頌讚〉、〈銘箴〉及〈誄碑〉中美報天神地祇與英雄主義之矛盾情結；第四章：結論 。有關《文心雕龍》之主要版本將以范文瀾註本《文心雕龍注》爲主。

第 一 章
從人類學與宗教社會學探研《文心雕龍》文體論中「自然崇拜」之精義

第一節 從人類學與宗教社會學探研
《文心雕龍》文體論中「自然崇拜」之精義

　　法國著名的近代社會學家列維‧布留爾以為：「在大量不發達民族中間、野物、魚類或水果的豐收，正常的季節序代、降雨週期，這一切都與由專人舉行的一定儀式有關係，或者與某位擁有專門的神秘力量的神怪人物的生存與安寧有聯繫。」[4]文中露現出從多數不發達國家中有專屬人員進行儀式之膜拜是與人類生存所需之物質、大自然之時序及神聖人物之安危存亡有關。從多數不發達民族的行儀上溯人類祖先，無論古今中外，何以不約而同地對祭祀極度重視？值得探究。在《文心雕龍》〈祝盟〉、〈封禪〉、〈頌贊〉、〈銘箴〉、〈誄碑〉及〈詔策〉中有極珍貴之自然崇拜資料，筆者嘗試以方法學（ 指從各種學門—此處指人類學及宗教社會學 ）進行資料之檢索，以便釐清人類對「自然崇拜」興起之因，同時亦可進一步透析古先民所留下之文體運用與自然崇拜間之關係、功能與目的。以下嘗試由二方向探究：一、從《文心雕龍》文體論與自然崇拜之演化論起；二、自然崇拜之「天」與《文

---

[4] 見於列維‧布留爾《原始思維》。頁71。

心雕龍》文體論中「君權神授」觀之關係。

一、從《文心雕龍》文體論與自然崇拜之演化論起

　　遠古時代，人類對大自然「物競天擇」的瞬息幻化、不可抗拒、不可知之外力所帶來災難的恐懼與解釋，將之歸於「大自然之神力」，而後人類透過祭拜儀式以祈求神鬼之助以祈福禳災。在劉勰《文心雕龍・祝盟》之祝禱文中便明顯的呈現此主題。尤其〈祝盟〉中「天地定位，祀遍群神」（范文瀾注本，卷2，頁175）一語，更是全篇之總綱，爲後敘中有關中國古代「泛神崇拜」至「廟神不至」作註腳。因而參證西方對自然崇拜之演化資料及中國古籍中祭祀之記載，對於研究《文心雕龍》文體論中自然崇拜思想，實爲必要。

　　西方於十九世紀末葉(1871年)，英國人類學家愛德華・泰勒(Sir Edward Burnett Tylor，1832-1917)於其《原始文化》*Primitive Culture*一書中提出「泛靈論」(Animism)又稱「萬物有靈論」，其以爲在祖先崇拜及自然崇拜以前，已有萬物有靈崇拜，並云：「由靈魂的學說發展到較爲廣泛的關於精靈的學說，從而成爲完整的自然宗教哲學。」[5]此即

---

[5]英人愛德華・泰勒《原始文化》*Primitive Culture*一書提出了「萬物有靈論」之說法，並對自然宗教的完成有所定義，見於頁573。在謝六逸《神話學 ABC》中亦提及「萬物有靈論」之思想：「野蠻人都有的信仰，他們相信精靈的住家或超自然的存在，都是寄託於某物的，如木、水、石等在野蠻人看來，都是精靈的住在所。」（頁3）在金澤著、劉魁立主編《中國民間信仰》中提及「當原始人把諸如此類的靈魂、精靈或神靈的居所，推而廣之，拓展到動物、植物，乃至日月星辰、山石樹木身上時，不

自然宗教時期產生之義界；而「自然宗教」之內容，根據 Sir Gorge Frazer, O.M.FRS., F.B.A. 於《自然崇拜》*The Worship of Nature* 一書詮釋為「單一民族的自然宗教分成二支，自然崇拜與對死亡者崇拜。」[6]換言之，就泰勒之理論而言，在自然宗教之前，已有萬物有靈崇拜。不過人類學者威廉‧施密特卻質疑泰勒「在追溯萬物有靈崇拜的起源上，發現在祖先崇拜、實物崇拜及自然崇拜之前，已有萬物有靈崇拜，因此，他便認為此種崇拜，就是一切宗教的最後根源了。」[7]威廉‧施密特質疑「萬物有靈崇拜」觀念之前，應還有更早之人類崇拜的根源。或有稱其為「活物論」[8]者。此問題雖值得思考，不過本論文將以「萬物有靈崇拜」及「自然宗教」作為立論根據。泰勒之萬物有靈崇拜，是「自然與人渾同之狀況」[9]，此時人類應已脫離蒙昧、渾沌之時期，而開始

僅形成了 "萬物有靈觀"，而且形成了最初的自然崇拜。」（頁 10）

[6]見於 *The Worship of Nature* , summary, p. 17. 。賈玉銘《神道學》（上）將「自然宗教」詮釋為「借天然啟示而有的宗教。」（頁 59）另王小盾《原始信仰和中國古神》之三、"自然信仰"中提及：「所謂自然信仰，指的是一種認為自然物和自然力具有生命、以及偉大能力的信念…自然信仰是人們對自己所感覺的事物的神秘信仰，而不是自己所想像的神秘信仰。」（頁 17）王小盾《原始信仰和中國古神》以為自然信仰不是自己所想像的神秘信仰。此語恐值商榷，筆者已於前陳述人類虛擬自然崇拜之神物，所謂「虛擬」，必有想像成分之實質存在，以至儀式中的陳設更見虛擬之誠心，此是人神共存的唯一法則。

[7] 此理論見於 Schmidt, William(施密特)《比較宗教史》第 7 章，頁 97。此書原由台灣輔仁書局出版，後被題名為《原始宗教與神話》蕭師毅、陳祥春譯，由上海文藝出版社出版。

[8] 袁柯《中國神話史》中提及「活物論」，以為「前萬物有靈論即是原始人最初的宗教觀念，多把動物、植物、自然力，自然現象看作是活物，從而產生許多類似童話或寓言的天真爛漫的故事。」（頁 28）

[9]在李根蟠、盧勛合著〈淺談原始思維若干特點〉中以為人類對人本身與自然界之概

對外界事物進行探索。而自然宗教時期乃原始民族之生活經驗與傳統作爲各個民族崇拜神祇對象之基石。有關萬物有靈論之說法，在中國之古籍中亦有相似之說法；《禮記‧祭法》中以爲生於天地之物，均有其精靈，故云：「大凡生於天地之間者，皆曰命；其萬物死，皆曰折；人死曰鬼。」[10]前者「曰命」爲中國古書中最早之萬物有靈論，後者「曰折」則意涵人類逐漸過渡自然宗教時期。魯迅《中國小說的歷史變遷》中提及『萬有神教』。」[11]所謂「萬有神教」乃指「萬物有靈論」而言。「萬物有靈論」乃爲中國泛靈論現象之最佳詮釋，即自然宗教時期之民間信仰狀況。儘管科學無神論者欲否定宗教的特殊精神實體(神祇與靈魂)之存在而肯定科學的世界觀[12]，然此種特殊之精神實體不但未能消亡，反卻緊隨著人類的科技與哲學思維，進入精緻面的制法之整飭中，且與禮教息息相關。《文心雕龍‧宗經》云：「論說辭序，則易統其首。詔策章奏，則書發其源。賦頌歌讚，則詩立其本。銘誄箴祝，

念，仍處渾沌不明之說法頗有同感：「這種把自然界現象人格化的結果，形成『萬物有靈論』的觀念。『萬物有靈』觀念是有一個演變過程的。最初它只是以爲人和自然都是有意志和有生氣的一種渾沌不分的觀念。」(見於《哲學研究》，第11期，頁43)

[10] 藝文印書館十三注疏本，頁996。

[11] 見於《魯迅全集》，其文云：「中國本來信鬼神的，而鬼神與人乃是隔離的，因欲人與鬼神交通，於是乎就有巫出來。巫到後來分爲兩派：一爲方士，一仍是巫。巫多說鬼，方士多談煉金及求仙，秦漢以來，其風日盛，到六朝並沒有息，所以志怪之書特多…六朝人視一切東西，都可成妖怪，這正是巫的思想，即所謂『萬有神教』。」(卷9，頁312)。

[12] 伊‧凡‧亞布洛柯夫《宗教社會學》云：「在此基礎上，科學無神論將對宗教世界觀進行全面的批判。它將從一個特殊方面，即從特殊的精神實體(上帝、靈魂等)和肯定科學的世界觀方面出發去解決哲學中的一個基本問題。」(頁3)

則禮總其端。記傳盟檄，則春秋爲根。」（范文瀾註本，卷1，頁22）文體論本之五經，尤其銘誄箴祝…等在文學作品或文學史之脈絡上，有其與當代禮文牢固相繫之淵源。人類學者及宗教社會學者以爲最原始之社會所產生之宗教行爲是一種非約定式的自然宗教，此種模式正式定型以後，便形成民間的信仰之一，而成爲人類一種宗教意識活動(指圖騰崇拜、自然崇拜或祖先崇拜)[13]。「圖騰」一詞，源於北美印地安人鄂吉希瓦人的方言，意思是「他的親族」，因此與氏族起源於某種圖騰的傳說有關；此些氏族分別崇拜某些動物。[14]在萬物有靈崇拜後人人類又創造了自然神話，其時間殆與自然宗教先後或同時；此種自然神話之想像力乃根源於人類渴望其自由意志之實踐。在中國自然宗教時期之代表產物，包含神話、占卜、祭祀及「巫術」活動；此於中華文化及文獻上均有大量的記載，例如神話在《楚辭》、《山海經》、《淮南子》…中均有之。占卜部分則在卜辭中有之，而圖騰崇拜與巫術活動中，透過巫覡作爲天人溝通之橋樑，留下爲數不少的神話性人物，因圖騰崇拜時期之各氏族的崇拜，已進入集體性且爲一致性之崇拜行爲，有著狂熱的巫術宗教色彩，可視爲人類具有最早之宗教意識活動

---

[13] 此三種信仰先後之淵源，至今並無任何可茲證明期間之關係，至少在澳大利亞人的宗教信仰主要是圖騰崇拜和巫術，而未見有自然崇拜現象。」（見於何星亮《中國自然神與自然崇拜》，頁14 ）

[14] 有關「圖騰崇拜」，乃世界各民族的原始宗教之一般宗教，中國古代包括大陸雲南省…等少數民族，亦均極崇尚圖騰崇拜。在王煒民《中國古代禮俗》中更云：「圖騰信仰，認為人與某種動物、植物或者無生物之間，有一種特殊的血緣關係，每個氏族都起源於某種動植物或生物。這種圖騰就是該氏族的祖先和保護神，也是該氏族的徽號和象徵。」（頁4-5）

之始，即使在中國亦不例外，畢竟在人類演進過程中，仍有某種共通性是具有全球性之普遍特質。

　　一般所謂「自然崇拜」，乃指以神靈化之自然物、自然力和自然現象爲崇拜之民間信仰，對象應爲天、地、日、月、星辰、雷、雨、水、海洋、火、山及石。[15]其中之自然物是指無生物如礦物之類及生物如動、植物等；自然力是指大自然主宰生養滅歿之神奇力量；自然現象是指風災、水旱、火害…等非人爲之大自然自發之現象。至於在中國古籍《禮記・祭法》中便有關於古人之自然崇拜對象及祖先崇拜之對象的記載，其中有關自然崇拜之對象爲：「夫日、月、星辰，民所瞻仰也；山林、川谷、丘陵，民所取材用也。非此族，不在祀典。」[16]此與《文心雕龍・祝盟》中所提及之「天地定位，祀遍群神，六宗既禋，三望咸秩…。」（范文瀾註本，卷2，頁175）指涉皆同，早期中國古先民自然崇拜之信仰，應是泛神的，且爲祀典所規定範圍之內的神祇，因此真正無神不祭者是在東周春秋以後之事。此種「祀遍群神」之觀念，實已進入自然宗教時期，其所涵蓋的層面，應較具全面性，不論生物或無生物均已進入自然宗教之範圍。其後在劉勰《文心雕龍・祝盟》中云：「春秋以下，黷祀諂祭，祝幣史辭，靡神不至。」（范文

---

[15]泰勒《原始文化》*Primitive Culture*, 第16章，提及被視為自然崇拜之對象有：「這是天和地，雨和雷，水和海洋，火、太陽和月亮。」（頁695）實則星辰、山、石亦均是自然崇拜之物。而劉文三《台灣宗教與藝術》曾界定有關「自然信仰」之問題：「人類在原始時期，完全依賴自然祈求安息，由於對自然無法想像與解釋，繼由心理的恐怖，而產生信仰…」（頁12）
[16]見於藝文印書館十三注疏本，頁803。

灡註本，卷2，頁176）此時應已進入自然崇拜時期。另在甲骨文資料中仍保留有不少有關於自然崇拜之記載，例如：「卜辭禘不從示，象架木或束木以燔，並於其上加橫畫一或二以表示祭天。禘祭初爲殷人祭天及自然神、四方之祭，其後亦禘祭先公先王。禘由祭天而引申爲天帝之帝，又引申爲商王之稱號。」[17]可知中國爲一泛神論之國家。至於「崇拜」一詞之英文爲 Worship，其意是「表達加諸某人或某事之價值而希臘文 Proskyneoyk 則是指前來親吻(手)，意味著在敬拜中的俯伏行爲，以及尊敬、謙卑的內在態度。」[18]從此文中不難見出，其非僅是一種行爲之禮敬，亦是一種心靈之膜拜。原始宗教或自然宗教均是一種祭祀行爲，人類學者與宗教社會學者以爲，人類最早期之祭祀活動是一種社會行爲，透過各種虛擬的儀式或象徵性的歌舞表達之，其中「曲折地反映了歷史上早已消失了的原始社會裡的事物」[19]，此種約定成俗之活動，其後才演變成區域性或普遍性之宗教行爲。人類於傳衍中歷經喜悅、恐懼、希望、掙扎、憤怒、悲痛、失望、迷惑，從失敗中嘗試解決困境，是先民求生之必然，其中尤以恐懼與希望，更是人類企求生存的根源。對任何一個種族而言，若要不斷繁衍，則必須調適其

---

[17] 見於徐中舒《甲骨文字典》卷1，頁23。
[18] 見於葛理翰·肯狄(Graham Kenderieck)《敬拜》(史濟蘭譯)，頁13。
[19] 蔡家麒〈關於原始宗教的研究〉中指出：「原始宗教是原始社會中人們精神活動的產物，曾是各氏族、部落集團全體成員所恪守的信仰，也是原始人類世界觀的主要內容。當時的許多社會活動，都受著此種古老的原始信仰所支配。所以原始宗教在許多方面曲折地反映了歷史上早已消失了的原始社會裡的事物」輯於《思想戰線》第46期，頁77。

生態系統，[20]以克服恐懼所帶來之壓力及對繼續繁衍具有威脅性之事物。從醫學與心理學觀點言之，恐懼(Phobias)是指「對某種特殊事物或情況特別害怕，覺得非要躲開不可」[21]，為了紓解心裡之壓力以祈福禳災(案：並包括治病之功能)及對自然界之威權的敬羨，自然崇拜於焉而生。在《國語・楚語(下)》中便明舉人民因困匱於祭祀而致災難降臨，對生靈性命產生威脅：「及少皞氏之衰也…民匱於祀而不知其福…嘉生不降，無物以享，禍災薦臻，莫盡氣。」[22]《禮記・祭統》中則透顯自然崇拜之「原因論」云：「夫祭者，非物自外至者也，自中出生於心者也。心怵而奉之以禮，是故唯賢者能盡祭之義。」[23]文中將古先民之畏懼心及發自深心之誠敬一表而出，因而祭祀之重要性，不可忽之，古人有所先鑑，《國語・楚語(下)》便可為之佐證。人類為了達到生存於自然界「良性適應」之目的，恐較達到「原始和諧」更是先民之積極目的，而事實上，古先民之自然崇拜行為甚至具有治病之附加價值[24]。

---

[20]見於基辛(R. Keesing)著，陳其南校定，張恭啟、于嘉雲合譯《文化人類學》(當代文化人類學分編之二)第六章：文化的變遷，頁148。

[21]見於徐靜「精神醫學」頁80。

[22]韋昭注，頁18。

[23]見於藝文印書館十三經注疏本，頁830。

[24]Laurence G. Thompson, *Chinese Religion*, "This is not surprising since the function of religion was to give support to people in copying with the problems resulting from the unpredictable and capricious aspects of the world, rather than to provide an intellectually satisfying cosmology."(p. 20)其書中對宗教功能的闡釋，與人類自然崇拜之起因是雷同的。賈玉銘《神道學》(上)中探討敬神之源，以為「似是而非」之說法有祖傳、感想、閱歷、理性與啟示等(頁74~79)，而「可

二、自然崇拜之「天」與《文心雕龍》文體論中「君權神授」觀之關係

　　古代中國對「天」之觀念賦予了「生命神格化」之特質，此種對「天」擬人化之崇拜，隱現出媚神與交換[25]之溝通特質。宗教、民俗與政治之關係繫乎國君與人民對自然崇拜中將「天」神格化之事實及國君藉由「君權神授觀」以行其政治統戰的宗教政治化之運用，因此，探討古代「天神格化概念」與「君權神授觀」，有助於本論文對《文心雕龍》文體論中自然崇拜之思想的探究。

　　古先民設想「有一種無形的靈魂存在，靈魂既可以和人體結合，也可以和別的事物結合，從而形成主體和客體不分的擬人化的自然崇

信之因」則為天性與原知則在頁 79~86。筆者以為若將敬神之源的探討方向落於人與自然界互動時所產生之心理現象與精神狀態，則會較為實際而不抽象；由是之故而與賈玉銘從形上學之立場剖析不同。另 Edited by Harold G. Koening, *Religion and Mental Health*，強調了宗教對心理健康的重要性。事實上古人自然崇拜之行為，涉及身心健康的治病附加價值。王祥齡《中國古代崇祖敬天思想》中對自然崇拜產生之因有所說明，尤其是對「原始和諧」一詞提出：「原始人類既然將自然界視為自身存在的基源，並且是不能與之分離的東西，但當主體內部所出現的表象找不到有形的相應外物時，原始人類便設想有一種無形的靈魂存在，靈魂既可以和人體結合，也可以和別的事物結合，從而形成主體和客體不分的擬人化的自然崇拜。這種試圖將主體與客體從一對一的對應當中，取得均衡的自然崇拜，正展露了原始人類對宇宙秩序所抱持的最原始的心靈——原始的統一，也就是所謂的『原始和諧』。這種『原始和諧』的觀念，散落在各民族神話傳說，甚至哲學思想裡。」（頁 28-29）
[25] 在劉曄原、鄭惠堅《中國古代祭祀》中提及祭祀的目的有二：一為媚神性，一為交換性，而「交換性」之目的為：「人們以生牲來祭祀以達到預期的交換目的，希望透過祭祀活動，與神靈達到長期合作的目的。」（頁 213）

拜」[26]。而在中國古書中如《尚書》、《易經》及《詩經》中已有「天」、「天帝」、「上帝」之字詞，是「生命神格之稱謂」之始，亦是古先民對「天」之生命神格的敬畏。此外，《尚書》與《詩經》中頗多有關「天命」之說，如《尚書・周書・大誥》書序提及武王崩，三監及淮夷叛，周公相成王將伐之，作大誥之文云：「王若曰：猷，大誥爾多邦，越爾御事弗弔，天降割於我家，不少延。」[27]又云：「天降威，知我國有疵，民不康。」[28]所謂「天降割」及「天降威」，即指「周武王新喪」之事。文中透顯出周成王以為人類生命之予奪者為天，當武王之生命遭劫奪時，是天降災害的現象，非人力所能主導，由此可窺出《尚書》中周人對天神之威權與神能的全然且絕對畏服的原因之一。又如《左傳・哀公傳二年》甲戌衛與鄭將戰，簡子巡列時，勉勵士兵之言：「群子勉之，死不在寇」[29]杜預注：「言有命」[30]從左傳中，亦可見出與《尚書・周書・大誥》文中對天神掌有人命之生殺大權的相同畏懼之心。不過在《尚書・甘誓》：「天用勦絕其命，今于惟恭行天之罰。」[31]中所透露出之古先民之思想，則不僅僅是上天掌有一國興亡之能力而已，上天更會將此懲罰之重責，交付於某個天神所特選之人物（此處是指夏朝

---

[26] 王祥齡《中國古代崇祖敬天思想》中對自然崇拜產生之因有所說明，尤其是提出「擬人化之自然崇拜」的觀念，見於頁28。
[27] 見於藝文印書館十三注疏本，頁190。
[28] 見於藝文印書館十三注疏本，頁191。
[29] 見於藝文印書館十三注疏本，頁996。
[30] 見於藝文印書館十三注疏本，頁996。
[31] 見於藝文印書館十三注疏本，頁98。

國君)；其中牽涉了古人對自然崇拜觀念之純粹性與否的問題？究竟古先民是針對畏服於大自然之神而進行崇拜，或有假以天威而愚民？自然崇拜觀念之純粹性，以在災難發生之當時或事後，人類從感受自然力之不可抗拒時的心靈衝擊中，學習到對自然界的謙卑心態及深感「天命之無常」最爲深刻，且對天神地祇有新一層之體驗，相信此種自然崇拜觀念之純粹性是不容置疑的。從台灣 1999.9.21 于南投發生集集大地震之災情，其對台灣人民的震撼力及所帶來之物質財產的損失及精神層面的打擊(尤以受災區爲甚)，應證了從古至今人們仍在實行的自然崇拜之禮儀中，人們對自然崇拜觀念之純粹性的堅實心理基礎。在《尚書・周書・大誥》中所述之天神主宰人類生命予奪之生殺大權，亦讓人類深感無奈與無常，此種對天神降災所產生之自然敬畏的心，仍是溢於言表。至於《尚書・甘誓》中之「天命觀」是否爲愚民政策？可能有待商榷；其因在於古先民對「天」之觀念，究竟是否已能完全擁有《荀子・天論》中強調「制天」與「用天」之觀念，令人懷疑？劉勰《文心雕龍・詔策》中所謂「命喻自天」一辭，應是來自《詩經・大雅・大明》所言之「有命自天，命此文王，于周于京，纘女維莘」[32]在劉勰《文心雕龍・詔策》中所謂「命喻自天，故授官錫印。」(范文瀾註本，卷4，頁358)是將詔命的頒佈與天神有所干涉，所以授官位、賜姓氏，均依天意而行；《詩經・大雅・大明》之文，依

---

[32] 見於藝文印書館十三注疏本，頁 542。而劉勰〈詔策〉中之「有命在天」，應是出自《詩經》中之「有命自天」(見於羅立乾《新譯文心雕龍》頁 327)。

鄭玄箋云:「天爲將命文王君天下于周京之地,故亦爲作合,使繼大任之女,事於莘國,莘國之長女大姒則配文王維德之行。」[33]文中強調文王爲君、娶妻,均是天意。從《詩經·大雅·大明》的「有命自天」至劉勰《文心雕龍·詔策》中所謂「命喻自天」,讀者可看出古先民之「天命觀」有其理路:歷代帝王、諸侯藉將「神權天授」之觀念與「君權神授」融合,以從事其政治統戰之實,而「命喻自天」之「君權神授」觀之意識形態灌輸,正能控引於行政過程中「名正言順」的取得及「命」、「誥」施行之合理化與正當性。從《詩經·大雅·大明》至劉勰《文心雕龍·詔策》之文中,很顯然此種天命觀雖已爲帝王所用,但若照一般正常推理,恐怕帝王或有因其自身對天神之畏服而於文誥誓辭中直接以此作爲恫嚇臣民之手段,其目的或在愚民,或在借恫嚇以達其預期之目標。另在劉勰《文心雕龍·詔策》中亦提及「書稱敕天之命」(范文瀾註本,卷4,頁358)的說法,實則在《尚書·益稷》中有:「帝庸作歌曰:『敕天之命,維時維幾。』」[34]而孔穎達疏:「帝既得夔言,用此庶尹允諧之政,故乃作歌自戒…,人君奉正天命以臨下民,爲當在於順時,爲當在於愼微。」[35]其文中所表露之重要思想,與《詩經·大雅·大明》的「有命自天」及《文心雕龍·詔策》:「命喻自天,故授官錫印。」(范文瀾註本,卷4,頁358)之「君權神授」的天命思想,一無二致;《尚書》中所強調后稷奉天命爲帝,而有眾官

---

[33] 見於藝文印書館十三注疏本,頁543。
[34] 見於藝文印書館十三注疏本,頁74。
[35] 見於藝文印書館十三注疏本,頁74。

之長的輔助，使得天下得以和諧，因而心存感恩而自戒之。是故從古籍中可知天之屬性，在商朝及周朝初年，仍是神格天之自然崇拜的形態。對「天」能有較超然的自然天之看法，則爲荀子，其〈天論〉中云：「列星隨旋，日月遞炤，四時代御，陰陽大化，風雨博施，萬物各得其和以生，各得其養以成，不見其事而見其功，夫是之謂神。」[36]荀子強調列星、日月、四時、陰陽的自然調和並孕育萬物，皆渾然天成。其又云：「夫日月之有蝕，風雨之不時，怪星之黨見，是無事而不常有之。…夫星之隊，木之鳴，是天地之變，陰陽之化，物之罕至者也，怪之，可也，而畏之，非也。」[37]荀子對天際之各種怪異現象，包括日蝕、月蝕、彗星殞落（當時荀子僅知是天上之星子墜落，而不知是彗星殞落或是流星雨之宇宙自然現象）、風雨之形成…等自然之異常現象，以平常心視之，且以爲可怪而不可畏，更是先進。不過，畢竟荀子之創見，將「天」視爲無任何主宰力的自然存在，在周朝是異數。筆者相信從無意識的愚民心態至有意識之愚民心態間，應有一段屬於古先民對「天命觀」之自然演化的心路歷程。從早期原先純粹的自然崇拜之心，將「君權」與「天命」混而爲一，至後期演變爲有意識地利用臣民對天神自然崇拜之心理，以行其輕易統戰之實。而其中天命觀所牽涉之事頗廣，〈中庸〉裡有『天命之謂性，率性之謂道，修道之謂教』」[38] 在古先民心中，其不僅政治、教育，依據天命而來，人類的

---

[36] 見於王先謙《荀子集解》，頁 530。

[37] 見於王先謙《荀子集解》，頁 536-537。

[38] 見於藝文印書館十三注疏本，頁 879。

一切現象亦依天而生，依天而存。至於在劉勰《文心雕龍·祝盟》中則有：「天地定位，遍祀群神。六宗既禋，三望咸秩，甘雨和風，是生黍稷，兆民所仰，美報興焉。」（范文瀾註本，卷2，頁175-176）可看出古先民對六宗(日、月、星辰、水旱、四時、寒暑)[39]及三望(山、河、海)特為敬拜之因，乃在於對自然界賜風降雨、長養萬物之神力的敬拜，而其中之日、月、星辰即是天之代言。另在《文心雕龍·封禪》中對祭天祀地之重視便可透過〈詔策〉中所提及之有關古人對「天之神格化」而更能理解古帝王將政治宗教化之思路。中國古代便從泛靈論進入此種泛神崇拜之儀式，其後《文心雕龍·祝盟》又將春秋以後之祭祀亂象言簡意賅：「春秋以下，黷祀諂祭，祝幣史辭，靡神不至。」（范文瀾註本，卷2，頁176），中國古代祭祀再由多神崇拜至無神不拜，恐是春秋時人對大自然界之精神、心理之投射。在此種敬拜之下，掩藏著古先民畏懼之心靈狀態，因而進行恰當的調適，勢在必行，而克服恐懼之最直接之方式，是紀律與反覆之練習，可借助任何對人類有所幫助之媒介，其中自然崇拜更是此些媒介物中最令人心安的；它既是古先民舒解壓力、威脅的方法之一，又是古先民為了延續生存所

---

[39] 王肅曾對六宗有所界定，在《尚書·舜典》中有：「禋於六宗」，王肅注曰：「精意以享謂之禋。宗，尊也。所尊祭者其祀有六：謂四時也，寒暑也，日也，月也，星也，水旱也。」（范文瀾於《文心雕龍注》中提及王肅之說，並云：「先儒說六宗者多家，各言其志，未知孰是，因非所急，不復備舉，姑以王肅說當之。」頁180）然而王肅所界定之六宗，則引自《禮記·祭法》中云：「埋少牢於泰昭，祭時也；相近於坎壇，祭寒暑；王宮，祭日；夜明，祭月；幽宮，祭星；雩宗，祭水旱。」（藝文印書館十三注疏本，頁797）

虛擬出來的天人溝通的儀式。自然崇拜的三個特殊要素為祈願、誠敬與獻祭，其中潛藏著人類可運用自由意志、毫無顧忌的選擇能直接訴苦、祈願之神祇的對象需求及虛擬大自然渴望人類做某種程度之犧牲(以生靈、蔬果等為貢品)以媚神、慰藉或透過交換作協定之想像，此為「古代普遍性的宗教現象」[40]。而祈願正是自然崇拜中最積極之意義所在。

第二節 《文心雕龍》文體論中有關「自然崇拜」階級性之活動、象徵與情境

被人類學者與宗教社會學者視為祭祀重點之祈願、誠敬與獻祭中，無論祭祀者為何而祈願，其積極意義的願望達成，僅是祈願中之一環而已。一般人堅信鬼神的世界，就是人間社會的反映[41]，故對神祇及祖靈之祭典中的一切獻祭，均是虛擬人間食、衣、住、行之需要。從「自然崇拜」之儀式、象徵與情境表達中，今人或許可從中窺得更多古先民之「心象情態」。以下筆者將由一·《文心雕龍》文體論與古

---

[40] Julia Ching, *Chinese Religions*, 提出「以人為犧牲禮祀神明或陪葬帝王是古代的普遍風尚」之說，'Sacrificed and kingship---Human sacrifice Among scholars human sacrifice is now regarded as a universal religious phenomenon in antiquity.' p. 37. ，Julia Ching, *Chinese Religions*, 書中已有說明，「河伯娶妻」及妻妾臣僕為帝王殉葬，古史均有記載。

[41] 見於揚慧傑《天人關係論》---中國文化一個基本特徵的探討，文中云：「而且鬼神的世界，簡直就是人間社會的反映。」(頁52)

代「自然崇拜」祭祀活動中對階級性及媒介者之規範，二‧《文心雕龍》文體論中有關「自然崇拜」之儀式、象徵與情境表達等論起。

一、《文心雕龍》文體論與古代「自然崇拜」祭祀活動中對階級性及媒介者之規範

在劉勰《文心雕龍》〈祝盟〉、〈封禪〉、〈頌贊〉、〈銘箴〉及〈誄碑〉文中所提及有關自然崇拜之祭祀活動的進行，對階級性及媒介者，在實際運作中均有所規範。此些規範在《禮記》中載有極詳細之官職資料，可與《文心雕龍》文體論中所提及之文體，逐一比對應證。

在《禮記‧王制》中述及天子、諸侯即是大夫祭祀之差異：「天子祭天地，諸侯祭社稷，大夫祭五祀。天子祭天下名山大川，五嶽視三公，四瀆視諸侯。諸侯祭名山大川之在其地者。天子諸侯祭因國之在其地而無主後者。」[42] 諸侯所不能祭者為天，但若諸侯所在無其地者，亦不祭。因此，對於《公羊傳‧僖公三十一年》：「天子祭天，諸侯祭地。」[43]祭祀之階級區隔，天子與諸侯有所不同之說法，則可應照《禮記‧王制》之說，便知其差異之所在，或許《公羊傳》僅作大略性之概括而已。在何休之注述中，有關「諸侯祭土」有更多之階級祭祀規定：「土謂社也。諸侯所祭，莫重於社。卿大夫祭五祀，士祭其先

---

[42] 見於藝文印書館十三經注疏本，頁 242-243。
[43] 見於藝文印書館十三經注疏本，頁 157。

祖。」[44] 不同階級所執行之祭祀內容亦有所不同，尤其在自然崇拜部分更是限制嚴明，諸侯以強調對社稷之神的祭祀(即土地神)，卿大夫祭五祀(戶、竈、中霤、門、行)人民則不需對天地之神其有任何之禮祀行為 ，不過唯一相同者為祭祖是不論任何階層均有之。《公羊傳》的注疏此處並未特別說明，不過在《禮記》中則有更詳盡之說明，筆者將在下一章闡述之，而《禮記‧禮器》中之言：「天地之祭，宗廟之事，父子之道，君臣之義，倫也。」[45] 則又道出此中所牽涉之父子君臣間彼此應固守之道義倫理。此外，在天子祭天以祈求「政通人和」之外，又發展出新皇登基、巡行、爭戰…等重要大事都必須祭告天地，祈福於天地，以俾達成使命。婦女在中國古代祭祀中，總是居於輔助之功能，此於《禮記》書中述之極明；至於今，在台灣某些族群中亦然。[46]

　　在古代之中國，自先秦至兩漢，巫覡在中國社會主要是扮演一溝通的媒介，透過『占卜』、『祭祀』、『降神』、『視鬼』等手段，與鬼神世界溝通，並可禳除災禍。其成為國政與民間宗教中之重要權威人物，如同今日台灣可透過童乩作為人神溝通之神職人員一般。[47]巫覡固然扮

---

[44] 見於藝文印書館十三經注疏本，頁 157。
[45] 見於藝文印書館十三經注疏本，頁 450。
[46] 例如賽夏族「在歲時祭儀中的兩性關係等同於親屬階序的翻版，在父系意識形態下展現出男女相對的階序性秩序。無論是矮人祭、祖靈祭、播種祭、祈天祭、掃墓等儀式，均由男人主持，而婦女只是從事關於食物的準備工作。」（見於王永馨《從生命禮儀中探討賽夏人的兩性觀》，頁 84 ）
[47] 稽童〈「童乩研究」的歷史回顧〉輯於《北縣文化》中云：「『童乩』非台灣之特產，其與東南亞一帶華人社群中的靈媒，以及中國大陸的巫覡之間的親密關係已早為學術

演著人神溝通之角色，同時肩挑對人世法象及未來之預測，更重要的是，其擔任了祭祀活動中之通靈人物。不論其預測及與天神溝通之靈力如何？畢竟在人類進化過程中，其曾肩挑重任。在《禮記・曲禮》：「天子建六官，先六大。曰：大宰、大宗、大史、大祝、大卜，典司六典。」[48]其中之大史、大祝及大卜均是司神職之官員。「神職官在周代國家事務中，享有參政、議政的權力。凡國家有大事，『祝宗有司必立於朝。』在國家祭祀的全部活動中，他們居於突出的地位，具有『陳信於鬼神』的職責。在其他的社會活動中，他們也為國家所關注。例如成王托孤立太子，『卿士邦君，麻冕蟻裳，人即位，大保、大史、大宗，皆麻冕彤裳。大保承介圭，大宗奉同、瑁，由阼階隮。』可見大史、大宗、上宗與大保一樣，都是托孤重臣。又如周代的『獻俘』禮中，先要有神職官『祝祓社』，然后才由『司徒致民，司馬致節，司空致地。』總之，周代的神職官系統，在國家權力機構中，具有舉足輕重的地位。」[49]而在劉勰《文心雕龍》文體論中，有關〈祝盟〉、〈封禪〉、〈頌贊〉、〈銘箴〉及〈誄碑〉之篇章中所提及之六宗三望及無神不祀

界所熟悉，更有人將之和歐亞北部以及美洲的『薩滿』」相提並論…」（37：39）。
[48] 見於藝文印書館十三經注疏本，頁81。
[49] 見於張鶴泉《周代祭祀研究》，第1章，頁17。文中「『祝宗有司必立於朝。』」一句，見於《墨子・明鬼(下)》，(孫詒讓《墨子閒詁》，頁16。文中「『陳信於鬼神』」一句，見於《左傳・襄公二十七年》，(藝文印書館十三經注疏本，頁 647)。文中「『卿士邦君，麻冕蟻裳，人即位，大保、大史、大宗，皆麻冕彤裳。大保承介圭，大宗奉同、瑁，由阼階隮。』」一句，見於《尚書・顧命》(藝文印書館十三經注疏本，頁 621) 另文中「『司徒致民，司馬致節，司空致地。』」一句，見於《左傳・襄公二十五年》(藝文印書館十三經注疏本，頁 621)

之自然崇拜活動，其媒介者從《周禮》職官表中釐清而出，多半是由祝史、司盟、贊禮之官執行之，非由巫覡執掌，除了六宗之水旱外。《禮記‧祭法》：「雩宗，祭水旱也。」[50]古人在天旱物燥時，因不利耕作而特設祭祀天神求雨之祭台雩宗，於是乎有求雨之祭祀活動，而司巫之職官，專責求雨，此於《周禮‧春官‧宗伯第三》中有司巫之職掌記載，述之頗詳，文中賈公彥疏云：「釋曰：『若國大旱，則帥巫而舞雩，亦是事鬼神之事。』」[51]另《周禮‧司巫》有：「司巫掌群巫之政令，若國有大旱，則帥巫而舞雩；國有大災，則帥巫而造巫恆。」[52]除了侍奉鬼神之外，遇大災難時，亦在其所會聚常處以待命。類似司巫之官而事鬼神之責者，尚有大祝，贊禮之官。在《禮記‧祭統》中提及祭祀鬼神之官爲祝史：「夫祭有十倫焉，事鬼神之道焉…鋪筵設同几，爲依神也，詔祝於室，而出於祊服，」[53]實際上，「各種宗教因其所設定的宇宙力量和媒介角色及其與人類的關係而有很大的差別」[54]。在祝文方面，中國古代人神溝通的方式之一，是由祝史以祝辭禱之於神明，其爲「體制官僚」[55]下之一員，一如希臘悲劇伊底帕斯(Oedipus Rex)中提及戴爾菲神殿(Delphi)中之阿波羅神(Apollo)一般，是人神溝通、交

---

[50] 見於藝文印書館十三經注疏本，頁797。

[51] 見於藝文印書館十三經注疏本，頁265。

[52] 見於藝文印書館十三經注疏本，頁399。

[53] 見於 藝文印書館十三經注疏本，頁835。

[54] 見於基辛(R. Keesing)著，《文化人類學》(當代文化人類學分編之二)第13章，頁382。

[55] 在陳文團《政治與道德》一書中，提及政治家有技術官僚、體制官僚、行政官僚、統治者與策士，而「中國政治傳統長期以來都是由這些體制官僚所統治」(頁35~38)。

流之橋梁；祝辭則是人民祈願之內容[56]，以反映人民之心聲與請求。此種自然崇拜之內容，在劉勰〈祝盟〉一文中述之頗詳。我們可檢視劉勰文中從神農氏時代敘至魏晉時期，先王祝祭時之情形及祝文之內容所內蘊先王之意識形態的演化。而在盟文方面，則由司盟之官主事，並將會盟之內容記載之，雖然劉勰《文心雕龍·祝盟》中，並未提及敬拜天神時，究由誰來輔助媒介，但在《周禮·司盟》中卻有記載。《周禮·司盟》中云：「凡邦國有疑，會同則掌其約盟之載」[57]此即是司盟之官的職責所在，掌盟載之法。至於盟詛之祝詞，則由詛祝掌祝號，此事在《周禮·詛祝》中有：「詛祝掌盟詛、類造、攻說、禬禜之祝號。」[58]在劉勰《文心雕龍·封禪》文中，雖亦提及古人舉行祭天祀地之封禪大祭，不過，亦未述及輔助祭祀之媒介者，而實際之媒介者，亦是祝史。

　　文化人類學中以為為了適應環境之變遷，人類之基因庫亦隨之變改，就像任何具有保護色之動物一般，隨著環境不同而作色彩變化，此為人類自體基因適應環境之運作；至於對天神或地祇之膜拜，透過媒介、朗誦或一定之儀式，以達到心靈之安適作用或有實際巧合的天

---

[56] 王師更生《文心雕龍讀本》中提及禱告詞「因為對象和內容不同，當然也有種種不同的名稱，如祭神求福的話叫『祝』，叫『禱』，祭神咒敵的話叫『詛』，謝神報賽的話叫『祠』，而總稱曰祝文。」（頁 176）但在范文瀾註本《文心雕龍注》中之[注一]對屬於祝文者分類為：「案《周禮》大祝掌六祝，作六辭，此〈祝盟〉命篇之本。篇中祝之類，有『祝』『祈』『祠』『告』『禱』『詛』…」（頁 178）有關此注中之書名號與篇名號，筆者為求體例之統一，全部改為本論文之規格化格式。
[57] 見於藝文印書館十三經注疏本，頁 541。
[58] 見於藝文印書館十三經注疏本，頁 398。

從人願，亦是人類在物競天擇下之心靈產物。而今在台灣所見，除了祖先崇拜依舊是全民之祭祀運動之外，有關祭祀天、地…等自然崇拜之事，已非皇帝、諸侯之特權，人民因其信仰之不同而祭拜之對象有所異，更有甚者，無任何宗教信仰者，則對自然崇拜之諸神，則可不進行禮祀活動。

二、《文心雕龍》文體論中
有關「自然崇拜」之儀式、象徵與情境

　　《文心雕龍》文體論中有關「自然崇拜」之儀式、象徵與情境雖為零星敘述，不過借助古籍之記載的互證，仍具有研究價值。在「自然崇拜」之儀式進行過程中，祭拜態度之誠敬與獻祭之儀節同等重要，而此種儀節乃建立在人神感應之基礎上。祭拜態度之誠敬，以祭祀者於祭祀前之準備、祭祀過程之表現及祭祀將結束之心情狀態為主。

　　有關自然崇拜祭祀前之心靈狀態及獻祭物之準備工作均極為重要。在《禮記·祭義》中，更將準備犧牲之過程的耐心養獸、齋戒沐浴、躬朝之，以取犧牲、祭牲，示其「敬」也。其又擇毛卜之，巡行牲所，甚至養蠶為君服[59]，而後天子、諸侯著祭服以行自然崇拜之禮。

---

[59] 《禮記·祭義》中對天子、諸侯對祭祀前養牲極為祭服之準備工作，有極詳盡之說明：「古者天子、諸侯必有養獸之官，及歲時齋戒沐浴而躬朝之，犧牲祭牲於是取之，敬之至也。君召牛納而視之，擇其毛而卜之，吉，然後養之。君皮弁素積，朔月月半，君巡牲，所以致力孝之至也。古者天子、諸侯必有公桑蠶室，近川為之…歲既單矣，世婦卒蠶，奉繭以示於君，歲獻繭於夫人。夫人曰：此所以為君服與！遂副褘而受之，

在自然崇拜之祭祀過程中，心中之「敬」，被視為人類對大自然謙卑、虔誠之極致。《禮記‧祭統》中將「誠信盡敬」[60]視為自然崇拜之祭道。然後可以事神明，而一般所謂之獻祭祭品有醴酪粢盛、玉帛及犧牲。《禮記‧祭義》中指出古代天子、諸侯在執行自然崇拜之祭祀時，帶著冠冕，著不同之服飾以行禮儀：「昔者天子為藉千畝，冕而朱紘，躬秉耒。諸侯為藉千畝，冕而青紘，躬秉耒，以事天地、山川、社稷。」[61]。孔穎達疏更詳述之：「祭祀諸神須醴酪粢盛之屬，於是乎藉田而取之，敬之至也。」[62]此種自然崇拜之獻祭品則為「醴酪齊盛」，因此，知自然崇拜之獻物，是透過耕種而來。中國古代以農立國，對農事或農物之仰賴與重視，從自然崇拜之獻祭品中，可窺一貌。至於古先民所獻祭之犧牲被當作是「協定」，是「聖餐」，藉此與神祇產生神秘的兄弟共同體關係；同時影射古老觀念中裂食一頭強壯(或為神聖)的動物可以吸收其力量---的重要轉化[63]。此中透顯出人類對宏偉不可知或令人怖懼之外在現象的集體心靈群象及神話心理，因此嘗試借儀式中之貢品以表達其內心對自然界之敬畏，從而作為獲得一線生機之心願代償。

　　有關古先民自然崇拜儀式之進行，對不同之崇拜對象，又有所異。

因少牢而禮之。」（藝文印書館十三注疏本，頁 819。）

[60] 見於《禮記‧祭統》：「天子、諸侯非莫耕也，王后、夫人非莫蠶也，身致其誠信，誠敬之謂盡，盡之謂敬，敬盡然後可以事神明，此祭之道也。」（藝文印書館十三注疏本，頁 831。）

[61] 見於藝文印書館十三經注疏本，頁 819。

[62] 見於藝文印書館十三經注疏本，頁 819。

[63] 綜合整理自韋伯《宗教社會學》，頁 33~34。

以下將分爲 (一)中國最早之自然崇拜(蜡祭)的儀式、象徵與情境。(二)規模化、制度化後之自然崇拜的儀式、象徵與情境。

(一)中國最早之自然崇拜(蜡祭)的儀式、象徵與情境

人類學家以爲自然崇拜不是最早的宗教形式,有些民族甚至無自然崇拜,而是以流行圖騰崇拜和巫術爲主。從人類學資料中可找到蛛絲馬跡,「如澳大利亞人和塔其馬尼亞人是迄今所知的最原始的民族之一,被認爲是處於舊石器晚期至中石器時代前期的民族。澳大利亞人的宗教信仰主要是圖騰崇拜和巫術,而未見有自然崇拜現象。」[64]因此,人類學資料實質輔助了不少今日研究者的疑點。

從劉勰《文心雕龍・祝盟》所載:「 昔尹耆始蜡,以祭八神。其辭云:土反其宅,水歸其壑,昆蟲毋作,草木歸其澤。」則上皇祝文,爰在茲矣。」(范文瀾注本,卷2,頁176)此應可視爲是中國最早之祝文文體所運用之祝禱辭,回溯中國歷經了自然宗教時期之後,最早且有約定俗成之自然崇拜儀式,恐是蜡祭了。[65]雖然在《文心雕龍・

---

[64] 見於何星亮《中國自然神與自然崇拜》,頁14。而胡台麗〈賽夏矮人祭歌舞的「疊影」現象〉:以爲「人類最早之宗教崇拜形式是自然崇拜,也就是將自然物或自然力化爲神靈,並且把殷情何願望寄託在自然神身上…」(輯於《民族學研究所集刊》頁161)胡台麗將最早之宗教崇拜形式界定在「自然崇拜」上,仍值商榷,今日之人類家或宗教社會學家對自然崇拜以前之人類活動已有更進一步之研究,筆者已述之於前,故不再贅敘。

[65] 在劉松來《禮記漫談》中以爲:「據《禮記・郊特牲》記載,周代臘祭的對象極爲廣泛,凡與農事有關的事物,先嗇、禽獸、貓虎、坊與水墉、昆蟲、草木等都在臘祭

26

祝盟》中僅述及蜡祭之祭祀對象及意義，而未述及有關蜡祭之儀式與內容。不過在《禮記・郊特牲》中則有蜡祭之全貌。《禮記・郊特牲》中述及：「尹耆氏始為蜡。蜡者，索也。歲十二月，合聚萬物而索饗之也。」[66]尹耆氏所祭者為萬物中有功於民者，而此功皆為神祇所所為，故祭之，時間為每年之十二月。在《禮記・明堂位》中指出蜡祭為天子之祭，且其舉行蜡祭時間在秋天狩獵過後之十二月：「是故夏礿、秋嘗、冬烝、春社，秋省而遂大蜡，天子之祭也。」[67]既然蜡祭在每年十二月舉行，可見已進入自然崇拜之階段，且蜡祭之對象為農神(有功之帝王、諸侯)農官、田神、動物崇拜、蓄水之坊神與水塘溝神等，均已非圖騰崇拜或巫術祈福降神之崇拜活動，故知，此為中國最早之自然崇拜活動。

　　至於祭拜之對象雖以有益於人民之神祇為主，不過古先民又將之配祀八神，而此八神在《禮記・郊特牲》中有極簡要之說明：「蜡之祭也，主先嗇，而祭司嗇也，祭百種以報嗇也。饗農及郵表畷，禽獸，仁之至，義之盡也。古之君子使之必報之，迎貓為其食田鼠也，迎虎，為其食田豕也，迎而祭之也。祭坊與水塘，事也。曰：『土反其宅，水

之列，從『尹耆氏為臘』〈郊特牲〉和「土鼓、蕢桴、葦籥，尹耆氏之樂也」〈明堂位〉的記載中，可以推斷『臘祭』是一種起源於原始崇拜時期的古老宗教儀式，而臘祭時祝辭『土反其宅，水歸其壑，昆蟲毋作，草木歸其澤』《禮記・郊特牲》更是反映原始宗教自然崇拜的心態。」(頁 114)劉松來文中之「臘祭」實應為「蜡祭」；此外，其文中之言「而臘祭時祝辭『土反其宅，水歸其壑，昆蟲毋作，草木歸其澤』《禮記・郊特牲》更是反映原始宗教自然崇拜的心態」，其所謂原始宗教即指自然宗教。

[66] 見於藝文印書館十三經注疏本，頁 500。
[67] 見於藝文印書館十三經注疏本，頁 579。

歸其壑，昆蟲毋作，草木歸其澤」」[68]從文中可看出中國古先民所配祀
者，主神爲農神，其次是后稷，故因百物之收成而祭祀農神也。其次
又祭祀教農之官，田邊井間之地、貓虎之神及蓄水、受水之處。而《禮
記·明堂位》孔穎達疏中對此處自然崇拜之神直指出是「田神」：「尹
耆氏，古天子有天下之號者也。禮運云『尹耆氏始爲蜡，蜡是報田之
祭。按易繫辭神農始作耒耜，是田起於神農，故說者以爲尹耆氏爲神
農也。』」[69]當時之蜡祭所祭祀之神爲自然界之神，是古時「郊祭」之
前的一種祭祀天地神明的活動，尤其是古先民心中對「地母」崇拜之
心靈形象，不過若以配祀之八神而言，除了農神之外，田官、田地、
動物、蓄水處、受水處等均是受祭拜之對象。孔穎達所謂之田神，恐
是較狹義之說法，然其目的無非希望農事順利。再從當時祭祀之祝禱
辭中釐清水災對農作之嚴重影響，故《文心雕龍·祝盟》中云及古先
民有「三望之祭」，而祭山、河、海與「水患」之間具有相當直接之關
係。

　　祭祀時所著之服及其功能，在《禮記·郊特牲》：「皮弁素服而祭，
素服以送終也，葛帶、榛杖喪殺也。蜡之祭，仁之至，義之盡也。黃
衣黃冠而祭，息田夫也。野夫黃冠，黃冠草服也。」[70]文中顯示出「郊
祭」時，著白色衣服以祭祀，蜡祭時，諸侯著狐裘黃冠，而人民則著

---

[68] 見於藝文印書館十三經注疏本，頁 500-501。此處有關斷讀之部分，筆者參考王夢
鷗注譯之《禮記今注今譯》，頁 344。
[69] 見於藝文印書館十三經注疏本，頁 582。
[70] 見於藝文印書館十三經注疏本，頁 501。

草色服黃冠而祭之。此外，祭祀過程中，有音樂演奏之情境，在《禮記‧明堂位》中云：「土鼓、蕢桴、葦籥，尹耆氏之樂也。」[71]此些樂器是土製的鼓、土塊製的鼓槌及葦製之具三孔的似笛之演奏樂器。另於《周禮‧籥章》中有云：「國祭蜡，則龡豳頌、擊土鼓以息老物。」[72]《周禮‧籥章》中更指出舉行蜡祭時祭祀中所演奏之音樂為豳地之歌謠。尹耆氏時是否所演奏者即為豳地之歌謠，無人可知，不過筆者較能肯定者為《周禮》成書過程中，作者所能考證之蜡祭時所用音樂為豳風，此習俗在古中國社會中風行之時間性及可考究性，應有其可信度。

劉勰《文心雕龍‧祝盟》中所提及之蜡祭雖以祝文之實錄一筆帶過，不過在《禮記》書中，卻有詳載，可為互文之用。

(二)規模化、制度化後之自然崇拜的儀式、象徵與情境

1.祭天之儀式、象徵與情境

中國古時有關祭祀天神之活動，約有二種：一是「郊祭」之祭祀天神地祇(其中包括封禪時之祭祀天地祇)，另一則是約盟時祭祀九重天之上帝。

---

[71] 見於藝文印書館十三經注疏本，頁 582。
[72] 見於藝文印書館十三經注疏本，頁 368。

在劉勰《文心雕龍·祝盟》中所提及之「六宗三望」，即是祭祀天神地祇與四時寒暑之活動，其中之祭日、月、星辰，即是祭祀天神之活動，此乃「郊祭」中之一種。在《禮記·祭法》中首述及古人祭天活動之一貌：「燔柴於泰壇，祭天也。…用騂犢。…王宮，祭日也；夜明；祭月也；幽宗，祭星也。」[73]有關周代祭天儀式，於冬至日及春天舉行[74]，此在《禮記·郊特牲》中有云：「周之始郊日以至。」[75]孔穎達疏云：「郊之祭，迎長日之至。謂周之郊祭於建子之月而迎此多日，長日之至也。」[76]另在《周禮·春官·大司樂》中亦云：「凡樂，圓鍾為宮，黃鍾為角，大蔟為徵，姑洗為羽，靈鼓雷鼗，孤竹之管，雲和之琴瑟，雲門之舞，冬至日，於地上圓丘奏之。」[77]可見祭祀天神之大典，周朝確實於冬至日舉行。此外，有關祭祀之儀式，孔穎達疏中有更詳細之解說云：「燔柴於泰壇者，為積薪於壇上，而取玉及牲置材上燔之，使氣達於天也，用騂犢。」[78]祭天一定在泰山，因其為五嶽之首，將玉與赤紅色之牛一起置於材上焚燒，使氣可上達天祭，讓天神享受此種

---

[73] 見於藝文印書館十三注疏本，頁797。

[74] 清代學者黃以周於《禮書通故·郊禮通故一》中，提及各家之說法：「董仲舒云：『王者歲一祭郊天。』許慎云：『王者一歲七祭天於郊。』王肅云：『祭天歲二。冬至，祭天，春祈農事。』孔穎達云：『天神有六祭之。一歲有九。昊天上帝冬至祭之一也。五時分祭五帝於郊，六也。夏正月，祭於南郊，七也。四月龍現而雩，八也。季秋大饗明堂，八也。』」（頁347）而張鶴泉《周代祭祀活動》中第三章：周代祭天活動中，注21有提及，頁84。以上之說法中，筆者採取王肅之講法。

[75] 見於藝文印書館十三注疏本，頁497。

[76] 見於藝文印書館十三注疏本，頁497。

[77] 見於藝文印書館十三注疏本，頁342。

[78] 見於藝文印書館十三注疏本，頁797。

獻祭。但由於整個祭祀過程中之排場的浩大，時間、人力投注之繁瑣，以至於因時沿革後，到了明代，則在京都南郊之外，建立起巍峨而立的天壇，用於祭天大祀。名聞中外的北京天壇，就是清代朝廷祭祀天神的神聖場所此種祭天之大典，為古代國君進行封禪之用。此與《禮記‧郊特牲》中云郊祭中之祭天內涵，實質應為一：「郊之祭也，迎長日之至也，大報天而主日，兆於南郊，就陽位也；掃地而祭，於其質也，器用陶匏，以象天地之性也。於郊，故曰郊。牲用騂尚赤，用犢貴誠也。」[79]不過文中所言，迎長日，在周朝是指冬至日，天子必須在國都之南郊進行，以報天功，而在所有天神之功勞中，尤以日神為最，因此古人在祭祀天神活動中，特別強調祭祀日神，其被視為是祭天活動之重點。而祭祀天地之位置又有陰陽之別，此牽涉到中國人對陰陽五行之重視。因此《禮記‧郊特牲》中便有「祀天就陽位」之說。至於祭拜方向，在祭天儀式中之祭祀日神、月神亦有所別，《禮記‧祭義》：「祭日於東，祭月於西」[80]又云：「祭日於壇，祭月於坎，以別幽明，以制上下。」[81]從對自然界天體之祭祀中，可體會出，其中象徵著除了可達到「君臣有制、上下有分之禮儀外，更是踐履敬德明德之政治風範。」[82]所謂郊祭即指上泰壇祭天之大典，「泰壇」即為「圓丘」（圓

---

[79] 見於藝文印書館十三經注疏本，頁 497。
[80] 見於藝文印書館十三經注疏本，頁 812 。
[81] 見於藝文印書館十三經注疏本，頁 812。
[82] 見於林素英《古代祭禮之政治觀---以禮記成書前為論》，中以為祭祀除了可踐履敬德明德之政治風範外，更可承天命之思想及樹立人文宗教精神指標。（頁 34-43）

形祭壇）[83]。有關整個郊祭實行當日之儀式的過程，部分述之於《周禮》中。部分則在《禮記》中提及。祭祀當天皇帝必須穿袞衣、乘素僕之車往泰壇祭祀，其服飾與車乘便具有象徵之意義，象徵天地自然渾成之特質：「王被袞以象天，戴冕璪十有二旒，則天數也。乘素車，貴其質也。」[84]並在《禮記・祭義》述及由國君親自牽牲而由卿大夫捧幣，士捧匎依次相從，至廟門後，繫牲於廟碑，殺牲完後取卿大夫所刷之腸間脂薦之神明[85]。祭祀中之「玉」及「犧牲」各具象徵意義。祭天之「玉」是「石之美，有五德者。」[86]，古先民以石中之極品奉祀天，可見其獻祭之無私於天。至於犧牲以純赤色之小牛騂犢為主，則是取小牛之色純而誠之義。此為古先民祭感生之帝於南郊之獻祭。在祭祀

[83] 《禮記・祭法》中云：「燔材於泰壇。」（藝文印書館十三經注疏本，頁 797）在《南齊書・志第一・禮上》中引王肅之言云：「周以冬至，祭天於圓丘，以正月又祭天以祈穀。」（頁 123）王肅是指一年之中祭祀天神之活動有二次，一次在冬至日，一次在春天。而宋朝馬端臨引鄭氏說云：「郊即圓丘，圓丘即郊。以所在言之謂之郊，以所祭言之，謂之圓丘。於郊築泰壇，以丘言之，本諸天地之性也。」（見於《文獻通考》卷 68，郊社一，考頁 611。）

[84] 見於藝文印書館十三經注疏本，頁 499。

[85] ：「君牽牲，穆荅君卿、大夫序從。既入廟門，麗於碑，卿大夫祖而毛牛尚耳，鸞刀以刲取膟膋乃退，爓祭祭腥而退，敬之至也。」（藝文印書館十三+經注疏本，頁 812）而在劉松來《禮記漫談》中述及郊祭之儀式云：「據《周禮》與《禮記》記載，周代郊祭在『圓丘』上進行。『圓丘』是一座圓形的祭壇。古人認為天圓地方，圓形正好是天的象徵。祭祀那天，天子身穿大裘・內著袞服（飾有日月星辰和山、龍等圖案的禮服），頭戴前後有十二旒的冕，腰間插大圭，面向西方麗於圓丘的東南側。此時鼓樂奏響，報請天帝降臨享祭。接著，天子親自宰殺獻給天帝的犧牲。這些犧牲連同玉璧、玉圭、繒帛等祭品一起放置在材垛上，由天子點燃積材，讓煙火高高升騰上天，使天帝嗅到祭品的氣味。這就是所謂的『燔燎』，也叫『社祀』。」（頁 110）

[86] 見於段玉裁注本《說文解字》，頁 10。

天地過程中,「代表天地受祭的『尸』在樂聲中登上圓丘。『尸』就坐後,面前陳放著玉璧、鼎、簋之類的祭品和盛有祭品的禮器。祭祀時,首先向『尸』獻上犧牲的鮮血,然後依次進獻五種不同質地的酒,稱為『五齊』。前兩次獻酒後要進獻全牲、大羹(肉汁)、刑羹(加鹽的菜汁)等。第四次獻酒後,要向『尸』獻黍稷飲食。薦獻後,『尸』用三種酒答謝獻祭者,稱為『酢』。飲畢,天子參與舞隊同舞『雲門』樂舞。最後,祭祀者還要分享祭祀所用酒醴,由『尸』向天子等人轉達神的賜福,稱為『嘏』。天子則將祭祀用的牲肉賜給宗室臣僕,稱為『賜酢』。至此,郊祭之禮才正式完成。」[87]　在祭祀天神儀式中,有關祭祀日神與月神,則亦有方向之別。《禮記・祭義》:「祭日於東,祭月於西,以別外內,以端其位。日出於東,月出於西,陰陽長短,終始相巡,以致天下之和。」[88]古先民祭祀日月之方向亦有所不同,其差異仍以陰陽有別為準的,陽外陰內,端正其位是古先民所重而不廢者。

　　另在執行祭祀天地大典之中最為壯觀者為「封禪」之禮祀。劉勰《文心雕龍・封禪》中云及古先王為戒慎之用而進行封禪者有七十二位國君之實:「則戒慎以崇其德,至德以凝其化,七十又二君,所以封禪矣。」(范文瀾注本,卷5,頁393)而封禪之地點為喬岳泰山(又名岱宗),在《禮記・祭法》中將自然崇拜之儀式及獻祭之內容分而詳述之,正能應對《文心雕龍・祝盟》中之「六宗」說法。在禮祀天神儀

---

[87] 見於劉松來《禮記漫談》,頁111。
[88] 見於藝文印書館十三經注疏本,頁812。

式之過程中，必須將玉及牲置於材上焚之，此爲封禪之祭天禮祀。然而就中國古代祭天之儀式中，郊祭之祭祀天神活動於冬至日而祭祀土地神活動爲「春報秋祈」分別舉行，顯然與帝王封禪時先上泰山祭天而後至泰山下之小山如梁父山、社首山除地爲台而祭祀地神，幾乎是先後一併舉行之時間不同。此或可設想因商周時代之沿革而有所異。至於祭祀之貢品，天子祭以太牢，諸侯祭以少牢，此爲天子諸侯之別。另在《文心雕龍・銘箴》、《文心雕龍・誄碑》及《文心雕龍・頌贊》中之頌體中亦有祭祀天神地祇之自然崇拜的精神。〈銘箴〉中之銘文，因有刻鏤功績以美報天神，故是先民自然崇拜之精神表徵。銘文與碑文之刻記是與封禪大典同時進行，故其儀式與情境是一致的。其象徵著人類因擁有功績而自喜，不過亦有正面之激勵人心作用。而《文心雕龍・頌贊》中之頌體一方面是祭祀祖先，另一方面則亦是祭祀天神地祇。以「報本反始」爲祭祀之終極目標。

祭祀天神之另一活動爲祭祀九天之神。在《文心雕龍・祝盟》中提及帝王與諸侯國彼此約盟時，盟誓之過程中，「陳辭乎方明之下，祝告於神明者也。」（范文瀾註本，卷2，頁177）在神明下祝告彼此約盟之事實，且必須「指九天之神以爲證，感激以立誠，切辭以敷辭」（范文瀾註本，卷2，頁178）作爲約盟之見證。在《史記・刺客列傳》中魯莊公與齊桓公會盟於柯之壇上[89]，可見劉勰云：「陳辭於方明之下」，

---

[89] 《史記・刺客列傳》中載有曹沫之事蹟：「齊桓公許與魯會於柯而盟。桓公與莊公既盟於壇上，曹沫執匕首劫齊桓公，桓公左右莫敢動，而問曰：『子將何欲？』曹沫曰：『齊強魯弱，而大國侵魯亦甚矣。今魯城壞即壓齊境，君其圖之。』」桓公乃許盡

並未更深入述及盟誓時之地點。而在劉勰〈詔策〉中有:「禮稱明君之詔」(范文瀾註本,卷4,頁358)實應指《周禮・秋官・司盟》中之「北面詔明神」[90]:「凡邦國有疑,會同則掌其盟約之載及其禮儀北面詔明神,既盟則貳之。」[91]鄭玄注:「明神,神之明察者,謂日月山川也。」[92]日神、月神則是天神之代表,從約盟時,古先民對神明之詔告祭祀禮儀中,顯示出對天地神明之敬畏與信賴。 在《禮記・禮器》中云:「祀帝於郊,敬之至也。」[93]古先民對九重天之上帝的崇敬,由此亦可爲一證。約盟時之祭品,必須「騂毛白馬,珠盤玉敦」(范文瀾註本,卷2,頁177)赤黃色的牛、白色的馬,不以犬雞,以示其重視盟約,以珠盤盛牛耳,以玉敦盛黍稷,由司盟者執之,以歃血爲盟,故約盟亦是一種「血祭」。在劉勰《文心雕龍・祝盟》中指出約盟是「騂毛白馬」,一般均以割牛耳,或刑馬作誓,不過在《史記・平原君虞卿列傳》中記載楚國平原君趙勝欲與楚王結盟以抗秦,楚畏秦,於是毛遂掌握會盟契機,按劍抵楚王頸、要挾楚王訂立合縱之盟。尤其在毛遂要求取雞狗馬之血來時,對於訂盟中之血祭,[94]亦是古籍中另一證據。

歸魯之侵地。既已言,曹沫投其匕首,下壇,北面就群臣之位,顏色不變,辭令如故。桓公怒,欲倍其約。管仲曰:『不可。夫貪小利以自快,棄信於諸侯,失天下之援,不如與之。』於是桓公乃遂割魯侵地,曹沫三戰所亡地盡復予魯。」(卷86,頁2515-1516)
[90] 羅立乾《新譯文心雕龍》頁318。
[91] 見於藝文印書館十三經注疏本,頁541。
[92] 見於藝文印書館十三經注疏本,頁541。
[93] 見於藝文印書館十三經注疏本,頁474 。
[94] 《史記・平原君列傳第十六》中云:「毛遂比至楚,與十九人議論,十九人皆服。

舉行祭祀天神之郊祭時，所著之服，在《禮記・郊特牲》有記載：「皮弁素服而祭，素服以送終也，葛帶、榛杖喪殺也。」[95]文中顯示出「郊祭」時，著白色衣服以祭祀。至於祭祀天神儀式中之「火」成為重要之物，不論是郊祭或舉行封禪之祭祀。當將玉與犧牲置於材上焚燒時之火光及焚燒之氣上達於天地之際，被視為是天人感應的重要媒介之一，且是環境氣氛之營造物。人類從神話性人物燧人氏教人鑽燧取火後，大地得以有光明，人類得以有熟時可食，亦可從中取暖，因此「火」之正面意義極廣，但「火」所可能帶來之負面災難亦同時存在。在《易經》中「離卦」之象徵「日」與「火」，有光明溫暖之像，或許是古人取象於天有光明之意義。火神地位之重要，在《國語・楚語下》提及火正黎氏乃絕地民與天神溝通之神：「及少皞之衰也，九黎亂德，民神雜糅，不可方物⋯顓頊受之，乃令南正重司天以屬神，命火正黎司地

平原君與楚合從，言其利害，日出而言之，日中不決。十九人謂毛遂曰：『先生上。』毛遂按劍歷階而上，謂平原君曰：『從之利害，兩言而決耳。今日出而言從，日中不決，何也？』⋯毛遂按劍而前曰：『王之所以叱遂者，以楚國之眾也。今十步之內，王不得恃楚國之眾也，王之命縣於遂手。吾君在前，叱者何也？且遂聞湯以七十里之地王天下，文王以百里之壤而臣諸侯，豈其士卒眾多哉，誠能據其勢而奮其威。今楚地方五千里，持戟百萬，此霸王之資也。以楚之強，天下莫弗當也。白起，小豎子耳，率數萬之眾，興師以與楚戰，一戰而舉鄢郢，再戰而燒夷陵，三戰而入王之先人。此百世之怨而趙之所羞，而王弗知惡焉。合從者為楚，非為趙也。吾君在前，叱者何也？』楚王曰：『唯唯，誠若先生之言，謹奉社稷而以從。』毛遂曰：『從定乎？』楚王曰：『定矣。』毛遂謂楚王之左右曰：『取雞狗馬之血來。』毛遂奉銅槃而跪進之楚王曰：『王當歃血而定從，次者吾君，次者遂。』⋯。」（卷76，頁2367-2368）

[95] 見於藝文印書館十三經注疏本，頁501。

以屬民，使復舊常無相侵瀆，事未絕地通天。」[96]火神黎氏成了主管土地之事。古人對「火祭」之重視，相信此應是從自然宗教時期逐漸演進而來，在先民正式建立圖騰崇拜、自然崇拜或祖先崇拜之規模與制度時，火祭之相繫不斷，以致於今，因此或許此正足以解釋今日之廟宇、宗祠或一般民俗節日祭祀時將「香火」列爲人神溝通之重要媒介之一的原因，因此在自然崇拜中，「香火」除了有光明、溫暖之象外，又具有誠信之意象；同時藉著香煙繚繞所「營造之神祕氣氛」[97]，人類虛擬了香火具有「靈力」、「靈氣」，此爲漢人香火文化具「傳遞角色」之景觀與特色之一。不僅於此，與「火」搭配之「神」或「靈」，三者亦均有「分散」之性質。在台灣，目前對有宗教信仰之民眾而言，進香活動之受重視，不容置疑，尤其從「割火及分身儀式」中所獲得之益處，亦極受善男信女之重視，「經由『割火儀式』可得到『分火』，經由『分身儀式』可有無數『分身神』，靈力也藉由儀式的操控(例如用符咒、符令)而得到『分靈』，象徵生命的資源，是萬物賴以生存的基本原素，神明需從大自然(天界)獲得『聖火』，『靈力』，信徒則需獲得神明的『靈氣』，所祈求的事才『靈驗』。」[98]由此可知，火源之傳遞角色，一是上達神明，以供給神明靈力，而後人類從中獲得靈力或靈氣，藉此與神明進行溝通，並憑依神力以警示世人。一是下遞祖先之

---

[96] 韋昭解，頁18。

[97] 劉曄原、鄭惠堅《中國古代祭祀》中提及：「祭祀活動中最常以燃燭和焚香來營造氣氛。火，是光明、溫暖的象徵，…」（頁21）

[98] 見於王嵩山《從進香活動看民間信仰及儀式》頁90。

香火，意味著子孫之繁衍，此乃指祖先崇拜而言，因此部份筆者將於下一篇討論之。

有關自然崇拜祭祀過程中之音樂，亦極為重要。古先民將祭祀活動分為大祭祀與小祭祀：凡屬祭祀天地及宗廟者，均屬於大祭祀，除此以外者，為小祭祀。在《周禮·春官·大司樂》中亦云：「凡樂，圜鍾為宮，黃鍾為角，大蔟為徵，姑洗為羽，靁鼓雷鼗，孤竹之管，雲和之琴瑟，雲門之舞，冬至日，於地上圜丘奏之。若樂六變，則天神皆降，可得而禮矣。」[99]此為祭祀天神之大典的專用音樂。在《周禮·春官·樂師》中有：「凡國之小事，用樂者令奏鐘鼓。」[100]鄭玄注：「小事，小祭祀之事。」[101]賈公彥疏中又指出小祭祀但以鐘鼓奏之，無舞蹈：「釋曰：『此小事也。』鄭云：『小祭祀之事謂王玄冕所祭，則天地及宗廟皆有鐘鼓，樂師令之。若大次二者之樂，大司樂令之也。』此小祭有鐘鼓，但無舞，故舞師云：『小祭祀，不興舞是也。』」[102]至於歌唱方面，在《周禮·春官·大師》中云：「祭祀帥瞽登歌，令奏擊拊；下管播樂器，令奏鼓朄」[103]賈公彥疏云：「釋曰：『凡大祭之時，大師有此一事，言帥鼓登歌者，謂下神合樂皆升歌清廟，故將作樂時，大師帥取瞽人登堂於西階之東北面，作而歌者，與瑟以歌詩也。令奏擊

---

[99] 見於藝文印書館十三注疏本，頁342。

[100] 見於藝文印書館十三經注疏本，頁351。

[101] 見於藝文印書館十三經注疏本，頁351。

[102] 見於藝文印書館十三經注疏本，頁351。

[103] 見於藝文印書館十三經注疏本，頁356。

拊者，拊所以導引歌者，故先擊鼓，瞽乃歌也。歌者出聲，謂之奏，故云奏。』」[104]此為先以節奏引導歌者歌之。其後鄭司農云：「下管，吹管者在堂下。㨄，小鼓也。先擊小鼓，乃擊大鼓；小鼓為大鼓先引，故曰㨄」[105]此又敘述出擊鼓之次第，先小後大。賈公彥疏亦云：「釋曰：『凡樂歌者在上，匏竹在下，故云下管播樂器。樂器即笙簫，及管皆是聲出曰播，謂播揚其聲。令奏鼓㨄者，奏及播亦一也。欲令奏樂器之時，亦先擊㨄導之也。』」[106]如此看來，音樂節奏之所出，均為先擊鼓而後歌唱與奏樂。另在大祭祀中，小師亦扮演輔助大師演奏之事，亦「登歌擊拊，下管及應鼓。」[107]鄭玄注：「應，鼙也。應與㨄及朔皆小鼓。」[108]至於小祭祀，則「小樂，事鼓㨄。」[109]小祭祀亦以擊小鼓為之，以助成整個祭祀活動之氣氛與圓滿。

舞蹈亦為祭祀之重點，在《周禮・春官・樂師》載有：「凡祭祀之用樂者以鼓徵學士」[110]賈公彥疏云：「釋曰：『祭祀言凡者，則天地宗廟之祀，用樂舞之處，以鼓召學士，選之當舞者往舞焉。』舞師云：『小祭祀，不興舞』。注云：『小祭祀，王玄冕所祭，則亦不徵學士也。』」

---

[104] 見於藝文印書館十三經注疏本，頁356。
[105] 見於藝文印書館十三經注疏本，頁356。
[106] 見於藝文印書館十三經注疏本，頁357。
[107] 見於藝文印書館十三經注疏本，頁357。
[108] 見於藝文印書館十三經注疏本，頁358。
[109] 見於藝文印書館十三經注疏本，頁358。
[110] 見於藝文印書館十三經注疏本，頁353。

[111]可見古時前來興舞助陣者，均經過特殊挑選出之學士，只是此種場面唯大祭祀有之，小祭祀則無。

有關儀式象徵性之問題，在《禮記・郊特牲》中云：「王被袞以象天，戴冕璪十有二旒，則天數也。乘素車，貴其質也。旂十有二旒，龍章而設日月，以象天，天垂象，聖人則之，郊所以明天道也。」[112]無論帝王之冠冕、服飾或其所乘之車，均以天所垂之象作爲製作之範本，一切以模仿天之特質以祭祀天神。《禮記・郊特牲》中又云：「祭天掃地而祭焉，於其質而已矣。醯醢之美而煎鹽之，上貴天產也。割刀之用而鸞刀之貴，貴其義也。聲和而后斷。」[113] 燔材在壇，正祭於地，其餘之祭品以水產及陸產，均爲天然之物產，重其質而不重其華。或許古先民便沉浸於此種人造的象徵性之祭祀情境中，　透過儀式之表徵，以達天人溝通之目的。實則，從若干古籍之記載中，仔細研究，或可還原古先民祭祀之精神原貌。

2.祭地之儀式、象徵與情境

在中國祭祀土地之神，最早起源於尹耆氏時之蜡祭爲主，至於在規模化、制度化後之宗教儀式大爲流行之際，祭祀土地神，名目頗多，但實質上均是指土地之神：一是「郊祭」（包括「封禪」），一是祭祀

---

[111] 見於藝文印書館十三經注疏本，頁 353。
[112] 見於藝文印書館十三經注疏本，頁 499。
[113] 見於藝文印書館十三經注疏本，頁 503。

社神。

除了《禮記·王制》中述及天子、諸侯即是大夫祭祀之差異外，《公羊傳·僖公三十一年》亦云：「天子祭天，諸侯祭地。」[114]對於祭祀之階級區隔，天子與諸侯之不同，在於天子實際上是可祭日、月、星辰及天下之名山川谷，而諸侯有其地者，僅可祭其境內之山川，無其地者，則可不用祭之。在何休之注述中，有關「諸侯祭地」之階級祭祀規定：「土者，社也。諸侯所祭，莫重於社。」[115]嚴格說來，諸侯之祭祀山川，即是以祭祀社神為主。有關「郊祭」祭祀地神之資料，在《禮記·祭法》中有：「瘞埋於泰折，祭地也，用騂犢。…雩宗，祭水旱也；四坎壇，祭四方也。」[116]此即指天子在泰山下之小山舉行祭祀地祇之大典。在《禮記·郊特牲》中亦有：「掃地而祭，於其質也，器用陶匏，以象天地之性也。」[117]《禮記·郊特牲》不但述及祭地須先掃地為壇，並述及所使用之祭器如瓦器、酒尊及豆簋之類的，有其象徵性，以象地質之可承載事物於其上，而以黑色之牛祭祀地神，取其誠，與祭天時以騂犢祭祀天神，異曲同工。至於祭祀之地點，《禮記·祭法》中孔穎達云：「瘞繒埋牲，祭神州地祇於北郊也。」[118]祭祀地點在方澤[119]。祭祀地神之方向，則與祭祀天神有所別，祀天於南郊是「就

---

[114] 見於藝文印書館十三經注疏本，頁157。

[115] 見於藝文印書館十三經注疏本，頁157。

[116] 見於藝文印書館十三注疏本，頁797。

[117] 見於藝文印書館十三注疏本，頁497。

[118] 見於藝文印書館十三注疏本，頁797。

[119] 劉松來《禮記漫談》中云：「周代的祭祀的正祭是每年夏至日在國都北郊水澤之中

陽位」，祀地於北郊，自然是「就陰位」矣。天神地祇之祭祀方向仍以
陰陽作爲趨向。而祭祀土地神之獻祭品是以玉帛及黑犢爲主，可見天
地祭祀之異。祭四時陰陽之神及日月山林之神，則均以埋少牢羊、豬
爲貢品。《禮記・祭法》中又將天子與諸侯之祭祀做區隔：「有天下者
祭百神，諸侯在其地則祭之，亡其地則不祭。」[120]以是知僅有天子可
祭百神，故可「禋於六宗」，因此牛、羊、豬「太牢」之食，由天子備
祭，而諸侯因不可舉行祭天祀地之禮，故以「少牢」之食備禮祭其境
內之四時陰陽之神及日月山林之神。此爲古先民從位階之差異實行不
同等級之祭祀儀節，作爲政治統治，使人民屈服之方便手段。尤其在
《禮記・祭義》中云：「天子有善，讓德於天；諸侯有善，讓德於天子。」
[121]．更能闡明何以僅有天子可祭天祀神之禮。在《左傳・昭公七年》
中已將統治階級分爲十級：「天有十日，人有十等，下所以事上，上所
以共神也，故王臣公，公臣大夫，大夫臣士，士臣皁，皁臣輿，輿臣
隸，隸臣僚，僚臣僕，僕臣臺，馬有圉，牛有牧，以待百事。」[122]層
層相因之階級制度不過是爲了管理上之便利，讓百事能相配得宜，運
作有序而無差貳。因此《荀子》書中亦明言：「分均則不偏，勢齊則不
一，眾齊則不使。有天有地，而上下有差；明王始立，而處國有制。」

的『方丘』上舉行的祭典。『方丘』是，一種方形祭壇。」（頁111）
[120]　見於藝文印書館十三注疏本，頁797。
[121]　見於藝文印書館十三注疏本，頁797。
[122]　見於藝文印書館十三經注疏本，頁759。

[123]在「處國有制」之管理原則下，階級便有高卑分層之現象。位階與身分之配合，其社會行儀便有所差異，爲政治之管理方便，卻是古今皆一。

有關天子進行封禪大典之「禪祭」場所，爲天子祭祀天神後，至泰山下之小山梁父或社首，除地爲平台而舉行之祭祀地祇之活動。此與《禮記‧祭法》中所言之上泰山祭天，下泰折祭地，是指同一種祭祀活動。

祭祀土地神之另一祭祀對象是社神，祭祀時間定在春秋二季，即古先民所重視「春祈秋報」之社祭。在《禮記‧祭法》提及中國古代自天子以至庶民，均有立社之法制：「王爲群姓立社，曰大社；王自爲立社，曰王社。諸侯爲百姓立社，曰國社；諸侯自爲立社，曰侯社。大夫以下成群立社，曰置社。」[124]，文中所言指出天子與民均有共同奉祀之神祇，且因階級而所立社之範圍有所限制。天子、諸侯均可自立社，唯大夫不可自立社，但大夫以下成群置社者，如同今日之里社一般，因此，社神亦有著區域性之守護神的功能。古先民立社之對象有二：一爲祭后土社神(土神)，一爲祭田正稷神(穀神)。立社之目的，無非期望萬物因土神之保護而得以滋長，亦希望穀物因稷神之庇祐而得以豐收。此種祭祀是在仲春之月的吉日進行春祈之活動，而在秋收後孟冬之月的吉日進行秋報之儀式。另有關祭祀社稷之神的方向問

---

[123] 見於王先謙《荀子集解》，頁 303 。
[124] 見於藝文印書館十三注疏本，頁 797。

題，《禮記・郊特牲》中載有：「社，祭土而主陰氣也。君南鄉於北墉
之下，荅陰之義。」（藝文印書館十三經注疏本，頁489）孔穎達云：
「君南鄉於北墉之下，荅陰之義。墉，牆也。社既主陰，陰宜在北，
故祭社時，以社在南，設主壇上北面而君來，在北牆下而南鄉祭之。」
[125]而此種祭祀社神之模式，則又與舉行郊祭及封禪大典時之祭拜地神
以瘞埋犧牲之方式不同，反是與郊祭及封禪中之祭祀天神一般，亦是
一種血祭之模式。此資料見於《周禮・春官・大宗伯》中，書中云：「以
血祭祭社稷」[126]鄭玄注：「不言祭地，此皆地祇，祭地可知也。陰祀，
自血起，貴氣臭也。社稷，土穀之神；有德者，配食焉。共工氏之子
曰句龍，食於社；有厲氏之子曰柱，食於稷」[127]祭祀地神與祭祀天神
儀式中之另一差異處，祭天時需要以火焚材，燃所欲祭祀之物，而祭
地神之郊祭與封禪則因是以瘞埋之方式，直接埋於地下，故不須將祭
品置於材上焚燒。在古代中國所祭祀地神中，包括山林川谷之神、農
神、田神、后土之神、社神等，名目雖多，但均是土地之神。尤其是
社神，有著區域性之守護神之功能，或為今日台灣對土地公（福德正神）
之祭拜具有社區性或家庭性之守護神之「區域性效果」的淵源所在。

　　至於祭地之象徵性，在《禮記・郊特牲》中亦有提及：「掃地而
祭，於其質也。器用匏陶，以象天地之性。」[128]其重點在於呈現與「地」

---

[125] 見於藝文印書館十三經注疏本，頁490。
[126] 見於藝文印書館十三經注疏本，頁272。
[127] 見於藝文印書館十三經注疏本，頁272。
[128] 見於藝文印書館十三經注疏本，頁497。

相同之本質。

3.祭四時、陰陽寒暑之祭祀儀式、象徵與情境

《文心雕龍·祝盟》提及「六宗禋祀」，其中之六宗便包括四時、寒暑。 在《禮記·祭法》中便載有關於祭祀四時、寒暑之活動：「埋少牢於泰昭，祭時也；相近於坎壇，祭寒暑也。」[129]有關逆暑、迎寒，其儀式之主要象徵意義，在於引導四時正常的變化，以利農作之順利生長，而羊、豬爲主要之祭品，作爲人類與四時、寒暑之交換獻祭，以達到媚神之目的。

儀式中有關音樂之演奏，此於《周禮·春官·籥章》中有詳細之說明：「因而『春官』述籥章之職，謂之『掌土鼓，豳籥；中春，晝擊土鼓，斂豳詩以逆暑；中秋，夜迎寒亦如之。』」[130]不論中春或中秋，均以擊土鼓、演奏豳樂及豳詩爲助慶之樂。

4.居於人間之小神的祭祀儀式、象徵與情境

在古先民自然崇拜所禋祀郊廟社祭之大神外，尚有對小神進行崇拜者，在《禮記·祭法》中記載有關國家中五種階級祭祀居於人間以

---

[129] 見於藝文印書館十三經注疏本，頁 797。
[130] 見於藝文印書館十三經注疏本，頁 368。

司察小過作譴告之小神:「王爲群姓立七祀:曰司命、曰中霤、曰國門、曰國行、曰泰厲、曰戶、曰竈王;自立爲七祀。諸侯爲國立五祀:曰司命、曰中霤、曰國門、曰國行、曰公厲;諸侯自爲立五祀。大夫立三祀:曰族厲、曰門、曰行。適士立二祀:曰門、曰行。庶士、庶人立一祀,或立戶,或立竈。」[131]古代嚴明之階級制度,層層相因、是統治者必然之統戰手段。在《荀子·王制》中亦明言:「分均則不偏,勢齊則不一,眾齊則不使。有天有地,而上下有差;明王始立,而處國有制。」[132]在「分均則不偏,勢齊則不一」及「處國有制」之思想下,荀子更強調此爲帝王不得不爾之做法,目的在於政治管理之方便,由上而下之層級分佈,亦正是今日政、經、教界管理制度之精神延伸。在此些神祇之祭祀中,「司命」主督察人間壽命、行善而遇凶及隨其善惡而報之之命。「中霤」爲主堂室居處之神,「門」主城門之神,『行』主道路行作之神,『厲』主殺罰之神,『戶』主出入之神,『竈』主飲食之神。其中之庶士、庶人僅能立一祀,戶神或竈神,其因或與人民生活息息相關者爲戶神或竈神。仔細探究此些神明之特色,對帝王而言,此七種神明除了掌主督察人間壽命、善惡之『司命』同時控管人命與法象之外,其餘均爲城市家門之神。帝王之所祀爲此七神,而諸侯無須觀顧家門之神,大夫、適士亦然。僅庶士及庶人得立戶神或竈神一祀,以固守其家園。因此,嚴格論之,有關此些小神之祭祀儀式與情

---

[131] 見於藝文印書館十三經注疏本,頁801。
[132] 見於王先謙《荀子集解》,頁303。

形，不應單一歸入地祇祭祀中的一種「家神祭祀」。[133]不過古人亦並未詳細分類當代此種祭祀形態之歸屬。

以上所述之各種祭祀禮儀，爲古代帝王、諸侯之政教基模。《禮記》〈祭法〉、〈祭義〉、〈祭統〉、〈郊特牲〉、〈禮器〉、〈王制〉及《周禮》更爲歷代傳習之教本，其中提供了足以與《文心雕龍》〈祝盟〉、〈封禪〉、〈頌讚〉、〈銘箴〉、〈誄碑〉及〈詔策〉中涉及自然崇拜之思想相互爲證之寶貴資料。中國古代之政治體系爲君主國，且是單一中心之塔式權力結構[134]，帝王更藉此種儀式之運作統治人民，從家人力量之凝聚基礎至族人，甚至國人，御使團結[135]，共赴軍國之遠大目標與理想；從《禮記·王制》孔穎達疏：「案鄭目錄云：『名曰王制者，以其記先王頒爵授錄、祭祀養老之法度，此在別錄屬制度。』」[136]文中對帝

---

[133] 在蕭靜怡〈從周代天官與地官二篇看周代祭祀問題〉一文中述及：「在地祇祭祀中還有一種流傳甚廣的家神祭祀，周代也很盛行。《禮記·祭義》：『王爲群姓立七祀；曰司命，…庶士、庶人立一祀：或立戶，或立竈』。」（《孔孟月刊》，第35卷，第9期，頁8）蕭靜怡將此七祀單一歸之於家神祭祀，恐歸類尚不夠周詳，因七種神祇並非均為家神。

[134] 提出君主國是「單中心塔式權力結構」者為李約瑟和王亞南(案：筆者將「單中心」改為「單一中心」)見於孫越生《歷史的躊躇·李約瑟和王亞南的《中國官僚政治研究》》頁91。在吳庚《韋伯的政治理論及其哲學基礎》中以為：「事實上官僚結構，也確是一個角色層次─由不同階級的角色層次組成，最後形成一種金字塔式的構造(Pyramide Wforniger Aufban)。」（頁93）

[135] Laurence G. Thompson, *Chinese Religion,* "Ancestor worship thereby played an indispensable role in reinforce the cohesion of family and linage."p. 45~46. 其書中特別強調家人與血緣系統的團結。另 Edited by Stewart Suthland and Peter Clarke, *The World's Religions,* "Religion is a Family-resemblance term and religions form a family." p. 10. 其說法與 Laurence G. Thompson 是極為相近的。

[136] 見於藝文印書館十三經注疏本，頁212。

王、諸侯應行之法度的記載，更能明證是國君藉此種儀式以統治人民的規範與模式前承之所出。

從此單元之探討中不難發現，古先民在祀奉大神與小神之間，有其相似之嚴禁。大夫以下依然無法自為立祀，能自為立祀者為諸侯與天子，或許乃因諸侯為有國者。有國者除為群眾立祀外，亦當為自己立祀，其所司者，一在服務眾民，一則重在安定自姓宗祠及家宅，並履行先君、聖王所立之政治教條。

在《文心雕龍‧祝盟》中一再強調「六宗三望」之重要性，雖表面上未有隻字提及此些小神之名稱。不過從文章中首云：「天地定位，祀徧群神。」（范文瀾注本，卷2，頁175）及「春秋已下，黷祀諂祭，祝幣史辭，靡神不至。」（范文瀾注本，卷2，頁176）可知此些小神古代已有禮祀之。或許小神並非劉勰《文心雕龍‧祝盟》之重點所在，因之，雖短短二言，豈能忽之，又可涵蓋古代祭祀之內容，可說是劉勰言簡意賅之筆。

從神明之名稱言之，與今日台灣所流行之「庶物崇拜」[137]如城隍、地基主、門神、灶神、床母、船神、車神、橋樑、道路、碼頭、井神…

---

[137] 首先從台灣民間信仰獨立出「庶物崇拜」者為董芳苑《原始宗教》中，（見於頁61）而其另一書《台灣民間宗教信仰》於「台灣民間信仰之觀察」中界定「庶物崇拜」指出：「人鬼與物魅有別，前者為亡靈，後者係山林、川澤、動物、植物、岩石之一種精靈，故類屬於庶物崇拜。」（頁142），董芳苑之說法殆部分沿承中國古代祭祀六宗三望及居於民間之小神之說法。之後其又繪出一表格，指出在台灣流行之庶物崇拜如城隍、地基主、門神、灶神、床母…等。（頁169）另阮昌銳《中國民間宗教研究》中亦提及庶物崇拜為，如「城隍、地基主、門神、灶神、床母、車神…等。」（頁142）

等人造的物件上有些相同或相近之處，其中尤以城隍(城門之神)、門神、竈神、道路之神等之崇拜對象，與中國古時居於人間之小神幾乎完全一致。可見台灣今日之習俗受中國古代傳統禮教影響之深。不過究應將其列爲庶物崇拜或自然崇拜？筆者以爲「庶物崇拜」一詞若單從「文字釋名」，其所涵蓋之內容極廣，不應侷限於今日台灣對庶物崇拜的狹義詮釋---「人造之物件」崇拜上，而應將其回歸於大自然，回歸於自然崇拜之範疇中，但非地祇崇拜，而是居於人間之小神崇拜。

第三節　《文心雕龍》〈祝盟〉、〈封禪〉、〈頌讚〉、〈銘箴〉及〈誄碑〉中有關「自然崇拜」之儀式、情境的異同

《周禮・大宰》云：「以八則治都鄙：一曰祭祀以御其神…」[138]祭祀被視爲「爲政之要」，可見出古先民透過祭祀儀式所欲達成之績效，在於與天道相安無事之消極平衡作用，並可視出古先民具有嘗試駕馭外界神力之企圖心。

在劉勰《文心雕龍・祝盟》中之「六宗三望」所指者爲祭祀天神地祇之自然崇拜。有關祭天神之儀式，從天子必須親自牽牲、殺牲，卿、士大夫又必須在天子殺牲之後，親自刲取牛之膏脂，此即爲一種血祭。「血祭」之其他資料，在《禮記・郊特牲》中亦載有：「有虞氏

---

[138] 見於藝文印書館十三注疏本，頁27。

之祭也，尚用祭，血腥爓祭，用氣也。…殷人先求諸陽，周人先求諸
陰…血祭，盛氣也，祭肺肝，心貴氣主也。」[139]《禮記‧郊特牲》中
之血腥爓祭即血祭，就如同與天神協議讓其裂食一頭動物，以吸取更
多能量，更足祐福人間。在《文心雕龍‧祝盟》中雖未述及尹耆氏與
舜時之儀式為何？不過，劉勰之意在言內，從《禮記》中所提及之蜡
祭活動，是可相為佐證的。至於商湯時，則提及「玄牡告天」即以黑
色公牛祭祀。此與《禮記‧郊特牲》：「用騂尚赤，用犢貴誠。」[140] 及
《禮記‧祭法》中「用騂犢」一詞應證下，孔穎達正義中以為應是黑
犢之說法是極為一致，此可說是《文心雕龍‧祝盟》中述及人類以動
物血祭之始。或許是人類對牛之任勞任怨的為人驅使，且與人有極高
之配合度，為人類「求生」時期立下汗馬功勞，因此，取其憨誠之特
質，作為與天神約定之交換信物。至周朝時，由太史掌六祝之辭、掌
六祈、作六辭、辨六號、辨九祭、辨九撌，用以事鬼神，同鬼神，以
通上下親疏遠近，辨別神鬼犧牲等之七種名號，辨別命祭、衍祭等九
種祭祀及辨別稽首至肅撌等九種儀式。其中六祝之辭，「皆所以事人鬼
與天神地祈」[141]有關祭地神之儀式，乃為郊祭時之「瘞埋」，在《禮記‧
祭法》中載有：「瘞埋於泰折，祭地也，用騂犢」以埋牲於地下，作為
祭地之獻禮，且對於所獻祭之犧牲，以黝黑色的牛為唯一之選擇，故
《禮記‧郊特牲》：「地示於下，非瘞埋不足以達之。」此為祭祀地神

[139] 見於藝文印書館十三注疏本，頁 507。

[140] 見於藝文印書館十三經注疏本，頁 497。

[141] 見於藝文印書館十三經注疏本《周禮‧春官‧大祝》，孔穎達疏，頁 383。

時，直接獻祭于地之最忠誠做法。 至於劉勰《文心雕龍・祝盟》中還有社祭、類祭、禡祭，此種地神之祭祀尚包括行軍之所在地等，是山川以外，更接近人類居住或使用之住所。

此外，在劉勰《文心雕龍・祝盟》中亦提及古人之約盟祭神之事。古人對會盟之儀式極爲慎重，在《周禮・司盟》中有：「及其禮儀北面詔明神，既盟則貳之。」[142]鄭玄注與孔穎達疏對儀式之內容有極簡明之敘述，指約盟者將六色方木或六玉，上圭，下璧，南方璋，西方琥，北方璜，東方圭，置於壇上以祭拜，讀盟書並詔告能明察之神。約盟之儀結束後，再複寫一份以授六官(指天、地、春、夏、秋、冬)。至於在劉勰《文心雕龍・祝盟》中所提及以赤牛(如平王東遷)、白馬(如高祖盟誓)爲犧牲殺而滴血盤中，所割之牛耳立之玉敦[143]或以血塗口，由會盟者執而飲之，另以黍稷盛之珠盤中，並誦讀盟文爲誓。參與會盟者用心良苦，以牲畜中之極品爲誓物，是一種「血祭」，一方面以示誠信，一方面則有以活體生命作爲抵押予天神地祇之信物；此種血祭形態之自然崇拜及宗廟之祭祀可說有其相似的誠敬之心，而其終極之目標，不外乎政治、經濟、外交及社會運作之價值與利益之互動。不過從古人對會盟之「祈幽靈以取鑑，指九天以爲正」(范文瀾

---

[142] 見於藝文印書館十三經注疏本，頁541。

[143]《周禮・天官・玉府》中對歃血為盟一事有「若合諸侯則共珠盤玉敦」。鄭玄注云：「古者以盤盛血，以敦盛食。合諸侯者，必割牛耳，取其血，歃之以盟；珠盤以盛牛耳，尸盟者執之。」(頁97)而賈公彥疏云因無黍稷，故其猜測云：「敦中宜盛血，牛耳宜在盤」(頁97)。鄭玄注文中已明言以敦盛食，不知何以賈公彥作疏時云無黍稷，既有珠盤、玉敦二種祭器，應有二種線祭品，故筆者以鄭注為是。

註本，卷2，頁178）慎重其事之心態而言，古人敬天畏天之心，仍依稀可見。古人以其作為政治聯盟或政治妥協之工具，更是顯而易見。此外，有關《文心雕龍·祝盟》中提及中國之詛盟：「在昔三王，詛盟不及，時有要誓，結言而退」（范文瀾註本，卷2，頁178）又「及秦昭盟夷，設黃龍之詛」（范文瀾註本，卷2，頁177-178）文中之「詛盟」又稱為「盟詛」，從劉勰文中可知古代夏商周三王時並無所謂之「詛盟」，而中國有詛盟之實，乃始於秦昭王時。在《周禮》中對其儀式亦早有說明：「盟萬民之犯者，詛其不信者，亦如之。凡盟詛，各以其地域之眾庶，共其牲而致焉。既盟，則為司盟共祈酒脯。」[144]盟詛儀式中一如一般約盟時得北面詔明神，但在祭品的擺置酒肉祭祀部分，似乎是一般盟約所無，此或是盟詛特異之處。古代總以珍貴之米糧釀酒，至商周時，酒更為貴族宴會所必備之物，濁酒作為日常之供飲，清酒以為祭祀之用，在《詩經·七月》中：「十月獲稻，為此春酒，以介眉壽」[145]是豳地以酒祭祀祈福求壽之佐證；祭祀時以之敬神、供神，取其誠。[146]因此盟詛中之擺置酒肉，自有其淵源。盟文與祝文一般，均為帝王、諸侯或臣子所用，文中之祈願性極高，與其他文體較之，可說是其中之最。然而從此些儀式中，我們仍可透視出祝盟之文

---

[144] 見於藝文印書館十三經注疏本，頁497。

[145] 見於藝文印書館十三經注疏本，頁285。

[146] 劉曄原、鄭惠堅等著《中國古代之祭祀》中提及中國古代以酒祭祀之內容：「造酒要耗費大量糧食，在古代是很珍貴的。殷代開始，酒成為貴族宴會必備之物，人間享受的自然要奉之於神，向神敬酒、供酒。」（頁14）

具有象徵性的陳述，是古先民軀體政治(body politic)的表態。

　　中國古時在執行祭祀天地大典之中最爲壯觀者爲「封禪」之禮祀，劉勰《文心雕龍‧封禪》中云及古先王爲戒愼之用而進行封禪者有七十二位國君之實。而封禪之地點爲喬岳泰山(又名岱宗)及泰山下之梁父山或社首山。〈封禪〉文中所提及有關自然崇拜之部分，僅爲純粹封禪之祭祀天地大典，與〈祝盟〉中有關於中國之六宗、三望，甚至祭祀地神中，亦包括社祭及居於民間之小神，無神不祭等之涉及範圍不同。而關於封禪文之製作與安置，則如劉勰《文心雕龍‧封禪》中所言「遐聽高岳，聲英克彪，樹石九旻，泥金八幽。」(范文瀾註本，卷5，頁395)古帝王於高聳之東岳，刻石立碑於九天之下，並將刻有文字之金泥銀版，埋於土地之中。不過，由於「封禪」大典即是郊祭，因此基本言之，劉勰《文心雕龍‧祝盟》之「六宗禋祀」中，之祭祀天神與地祇，與劉勰《文心雕龍‧封禪》中之封禪大典的祭祀天神與地祇，應是指同一種祭祀內容。

　　劉勰《文心雕龍‧頌讚》中有關自然崇拜部分，文中云：「四始之至，頌居其極。頌者，容也，所以美盛德之形容也。」(范文瀾註本，卷2，頁157)乃指頌體爲美報祖先之功德爲主，不過〈頌讚〉中又述及：「… 容告神明爲之頌，… 頌主告神，義必純美。」(范文瀾註本，卷2，頁157)頌體之主要功能，在於述其祖先之形貌與容態於天神地祇者也。此種自然崇拜之基礎，乃建構於祖先崇拜之上。至於「讚文」牽涉到自然崇拜的部分只能說極具可能性，因此種讚文之執行場所爲

式為之，由樂官重複的述說讚辭，其後才引導出歌唱。在《尚書大傳》中便有提及在「虞舜舉行傳位給夏禹的祭祀時，先由樂官致此種讚辭，然後大家高唱〈卿雲歌〉。」[147] 因此，既有祭祀之儀式，且由帝王親自主持，祭拜之對象若非天神地祇，則為祖先，雖然劉勰《文心雕龍‧頌讚》中未曾云及虞夏時祭祀之對象為天神地祇，不過，卻具有可能性。其他仍有屬於自然崇拜者，筆者將於另章中討論之。

　　劉勰《文心雕龍‧銘箴》中，關乎自然崇拜者，為銘文。銘文原是一種刻於器皿上之文字，後演變成刻在山石上之文字，因此需登山以刻於山石之上。其用途亦因顯貴者之運用功能與理念而有所不同。就劉勰《文心雕龍‧銘箴》中而言；記載天子事蹟者，有金鼎、楛矢，記載諸侯之功績者有銅版、器皿；記載大夫之功績者有刻在鐘上之文字及鼎銘。無論鑄之於何物之上，所鑄之文均以勳績為主。原則上，其方式應分為二種，雖劉勰《文心雕龍》中並未述及，不過，應可大別為二：一為「鑄於鐘鼎禮器之上」；一為「封山刻石」。「鑄於鐘鼎禮器之上」應無任何正式之祭祀儀式，不過應有選用刊刻之物、所刊刻之文字及完成啟用之時。此於劉勰《文心雕龍‧銘箴》中便有述及古先聖如軒轅、大禹、成湯、武王、周公及孔子均有銘文於器之實，但均以鑑戒為主，並非屬於自然崇拜之部分，至於「封山刻石」則為自然崇拜之行為。其中之「封山」即祭祀天神之儀式，祭拜天神後進行

---

[147] 見於羅立乾《新譯文心雕龍》頁148。《尚書大傳》之文見於《四部叢刊》(上編)：「帝乃雍而歌者重篇…樂正進贊曰：『尚考太室之義，唐為虞賓至今，衍於四海，成禹之變，垂於萬世之後，於時卿雲聚，俊乂集，百工相和而歌卿雲。』」(卷1，頁24)

之銘刻，故亦與帝王進行「封禪」大典中祭祀地祇時所使用之文體「封禪文」不同，封禪文是以金泥銅板刻字埋於地下，而銘文則刻於山石上。

　　劉勰《文心雕龍・誄碑》中關乎自然崇拜者，則為碑文。碑文與銘文一般，均是古帝王進行封禪大典「封山刻石」時，所作之碑文刊刻。嚴格論之，劉勰《文心雕龍》之〈祝盟〉、〈封禪〉、〈頌讚〉、〈銘箴〉、〈誄碑〉中有關自然崇拜之部分，有其儀式之相同性，尤其在進行封禪大典時，應是同時做二件事，既有刊刻銘文或碑文，亦有掩埋封禪文之舉，是配合祭祀天神地祇而有之儀式。而祝盟文中，六宗三望之祝禱，在進行夏至日於方澤與冬至日於圓丘進行郊祭之大典中，則無須使用任何文體。另〈頌讚〉中之頌體，美報祖先之功德於天神，雖亦是祭祀天神之活動，不過整個儀式過程是在進行祖先崇拜之意義上建立的，與其他文體之儀式過程與情境上，卻有顯著之不同。

第二章
《文心雕龍‧祝盟》中所示現之「自然崇拜」的成變理路

第一節 《文心雕龍‧祝盟》中「自然崇拜」興起之背景與沿革

在《文心雕龍》文體論中〈祝盟〉有其自然崇拜興起之背景:「天地定位、祀遍群神。六宗既禋,三望咸秩。甘雨和風,是生黍稷。」(范文瀾注本,卷2,頁175-176) 祝文乃因祈求農事之風調雨順以生黍稷而禮祀大自然之日、月、星辰、水旱、四時、寒暑等六宗及山、河、海三望之神(或尹耆氏時之八神)而起,其中先民仰天渡日之求生脈絡,一望瞭然。實則所求農事之風調雨順以生黍稷是先民之目的,隱藏在此目的之後的卻是:人類對自然崇拜的恐懼與敬畏之深層心理。因此,從劉勰《文心雕龍‧祝盟》及旁徵古籍,或可探究古先民求生脈絡之心歷路程。以下將從二方向探討之:一‧《文心雕龍‧祝盟》中有關「六宗禮祀」之成變理路;二‧《文心雕龍‧祝盟》中有關「三望祭祀」之成變理路。

一、《文心雕龍‧祝盟》中有關「六宗禮祀」之成變理路

　　《文心雕龍·祝盟》中提及古先民之六宗禮祀之活動,從尹耆氏起,歷經商、周、秦、漢…等,無不以祭祀六宗、三望或包括其他神祈之祭祀爲主,而有「靡神不祀」之現象產生,因此,六宗之祭祀在中國究竟有如何之形貌,期間之遞嬗又爲何?實足解釋「祝盟」之文體,在古代之運用功效。

　　在《左傳·昭公元年》中將古先民對山川日月星辰之降災情形做了簡單扼要之分類,大約可窺出古人心中所懼之現象的輪廓:「山川之神,則水旱癘疫之災,於是乎禜之;日月星辰之神,則雪霜風雨之不時,於是乎禜之。」[148]於是一些自然界之現象、自然物與自然力被神靈化,成了自然崇拜之自然神。人類便透過此種「禜祭」,以禳災祈福。就《文心雕龍·祝盟》中的祈求「甘雨和風」而言,顯然是對日、月、星辰之祭天禮祀,雖然在雲南省連雲港將軍崖岩上的人像與植物圖案,大陸有學者陳兆復以爲其生動地記載了古人認爲植物有靈之觀念:「岩刻中大多數人面像似乎是長農作物頂端的神人同形的頭像,可以解析爲先民對於土地和太陽的崇拜,可以看做是先民祈求豐收,崇拜穀神的形象紀錄。」[149]岩刻上,不僅透顯出古人將植物人格化之意義,並反映了古人生活形態與自大地之榮枯之息息相關。其所做出不同角度的意想與猜測,至今雖無法全然應證之,不過若再與《禮記·祭統》及《左傳·召公元年》之分類比較研究之,仍有些真理,也許

---

[148] 見於藝文印書館十三經注疏本,頁 343。

[149] 陳兆復《中國岩畫發現史》中對崖岩上所刻之人像與植物圖案做出不同角度的意想與猜測,頁 208。

對某些民族其所崇拜之自然神，仍有地域性之差異。然以《文心雕龍・祝盟》與「雲南省連雲港將軍崖岩上的人像與植物圖案」、《禮記・祭統》及《左傳・召公元年》之分類比較研究之；《文心雕龍・祝盟》中的「和風甘雨，是生黍稷」及文中述及中國古時之祭六宗、三望之情況所透顯出的是，並無將黍稷奉爲神靈之植物崇拜的情境。雖然在《文心雕龍・祝盟》中有提及尹耆氏時八神之事，不過八神亦均未涉及植物崇拜之事。是否即是因地域性之差異，在先古時期並未有人類學者從事有關古先民系統性之生活形態的探討與資料輯整，故仍有滿多事物及觀念未被後人所發覺，因此，在劉勰的魏晉南北朝時代，亦無任何此方面之知識足供其判斷。劉勰所能理解的也許只是遍祀群神與「和風甘雨，是生黍稷」息息相關，人民所需要的是外在環境配合的基本生存要件與渴望而已。

自然界中日、月、星辰是以其在宇宙中之形象所顯現之特質展現出神性及與映照大地之互動的自然現象而成爲先民所膜拜之自然物。在《禮記・月令》中云及大史司天日月星辰之運行，代表周時對天文已有專職官員管理，此乃對天文重視之表徵。《尚書・舜典》中有「舜在璇璣、玉衡，以齊七政。逐類於上帝，禋於六宗，望山川，遍群神。」[150]《禮記・月令》中亦有「天子乃祈來年於天宗」[151]所謂上帝之內容因時而異，如秦時是指以祭拜白、青、黃、赤(帝)爲主，漢時

---

[150] 見於藝文印書館十三經注疏本，頁 35~36。
[151] 見於藝文印書館十三經注疏本，頁 343。

高祖又加入黑帝。古時天子又祀及群神，可見對神明之崇敬是泛神論。此種泛神論之崇拜有其特殊之意義，在《史記‧封禪書第六》中云孝文帝即位十三年時提及國家之太平乃賴宗廟之靈，及上帝諸神所賜，才得以「方內艾安，民人靡疾。」[152]可見爲了國家政治安定之考量及希望人們遠離疾疫之意圖極爲朗現。至於古先民「六宗禋祀」之特質與成變理路，筆者將一一剖析如下：

(一)《文心雕龍‧祝盟》與日、月及星辰祭祀之關係

首論天宗之日神，中國從步入農業時代起，太陽便是古人日出而作，日落而息之標竿，是長養萬物之泉源，故人民崇拜之；太陽是陽剛之象徵，賦予萬物充足之陽光，賜予萬物溫暖、生命，如「埃及人拜日，大不列顛人祀太陽」[153]，均有其以太陽爲長養萬物及時節指標爲膜拜對象之理。然在《左傳‧昭公元年》有「…日月星辰之神，則雪霜風雨之不時，於是乎禜之，…」是另一則從長養萬物以外之觀點來看太陽之作用，古人將大地不定時雪霜風雨之現象歸之於日月星辰之作用，於是才有禜祭以祭日月星辰。不過以當時之星象知識推斷，肉眼看得見，但遙不可及，懸掛在天際之自然物必然是被視爲解釋天地間所發生的雪霜風雨之現象的淵源，因此，不難想像祭拜日神之重

---

[152] 見於卷 28，頁 1381。
[153] 見於姜義鎮編著《台灣的民間信仰》頁 106。

要。從《史記・封禪書第六》：「周官曰：冬日至，祀天於南郊，迎長日之至；夏日至，祭地祇皆用樂舞，而神乃可得而禮也。」[154]從文中知有關冬至日之郊祀是天子需特行之禮，適足以佐證祭拜日神是國家一項重要的祭典。另古人對太陽之印象與喜愛，還留存在日常生活之器物上，如在「鄭州大河村仰韶文化遺址中出土了不少太陽紋陶片，太陽被畫成圓形，四周還有表示光芒的長短射線，這是古人崇拜太陽的實證」[155]。從史實上看，夏朝對日神的崇拜可從《尚書・湯誓》：「時日何喪，予與汝皆亡。」[156]窺其一端，商湯伐夏桀之暴虐無道時與諸侯誓師辭中借著夏人之口吻以太陽譬喻夏桀，太陽總會下山，願與太陽一起滅亡，以訴說夏桀之罪狀。此是夏朝人詛咒夏桀早日滅亡，以太陽譬喻國君亦是對太陽崇拜之說明。 商朝人由於發源於東方海邊，太陽升起於東，因此拜日之禮祀活躍，從《禮記・郊特牲》中有：「郊之祭也，迎長日之至也。大報天而主日也，兆於南郊，就陽位也。」[157]而孔穎達疏云：「春分朝日，秋分夕月。」故知古人有朝迎日與夕送月之活動，而季節是春分早晨迎日，秋分黃昏送月。周人對日神依然崇拜，但不如夏商之盛，在《文心雕龍・祝盟》中，敘述著「及周之大祝，掌六祝之辭。是以庶物咸生，陳於天地之郊；旁作穆穆，唱於迎日之拜」（范文瀾註本，卷2，頁176）是周人禮敬日神之證。在《文

---

[154] 見於卷 28，頁 1357。
[155] 見於高壽仙《中國宗教禮俗》第一章：「巫教禮俗」頁 37。
[156] 見於藝文印書館十三經注疏本，頁 108。
[157] 見於藝文印書館十三經注疏本，頁 497。

心雕龍·祝盟》的短語中的祭日活動，雖由天子執行之，且已進入自然崇拜之時期，不過仍可窺出在古先民依然存有萬物有靈之原始心態，以爲「天地日月，山川草木，鳥獸蟲魚…都像他們自己一般，有精靈，有活動，…」[158]。因此，從萬物有靈論時期至自然宗教時期之間的區隔，實際上是很難劃分的，換言之，其中必有重疊之處。在《禮記·祭法》中有：「王宮，祭日也」[159] 王宮是當時之日壇，而今北京市之日壇即清代帝王祭日之所。《史記·天官書第五》張守節正義中引張衡云：「文曜麗乎天，其動者有七，日月五星是也。日者，陽精之宗；…　眾星列佈，體生於地，精成於天，列居錯時，各有所屬，在野象物，在朝象官，在人象事。… 日月運行，曆示吉凶也。」[160]《史記》指出太陽爲最具光芒者，且依據日神所展示之天象，其具有象徵自然界之事物，象徵朝廷官位之班秩，並可預示人間之吉凶。因此，日神對萬物之影響深遠而正面，故當月侵日而產生日蝕現象時，人類便想盡辦法予以補償或對治之，因此，便有「救日」之措施，古先王必行之。在《左傳》中載有「對治日蝕」之法，《左傳·莊公二十五年》云：「夏六月辛未朔，日有食之，鼓，用牲於社，非常也。唯正月之朔慝未作，日有食之，於是用幣於社，伐鼓於朝。… 非日月之眚，不鼓。」

[158]　黃石《神話研究》中云：「這是原人宗教的一個特質，實基於原人的心理狀態而生，他們以爲舉凡宇宙萬物，天地日月，山川草木，鳥獸蟲魚…都像他們自己一般，有精靈，有活動，…」（頁5）
[159]　見於藝文印書館十三經注疏本，頁797。
[160]　見於卷27，頁1289。

[161]古先民對天候之異象，驚佈異常，於是有天官以管天象之事，杜預注更云：「日侵月爲眚。陰陽逆順之事，聖賢所重，故特鼓之。」[162]古聖賢所重者在於順陰陽，在於不以陰掩陽，故有救日之舉動，辛未朔時以擊鼓、並用犧牲作爲祭祀，以爲救日之儀式，此時所用之儀式非「常儀」，因凡天災之祭儀爲「有幣無牲」，至於正月之朔時，則以「常儀」獻幣及擊鼓作爲「救日之舉」。天象之異常，對古人而言，在人事之精神、心理與處理態度上，均有極慎重之處。此外，在《荀子‧天論》：「日月食而救之，天旱而雩，卜筮然後決大事，非以爲得求也，以文之也。故君子以爲文，百姓以爲神。以爲文則吉，以爲神則凶。」[163]《荀子‧天論》中指出了人類遇見異象時之急救措施，見異象而補救之，是古人之防患未然的做法，儘管古先民所作之儀式是否真實有效，但對當代君民心靈之安定作用，卻不可小覷。有關日蝕、月蝕之現象，古書中均有詳細之記載，因此，對於中國古代社會天人感應之說何以曾經如此風行，便可識得古人受「觀天象以察時變」之思維模式的影響之深了。

月亮則被視爲是太陰神，是陰柔之象徵。從《史記‧天官書第五》張守節正義中引張衡云：「文曜麗乎天，其動者有七，日月五星是也。日者，陽精之宗；月者，陰精之宗；五星，五行之精。…日月運行，

[161] 見於藝文印書館十三經注疏本，頁174。
[162] 見於藝文印書館十三經注疏本，頁174。
[163] 見於王先謙《荀子集解》，頁540 。

曆示吉凶。」[164]知其為陰柔之至，與日神一樣，具有諭示世間吉凶之功能。文學史上賦予其嫦娥奔月之神話，乃因古人對較陰柔之月神存有綺幻及想像其對人類具有莫明宰制力的崇拜；不過有了月神話之時期，尚在萬物有靈崇拜之後。《禮記‧祭法》：「夜明，祭月也。」[165]「夜明」即為當時之月壇，古時有夕月禮，在《國語‧周語》中便載有此事：「古者先王，既有天下，又崇立於上帝明神而敬事之，於是乎有朝日、夕月，以教民事君。」[166]古帝王從此種自然崇拜之儀式活動下，透過帝王之於秋季送月之膜拜，做一教民事君之活教材。[167]而今日在北京市之月壇，則是清朝舉行祭月之壇場所在。至於《文心雕龍‧祝盟》中對月神之祭拜，乃在「六宗禋祀」之中。月之晦明，似乎可影響人事之配應，至少「月球」之可影響潮汐之起落，「月球」環繞太陽而行，為今日科學早已應證之實。「日為君，月為臣」[168]日既象徵「帝王之尊」，月則象徵「大臣之體」故在天神之祭祀中地位重要，尤其是日神祭祀，位居其首。在《禮記‧祭義》中：「祭日於壇，祭月於坎，以別幽明，以制上下」[169]除了從實質意義之日月晨昏定位外，其象徵意義，「已非自單純之自然崇拜，而是藉由對自然天象之禮敬以求達到

---

[164]　見於卷27，頁1375。
[165]　見於藝文印書館十三經注疏本，頁797。
[166]　見於韋昭解，頁13。
[167]　見於韋昭解，頁13。
[168]　提出月為「大臣之體」的象徵者為陳立，見於其《白虎通疏證》卷9，頁504。
[169]　見於藝文印書館十三經注疏本，頁812）

君臣有制、上下有分之禮儀。」[170]至於對日月之祭祀，古先民以爲天象仍以日月分明爲佳，則君臣均能堅守其道，若有「月蝕」之異象發生，則思救治之。古先民便以此與人事相互推演，故《左傳・莊公二十五年》云：「秋大水，鼓，用牲于社於門，亦非常也，凡天災有幣無牲。非日月之眚，不鼓。」[171]此處所言「日月之眚」，包括「月蝕」，爲從自然界之異象已影射至人事之上，或更進一步被轉化運用於政治實物之運作上。

對於天上星宿之祭祀，《周禮・春官・大宗伯》有：「以實柴祭日月星辰。」[172]《周禮・春官・大宗伯》中並未說明爲何要祭祀星辰，而《左傳・昭公元年》則直云星辰爲神：「日月星辰之神，則雪霜風雨之不時，於是禜之。」以實柴祭日、月、星辰，此爲行祭天大典時方有之。《爾雅・釋天第八》中亦有祭祀星辰之記載：「祭星曰布」[173]賈公彥疏云：「李巡曰：『祭星者，以祭布露地，故曰布。』孫炎曰：『既祭布散於地，似星布列也。』」[174]不過《爾雅・釋天第八》與《周禮・春官・大宗伯》一般均是極簡短之記載，並未涉及其他更詳細之祭祀內容。在《史記・封禪書第六》中則云及秦時之星辰廟祀：「在雍有日、月、參、辰、南北斗、熒惑、太白、歲星、塡星[辰星]、二十八宿…

---

[170] 見於林素英《古代祭禮中之政教觀---以禮記成書前爲論》，頁 40。
[171] 見於藝文印書館十三經注疏本，頁 174。
[172] 見於藝文印書館十三經注疏本，頁 270。
[173] 見於藝文印書館十三經注疏本，頁 99。
[174] 見於藝文印書館十三經注疏本，頁 100。

百有餘廟。於杜亳有⋯壽星祠。」[175]又《史記‧封禪書第六》云：「於是高祖制詔御史：『其令郡國縣立靈星祠，常以歲時祠以牛。』」[176]前者文中僅言及廟祀之星名，對人民何以崇拜之因並未言及；後者《史記‧封禪書第六》中提及《漢舊儀》云：「靈，神也。辰之神為靈星，故以壬辰日祠靈星於東南，金勝為土相也。」[177]說出靈星是神星之特色，同時交代祭祀所用之牛為牲禮。不過能將星辰所代表之特質敘述更為詳盡的則為《史記‧天官書第五》文中對天上星辰之描述，有其人間爵位之象徵及人格化之特徵，如太一星主使十六神，知風雨、水旱、兵革、飢饉、疾疫(四)等，其中有自然現象、政治、民生及疾病。南斗六星為天廟，丞相、太宰之位，主薦賢良，授爵祿，又主兵；參主斬刈，又為天獄，主殺罰；星之明亮度如何，從其象徵之意義已可預見人事未來之結局。至於其他星辰如天一、槍、陪、茅、盾、動搖，角大，兵起等，則從光芒之芒角的大小可做軍事預測；危為蓋屋，虛為哭泣之事；蓋屋與民生日用之住有關，哭泣之事則是指個人之情緒狀況的象徵。《史記‧天官書第五》中所舉之星眾多，而《史記》張守節正義中引張衡云：「⋯眾星列布，體生於地，精成於天，列居錯峙，各有所屬，在野象物，在朝象官，在人象事。」[178]其說出在野、在朝及在人之象徵特質，然僅從這幾顆星的職責如此細分觀之，因已進入

---

[175] 見於卷28，頁1375。
[176] 見於卷28，頁1380。
[177] 見於卷28，頁1291。
[178] 見於卷27，頁1289。

占星之領域，便知定非古人自然崇拜之原意，不過天上星辰之象徵意義卻可視爲古人自然崇拜之基本精神所在；其掌管人間之自然現象、擁有殺伐大權，對民生政經及個人情緒均有掌控作用。此外，某些星辰同時司掌人間事物之神格化職能，如在《周禮·春官·大宗伯》中有司中、司命、五祀等神都具有監察的使命。所謂司命是掌管萬物生靈的神祇，所謂司中是掌管萬物心性的神祇，所謂五祀之神乃指居於人間之小神，以司察凡人之善惡功過爲主。由以上之探討中，可歸結古先民星辰崇拜之源起，約有二：一類是對大自然敬畏之崇拜，一類則由占星所衍生出之星辰神格化之崇拜。《爾雅·釋天第八》與《周禮·春官·大宗伯》有關星辰之短文記載，可歸之於第一類，其因在於人類對無法詮釋之自然異象，由於畏服而產生之自然崇拜之活動。至於在《史記·天官書第五》中所呈現出有關天象之紀錄，則已落入第二類與天文曆法無關，從天人感應神學賦予某些星辰掌管人間的職能而衍生出各種象徵性且具人格性特徵之人間現象之暗示，此乃人類虛擬天體之運作的抽象意義所施行之崇拜行爲。此外，古人更以爲偉人是天仙降神而生，從蘇軾〈潮州韓文公廟碑〉中提及申伯自嶽而降之不可誣的說明，亦可一窺古人從對自然界之自然物的崇拜轉變爲將偉人神格化之軌跡。此種將偉人神格化之目的或爲政治意圖、或爲教化作用、或可說是當代之一種迷信行爲，但至少蘇東坡本人是堅信不疑。《禮記·祭法》：「幽宗，祭星也。」[179] 祭祀星辰一如祭日月一樣的有星壇

---

[179] 見於藝文印書館十三經注疏本，頁 797。

執祭，可見古人對星辰之崇敬。而巫祝們因獨占天文知識，故創造了占星術，以解當代人對星辰之迷惑，因此星辰之神格化與人間現象之交感，[180]在重視陰陽感應說之漢代更為流行。

中國大陸滿族之薩滿教對天上星辰之便有「七星神之崇拜」活動，至約定俗成，而形成固定之宗教儀式後，七星神便走進人格神之轉化體系中，「在清入關後宮廷祭祀諸神中，有所謂『那丹岱琿』，或稱『那丹岱瑚里』，通譯作『七仙女』，據清人考證，這便是七星神的變體。」[181]至於今日在台灣有關星辰之禮祀情形，比如安太歲與拜斗的宗教儀式在民間廣為流行，說明了司命信仰在民間仍然有著極為廣大的影響力。中國古代之天命思想及秦漢以來之天人感應說，創造出不可思議的「天上人間之互相應照現象」，確實有其趣味性及值得思索之處，否則此項習俗亦斷不可能傳至今日；畢竟渴望而不可及之星辰，是人類想像力發揮淋漓盡致的誘因。

(二) 《文心雕龍‧祝盟》與水旱、四時、寒暑祭祀之關係

水旱雖是自然現象，但在此自然現象中其所展現之自然破壞力卻無比驚人，輕則直接影響人民之生計，嚴重者則奪走人民之性命；古

---

[180] 朱天順《中國古代宗教初探》中云：「巫祝們獨占天文知識，他們利用這種壟斷地位編造了星體現象與人事現象、自然現象之間的相互感應的迷信，並創造了占星術。」（頁 33）
[181] 劉小萌、定宜莊《薩滿教與東北民族》，頁 86。

人對此不可抗拒之外力,不得不驚怖,因而此種民間信仰之產生,有其不得不爾者。《禮記‧祭法》:「雩宗,祭水旱也。」[182]因有水旱,於是乎有求雨之祭祀活動。《公羊傳‧桓公五年》亦云:「雩,旱請雨祭名。…舞而呼雩,故謂之雩。」[183]、《周禮‧春官‧司巫》云:「若國大旱,則率巫舞雩。」[184]又《周禮‧春官‧女巫》:「旱暵則舞雩」[185]《公羊傳》、《周禮‧春官‧司巫》與《周禮‧春官‧女巫》點明了古人祈雨活動之舞蹈性質。至於對四時寒暑之祭祀的重視,乃因其為季節變化之指標,更為人類嘗試適應天地大氣變化之契機,否則陰陽倒置,其將引起人間萬物之不順,病困異常。因此古先民所擔心者為「陰陽積而為寒暑,寒暑相推而成歲。寒暑不時,無以成歲。故迎之、逆之,所以導其氣」[186]此為古先民對逆暑、迎寒祭祀之因。有關逆暑迎寒之事,在《左傳‧昭公四年》云:「大雨雹,季武子問於申豐曰:『雹可御乎?』對曰:『聖人在上,無雹,雖有,不為災。古者,日在北陸而藏冰,西陸朝覿而出之。其藏冰也,深山窮谷,固陰沍寒,於是乎取之。其出之也,朝之祿位,賓食喪祭於是乎用之。其藏之也,黑牡、秬黍,以享司寒。其出之也,桃弧、棘矢以除其災。其出入也時,食肉之祿,冰皆與焉。大夫命婦喪浴,用冰祭寒而藏之,獻羔而啟之,

---

[182] 見於藝文印書館十三經注疏本,頁797。
[183] 見於藝文印書館十三經注疏本,頁53。
[184] 見於藝文印書館十三經注疏本,頁399。
[185] 見於藝文印書館十三經注疏本,頁400。
[186] 秦蕙田《五禮通考》,卷32,頁20,引楊復之言。

公始用之,火出而畢賦。』」[187]此爲古先民藏冰以逆暑之儀式,目的在於祭祀司寒之神。此儀式在《禮記‧月令》中早有記載:「仲春之月,…天子乃鮮羔開冰,先薦寢廟。」[188]整個開冰祭典由天子舉行,開冰後先以祭祀宗廟爲主。在《詩經‧豳風‧七月》中亦載有關於鑿冰、納冰之事:「二之日,鑿冰沖沖;三之日,納於凌陰,四之日其蚤,獻羔祭酒。」[189]從《詩經‧豳風‧七月》、《禮記‧月令》與《左傳‧昭公四年》相互對照研究,古人逆暑之時間乃從「二之日」(夏曆季冬十二月)開始,連續二個月,鑿冰並納冰,接著,在不同季節逆暑迎寒之後,有不同之配套措施:「既逆暑,則三之日於耜,四之日舉趾,蓋有以逆氣;既迎寒,則一之日觱發,二之日栗烈,蓋有以迎其氣。」[190]古人於「四之日」(夏曆仲春二月)正式舉行開冰之禮後,下田耕種。中國古代迎寒時爲家人準備冬衣過冬,在《詩經‧豳風‧七月》中亦有記載:「七月流火,九月授衣,一之日觱發,二之日栗烈,無衣無褐,何以卒歲?」[191]迎寒之時間依鄭玄箋云是在八月時當爲家人織布[192],則九月便可爲家人備妥冬衣,以防十一月及十二月之寒冷天氣。不過有關寒暑四時之變化,實與大氣之運行有關,現今社會已能借用各種高

---

[187] 見於藝文印書館十三經注疏本,頁 728。

[188] 見於藝文印書館十三經注疏本,頁 300。

[189] 見於藝文印書館十三經注疏本,頁 286。

[190] 秦蕙田《五禮通考》卷 32,頁 20,引張子之言。

[191] 見於藝文印書館十三經注疏本,頁 280。

[192] 鄭玄箋云:「此二正之月,人之貴者,無衣;賤者無褐,將何以終歲乎?是故八月當績。」(藝文印書館十三經注疏本,頁 280)

科技之氣象儀器作各種與天候有關之變化的預測，而中國古時則依十二辰之氣以為風，再配以八卦方位，探究天地間之律氣順與否，並推知祆祥之機。但由於中國人凡事重其儀節之實行，各種儀式之正式公開運作時，其背後往往附帶有某種價值與意義之存在，至少在迎寒逆暑方面，其對萬物均具經濟效益，萬物的滋長與人類的不受病困，得以從事生產；藉此得以增益家國政治資源之運用，從而資輔政治運作之良善性。劉勰〈祝盟〉一文中云周以前，上皇尹耆氏[193]祭八神之祝文，盼物各歸其所，水災無有，昆蟲勿害。從尹耆氏之祝辭中可知其所擔心者不止是水災而已，還有蟲害，因此我們不得不懷疑古人的自然崇拜僅有日、月、星辰、水旱、四時、寒暑及山、河、海而已，應可從自然物中再細分，至少在上皇之文中已可尋出「祖先崇拜」、「昆蟲之神崇拜」、「動物崇拜」之傾向。至於《文心雕龍・祝盟》中云：「舜之祠田」（ 范文瀾註本，卷2，頁 176 ），舜時之祝禱辭在於祈求農事之順遂，且四海皆享其美，是為民生所做之春祭。其中包括了祈求勿有水旱之侵擾，其後商周漢之國君亦然，文中雖未明言，但早已寓意於六宗祭祀之中。

二、《文心雕龍・祝盟》中有關「三望祭祀」之成變理路

---

[193] 《禮記・郊特牲》中鄭玄注為帝堯。（藝文印書館十三經注疏本，頁 500）范文瀾以為即神農或云帝堯也，見於范文瀾註本《文心雕龍注》頁 180，注[五]。

在古人三望之祭中，先山而後河、海，依序而祭。溯其源，山之崇高，屹立不搖，且是河海之源頭；《禮記‧學記》中明言先河而後海，以其本末所致，此即可爲證，而河海之本源實都在山，故知祭有所先後。河、海之祭是人類對源頭之重視的崇拜，雖然山僅爲狹義的生養萬物之地母(earth mother)[194]，但卻是地母上之負載品，足以供給人們生活與生存之自然物。人類學者在研究不同民族的地母崇拜之過程中，發現「『地母』的觀念，或許發生於人類脫離狩獵進入農耕之時代。」[195]『土地神』的觀念也因此而建立起來。亦即在中國古書中神話性人物神農氏興起時，從《禮記‧月令》：「季夏之月…是月也…勿發令而待，以妨神農之事也。」[196]可資證明。鄭玄注：「土神稱神農者，以其主於稼穡。」[197]其中之「神農」一詞固爲表達「耕作」之意義，不過從內涵上觀之，「神農」一詞確實是已被賦予神話特質之神格性人物，尤其以漢朝人鄭玄之年代尚且稱神農爲土神，更可知神農氏在古先民心中擁有相當濃厚之神秘色彩，此或可爲中國土地崇拜之起源時期作一應證。因此，土神最早在《禮記‧祭法》中有中國最早祭祀山神之紀錄：

---

[194] Adele Gatty, *Goddess, Mother of Living Nature*, 一書中提及古老觀念中將「土地」解釋爲「活體」之說及自從時間之始，其被視爲地母之說。'The old world view had perceived the Earth as a living body, a living being, who since the beginning of time had been acknowledged as the Earth Mother." p. 21.

[195] 見於林惠祥《文化人類學》：「『地母』的觀念，或許發生於古代人類脫離狩獵生活，進入農耕時代。」(頁 281)姜義鎮《台灣民間信仰》中亦言及，頁 107。

[196] 見於藝文印書館十三經注疏本，320。

[197] 見於藝文印書館十三經注疏本，頁 320。

「山林、川谷、丘陵，能出雲，爲風雨，見怪物，皆曰神」[198] 文中披露出古先民對於雲、風、雨的產生及一些知識庫中無法了解的事物而斥之爲怪者的出現，歸之於山木川谷丘陵所爲，故而崇拜之。《國語·魯語(上)》中對祭拜山川之神，有其說法：「凡禘、郊、祖宗報此五者，國之典祀也。加之以社稷、山川之神，皆有功烈於民者也；…及九州名山川澤，所以生財用也。」[199]顯然此中透露出古先民以爲社稷山川之神對人民有極大之功勞，同時對名山川澤無形中給予人類延續生存之助力，周人已有相當之體認。至於對日、月、星辰之崇拜，《國語·魯語(上)》中亦云：「及天之三辰，民所以瞻仰也。」[200]；《國語·魯語(上)》中已觸及日、月、星辰可望而不可及之崇高地位的問題。若從神話與原型的批評理論所採之心象說論之，則自然界遠自視覺上望得見卻觸不到之日、月、星辰，依其亮度而給予人不同冥想或被視爲創造力、生命之母及死亡[201]而心生敬畏，是人類認知自然界之自然物具有宰制人類的崇拜。在人類自然崇拜之對象中，近至地上山、河、海所給予人之崇高、深邃及迷惑不已而視之仰止；在人間則人類賴以生存之「水」所造成之水災或乾旱，嚴重傷害民生，人類心靈所產生

---

[198] 見於藝文印書館十三經注疏本，797。

[199] 見於韋昭解，卷第4，頁7。

[200] 見於韋昭解，卷第4，頁7。

[201] 徐進夫譯《文學批評與欣賞》中神話之原型理論以爲「日」、象徵創造力、自然律、父性(p. 135)；值本公明石撰〈日本人之先祖崇拜〉(李東源譯)中提及日人之先祖是日、星、火爲生命之母，並以爲此種先祖既是宗教現象，亦是社會現象(頁380)。事實上，天神亦主導人間之死亡，故筆者書於正文中。

的過猶不及之恐懼和人間季節變化之四時寒暑從膚覺中體察自然界之冷暖的奧秘，人類不得不對自然界中自然現象或自然力崇拜之。總此均足對人類生命財產造成威脅，影響農作物之生成，人神溝通恐是在古人對不可思議之大自然的奧秘而崇敬及發生自然災難難以克服時心靈需求助力之產物，從而表之於行動中，透過固定儀式而禮敬之。在《史記‧封禪書第六》：「周官曰…。天子祭天下名山大川，五嶽視三公，四瀆視諸侯，諸侯祭其疆內名山大川。四瀆者，江、河、淮、濟也。天子曰明堂、辟雍，諸侯曰泮宮。」[202]由此可見天子與諸侯之祭拜範圍界定極為明晰，是當代階級制度的明顯劃分。《禮記‧祭法》：「四坎壇，祭四方也。山林、川谷、丘陵能出雲，為風雨，見怪物，皆曰神。有天下者，祭百神，諸侯在其地則祭之，亡者則不祭。」[203]《禮記‧祭法》明說出帝王與諸侯祭祀之差異處。

對中國大陸滿族人而言，其祭拜山神則源起於一個「死火山」古先民因對火山之形成與原理毫無知悉，以致於當看到『赤色土水湧出』了，當然會有奇異驚駭的感覺，進而信仰它、崇拜它，把它看著是神聖的象徵，看成是祖先的發祥地，…」[204]滿族的「山神崇拜」算是較具特殊性的崇拜對象，其成因乃以「死火山之活動異象」作為人民信仰之基礎。

有關古人對「三望」之祭祀情形，筆者將從三望在古人心中之形

---

[202] 見於卷28，頁1357。
[203] 見於藝文印書館十三經注疏本，頁797。
[204] 見於陳捷先《滿洲叢考》，頁50。

貌論起，以探知「祝盟文」、「封禪文」、「碑文」、「銘文」及「頌讚文」
之重要性。此單元擬分為二部分探討之：(一)《文心雕龍》中〈祝盟〉、
〈封禪〉與山神、社神、句龍、后土、土地神及土地公之祭祀關係；
(二)《文心雕龍·祝盟》與海及河神祭祀之關係。

(一)《文心雕龍》中〈祝盟〉、〈封禪〉與山神、社神、句龍、后土、土地神及土地公之祭祀關係

在劉勰《文心雕龍·祝盟》中，讀者不難發現，古先民對地母之
崇拜心理，在古人祭六宗及三望時，所祭之天神地祇為日、月、星辰、
水旱、四時、寒暑、山、河及海，即有廣義之地祇崇拜之概念，雖然
古先民所期盼的是和風甘雨，「是生黍稷」（范文瀾註本，卷2，頁176），
但此種期盼之對象是六宗三望之神而非狹義之地母的崇拜心理(指特
為后土之神的祭拜)。因此，本論文將再細分為二：1.對古先民對山神
之祭祀，2.古先民對土地神之祭祀。

1.對古先民對山神之祭祀

在《尚書·舜典》中提及：「正月上日…禋於六宗，望於山川，
遍於群神。既月，乃日覲四岳群牧，班瑞於群后。」[205] 舜必須祭山

---

[205] 見於藝文印書館十三經注疏本，頁36。

神，因此需巡迴祭祀中國之有名山岳：東岳泰山(岱宗)、南岳衡山、西岳華山及北岳恆山等，此爲皇帝每年固定祭祀的「三望」之一，此書爲古籍中提出了最早祭拜山神活動之紀錄。《文心雕龍‧封禪》中亦復述《尚書‧舜典》中古帝王祭拜山神之紀錄：「大舜巡岳，顯乎虞典。」（范文瀾註本，卷5，頁393）可見祭拜山神必有其重要性。劉勰在《文心雕龍‧封禪》中對「封禪」之文體所從事之活動，以通史的方式，依朝代先後，將國君祭祀天地之情況敘述而出。古帝王每年需上泰山舉行祭天大典及在泰山下的小山如梁父、社首舉行祭祀地祇之大典，且此種祭典據劉勰《文心雕龍‧封禪》中言，始於黃帝時，因此若將《文心雕龍‧封禪》所言黃帝之祭天與祭地之禮與《禮記‧祭法》、《禮記‧郊特牲》比對之，則知祭山之禮實爲祭祀地祇之祀典，只是古人未特別聲明將「地」列入祭拜之對象罷了，而是以祭祀「山川」、「丘陵」爲名以取代地祇之名。此觀點可從《禮記‧祭法》得到應證，《禮記‧祭法》明言：「瘞埋於泰折，祭地也。」此爲郊祭中祭地祇之資料，至於在「封禪」祭祀之中，「禪」更是專爲祭祀地祇之活動，只是名稱非爲「祭土地神」，而是稱爲「禪」，不過此種祭地母之活動是貴族化之活動，且僅有皇帝可行「封禪之舉」，不具有普遍性。此外，在《山海經‧五臟山經》中「各篇的最後一段都概括著該山區的山數，以及神的形狀，如《南山經》"自招搖之山以至箕尾之山，凡十山…其神狀皆鳥身而龍首"，又如《南次二經》"自柜山至於漆吳之山，凡十七山，…其神狀皆龍身而鳥首"，等等；並記載著祭祀這些神靈時必備之

供物和祭法」[206]。《山海經》之神話性無庸置疑,不過此亦正足以反映當代人對山神之崇拜心態。《文心雕龍‧祝盟》中又提出了另一種類型之地母的祭祀,文中提及在尹耆氏時已有祭八神之事。從《禮記‧郊特牲》,鄭玄注及孔穎達疏中指出尹耆氏時代所祭者有八神,八神之先嗇(農神)、司嗇(農神)、田畯、郵表畷(田神)之祭拜,或許可稱之為是中國對地母崇拜之始。《禮記‧郊特牲》與《文心雕龍‧祝盟》之說法正足以佐證中國崇拜山川為神極早,不論(尹耆氏)時代在歷史上被承認之可信度究有多少?至少中國神話性人物神農氏之年代是在殷商之前,與自然崇拜與祖先崇拜之前身「先於萬物有靈論時期」之年代似乎滿接近。而《禮記‧郊特牲》中之記載,對農神、農官、田神之祭拜應已進入制度化的祭祀層面,如《禮記》中所記者屬實,則任何進入制度化或技術面之儀節,均可歸入自然崇拜時期或祖先崇拜時期而正式脫離自然宗教時期之色彩。因此,在《文心雕龍‧祝盟》中所記載的上皇之祝文中有「土反其宅」(范文瀾註本,卷2,頁176)之祝辭的出現,就不令人詫異,只是當時未有以「地祇」作為祭拜之名而已。雖然有關地母之長養萬物具生殖性的作用,在《釋名‧釋地》中對「地母」之解釋極為明晰:「地,底也,其體底下載萬物也。」[207]又云:「土,吐生萬物也。」[208] 在《國語‧魯語(上)》中則有直言「地

---

[206] 見於朱天順《中國古代宗教初探》頁73。
[207] 見於劉熙《釋名》,卷1,頁10。
[208] 見於劉熙《釋名》,卷1,頁10。

母具有生殖作用」之記載：「及地之五行，所以生殖也；」[209]，此二者均是古人對地母長養萬物之認知。而農作物之收成好壞，受土地之肥瘠、氣節之變化、技術及其他意外災害之影響，古人因人類無法解困而將之歸諸於土地之神的掌控，由於心存敬畏、祈求的心態，於是自然而然產生了一些儀式與祭典，用來表示對土地的虔誠和祈求。不過此種對地祇之崇拜，根據劉勰《文心雕龍‧祝盟》之記載，除了「三望」中之對「山」之祭祀外，至周時才正式以社祭(祭土神)、禡祭(祭行軍時駐紮之地的地神)作為地祇祭祀之另一崇拜對象。

2.古先民對土地神之祭祀

古先民之社祭分春社、秋社兩祭，亦即「春祈秋報」。在《詩經‧周頌‧載輸序》：「載芟，春藉田而祈社也。」[210]載芟，乃古先民於春季藉田而祈福於社稷之載芟樂歌。《詩經‧周頌‧良耜序》：「良耜，秋報社稷也。」[211]良耜，乃秋物成後，由王者祭拜社稷之神，以報生長之功。「春祈秋報」在《詩經》中有極為寫實之頌詩可徵信。除了以上對土地神之祭拜有農神、農官、田神、山林之神及社神外，回顧中國古籍對土地神之記載，尚有「后土」、「句龍」及「土地公」。

事實上，早在卜辭中已有有關祭社之記載，《新編甲骨文字典》對

---

[209] 見於韋昭解，卷第4，頁7。
[210] 見於藝文印書館十三經注疏本，頁746。
[211] 見於藝文印書館十三經注疏本，頁749。

「社」字亦有解釋：「卜辭用土爲社」[212]占卜時期在中國真正衍生出自然崇拜的時期之前，至少是在殷商時期；而此處之「社」，乃專就社之構築素材而言，是最原始且俯拾即得之素材。《詩經・大雅・綿》中已有關於祭祀社神之說：「乃立冢土，戎醜攸行。」[213]孔穎達注：「冢，大。…冢土，大社也。起大事，動大眾，必先有事乎社而後出，謂之宜。美大王之社，遂爲大社也。…箋云：『大社者，出大眾，將所告而行也。』」[214]對於孔穎達所言「必先有事乎社而後出，謂之宜」即是指必先實行社祭之禮後，才會勞師動眾。因此，在孔穎達疏中，便對有關「大社」之作用，有更進一步之詳細說明：「張炎云：『大事，兵也；有事，祭也；宜求見使祐也』」[215]如此之做法，無非是爲大眾人民求得戰場上之福祐及安定民心之作用。《詩經・大雅・綿》與《尚書・逸篇》應是中國古代經書中記載有關「社祭」方面最早的資料。《白虎通義・社稷》引《尚書・逸編》中亦有：「大社，唯松；東社，唯柏；南社，唯梓；西社，唯栗；北社，唯槐。」[216]尤其在《尚書・逸篇》中更將社分爲大社、東社、南社、西社、北社等五社，其中分別出大王之社祭與一般臣民之社祭的不同，此爲政治位階之不同，同時連所「擇木以樹之」的種類在大王與臣民之間均有所差異，而臣民之間依據方向

---

[212] 見於劉興隆《新編甲骨文字典》，頁 19。

[213] 見於藝文印書館十三經注疏本，頁 549。

[214] 見於藝文印書館十三經注疏本，頁 549。

[215] 見於藝文印書館十三經注疏本，頁 550。

[216] 班固編著，見於卷 1，頁 31。

之不同亦有所別。自然崇拜中之對地母崇拜有其特殊之意義與功能，在《禮記·郊特牲》云：「地載萬物，天垂象，取於地，取法於天，是以尊天而親地也，故教民美報焉。」[217]及《白虎通義·社稷》：「王者所以有社稷者何？爲天下求福報功。人非土不立，非穀不食，土地廣博不可遍敬也，五穀眾多，不可一一而祭也，故封土立社，示有土也。」[218] 文中讚揚土地爲人立身之地，同時亦是人藉其對穀物之長養而得以存活之憑據，因此而有封土立社以祭社神之事。此乃人類美報「地母」之恩賜的心情與想法，極爲明顯，一種出自「感恩」的情懷由然而起。《白虎通義》乃從土地之質性與功能爲論，尤其在爲天下人民祈福上，更是社祭之重點精神所在。《白虎通義·社稷》中更明言，社爲土地之神：「社者，土地之神也。土生萬物，天下之所主也。」[219]漢·應邵《風俗通義·社神》中所稱之社神則亦有相似於《禮記·郊特牲》及《白虎通義·社稷》之詮釋。應邵《風俗通義·社神》其書中云：「說社者，土地之主。土地廣博，不可遍敬，故以爲社而祀之，報功也。」[220]亦即祭拜地母之社祭，文中強調人賴土而立而生之重要性，立社神可爲天下蒼生求福，並美報爲地母之功績。而在《論語·八佾》：「哀公問社於宰我。宰我對曰：夏后氏以松，殷人以柏，周人以栗。」[221] 孔穎

---

[217] 見於藝文印書館十三經注疏本，頁 489 。
[218] 班固編著，卷1，頁 28。
[219] 班固編著，卷1，頁 31。
[220] 見於四部叢刊正編《風俗通義·卷八·社神》頁 57。
[221] 見於藝文印書館十三經注疏本，頁 30。

達解釋說：「凡建邦立社，各以其土所宜之木。」根據宰我之說法，中國有社祭之始，在夏朝已有之。孔穎達則專就土地性質，述說不同朝代根據建邦立社所在地之不同，所樹之木的差異性也就有異；其說或出自許慎，《說文解字注》云：「社，地主也，從示土。春秋傳曰：『共工之子句龍爲社神。』周禮二十五家爲社，各樹其土所宜。」[222]許慎指出周禮二十五家爲社，因此，筆者以爲此可能是中國最早的區域性守護神之來源，不過許慎與孔穎達之意見卻可作爲《白虎通義·社稷》引《尚書·逸編》中所提及之五種社祭何以樹以不同之木的「假設性之圓說」。據此言之，古代對立社樹木作爲社祭之壇場，爲其要件，其中或有因需有庇蔭之樹作爲祭祀者休憩之所的考量。《墨子·明鬼(下)》云：「且惟昔者虞、夏、商、周三代之聖王，其始建國營都日，畢擇國之正壇，置以爲宗廟，必擇林木之修茂者，立以爲叢社。」[223]《墨子》書中對古代立社必須立樹以祭祀之，亦有記載，其指出所擇之木必爲優良之修茂樹木。漢·蔡邕《獨斷》云：「先儒以社祭五土之神，五土者，一曰山林，二曰川澤，三曰丘陵，祀曰墳衍，五曰原隰。」依漢·蔡邕《獨斷》所言，其以爲社祭所祭之土地神是廣義之土地涵義，與最早期中國古先民祭祀之土地神僅指山神而言截然不同。另在漢·劉安《淮南子·齊俗訓》：「有虞氏之祀，其社用土…夏后氏其社用松…

---

[222] 見於段玉裁注本，頁8。
[223] 孫詒讓《墨子閒詁》，頁15，案：書中之「立以爲叢位」之語，筆者依孫詒讓文中王云之句改「位」字爲「社」字。

殷人之禮，其社用石…周人之禮，其社用栗。」[224]淮南王之說法與《論語‧八佾》之說法，顯然有一點小出入，其以爲殷人以立石祭土地神而非以樹柏爲社．並將祭祀社神之時間向前推至有虞氏，且載其以最簡單之方式堆土爲社。《史記‧封禪書第六》中提及：「自禹興而修社祀，郊社所從來，后稷稼穡，故有稷祠，尚矣。」[225]司馬遷則將中國有社祭之始，時間向前延伸至夏朝大禹之時，且說明當時之社祀爲後來郊社之由來。中國之社祭之始，究竟始於何年？實難考證，司馬遷已是漢朝時人，何以知之？且其並無更進一步之資料顯示夏禹時已有之，因此，亦僅可視爲參考資料。不過既然周時便有五種不同之社祭型態，推探其從制度之雛形至形成時所需之漫長時間，中國之有社祭，卻可上推至殷商時期，甚至以前，不過亦應有相對之史料佐證較佳。曹魏之後，曹植〈社頌〉亦有關於社神之說：「於太社，官名后土，是曰句龍，功著上古。」[226]曹植之說法仍沿承《左傳‧昭公二十九年》之句龍神話的色彩，此爲社神之傳說。《周書‧帝紀‧武成》：「告於皇天后土。」[227]至於「后土」爲社神在中國古籍中之形貌及其被祭祀之情境，乃總司土地的大神，由原始農神『地母』演變而來，欲探其原始，首需檢視其於古先民心中之地位。在《禮記‧祭法》中有：「共工

---

[224] 見於日人‧耕齋宇《淮南鴻烈解》，卷11，頁11-12。

[225] 見於卷28，頁1357。

[226] 曹子建「社頌」見於清丁宴編、黃節注《曹子建集評注》頁470。

[227] 見於令狐德棻撰、頁325。

氏之霸九州也，其子曰后土，能平九州，故祀以爲社。」[228]在《禮記·祭法》中「后土」爲堯之四岳共工氏之子，能平治九州之土，因有功而被禮祀之以爲社神。在《國語·魯語(上)》中有與《禮記·祭法》極爲相近之說法：「共工氏之伯，九有也，其子曰后土，能平九土，故祀以爲社」[229]《國語·魯語(上)》亦稱共工氏之子曰后土。從文獻中可看出古先民對賢能者「后土」進行崇拜之儀式或敬畏之心。但在《周禮·春官·大祝》中卻可看出古先民以「告」借代爲實際執行的膜拜儀式：「建邦國，告后土用牲帛。」[230]鄭玄注：「后土，社神也。」[231]在《周禮·春官》中「后土」已具有神性。又《周禮·春官·大宗伯》又云：「王大封，則先告后土」[232]鄭玄注：「后土，土神也。」[233]鄭玄同時做二注，一作社神解，一作土神解，可見社神、土神異名而同實。在《禮記·月令》中更是直稱「后土爲中央之神」：「中央土，其日戊己，其帝皇帝，其神后土。」[234]至於《禮記·壇弓(上)》：「君舉而哭於后土。」[235]鄭注：「后土，社也。」[236]此處之「后土」指祭壇而言。綜觀以上有關后土之多義性，乃導因於其對人類之庇護作用及其思想

---

[228] 見於藝文印書館十三經注疏本，頁802。

[229] 見於韋昭解，卷第4，頁6。

[230] 見於藝文印書館十三經注疏本，頁389。

[231] 見於藝文印書館十三經注疏本，頁389。

[232] 見於藝文印書館十三經注疏本，頁285。

[233] 見於藝文印書館十三經注疏本，頁285。

[234] 見於藝文印書館十三經注疏本，頁153。

[235] 見於藝文印書館十三經注疏本，頁153。

[236] 見於藝文印書館十三經注疏本，頁153。

之流行所致。

有關句龍爲「社神」在中國古籍中之形貌，於《左傳》中有記載。在《左傳·昭公二十九年》句龍是社神，而「后土」則成爲社名，但其原有之能力，依然存在：「顓頊氏有子曰黎，爲祝融。共工氏有子曰句龍。此其二祀也，后土爲社。」[237]杜預注：「共工在大皞之後，神農前，以水名官，其子句龍能平水土，故死而見祀。」[238]文中將社神句龍敘述爲堯時四岳之一(共工)之子，又具有疏導水患之能力，使大地不受其害，使人民之生命生活獲得保障，而有功於民，因此被祀爲社神。此極爲符合《禮記·祭法》：「能平九州，故祀以爲社」之說法。而《左傳·昭公二十九年》又有：「故有五行之官，是謂五官···木正曰句芒，火正曰祝，金正曰蓐收，水正曰玄冥，土正曰后土。顓頊氏有子曰黎，爲祝融；共工氏有子曰句龍，爲后土。」[239]《五禮通考》則針對《左傳》中「后土」一詞文解爲：「此以后土爲土官。」[240]《左傳·昭公二十九年》進一步提供有關句龍輔佐顓頊之背景及其被封誥之事，不過從《禮記·祭法》、《國語·魯語(上)》及《左傳·昭公二十九年》對后土或句龍之描述，可知此時之社神已由母系社會地母長養萬物之女神形象遞嬗至父系社會的男性神之角色。在祭祀天神地祇中，古籍中亦載有關於土地神與土地公之形貌，在《後漢書》及宋·

---

[237] 見於藝文印書館十三經注疏本，頁925。
[238] 見於藝文印書館十三經注疏本，頁925。
[239] 見於藝文印書館十三經注疏本，頁923。
[240] 見於秦蕙田《五禮通考·辨定祭禮通俗譜》卷3，頁82。

洪邁《夷堅志》中則又有以沈約爲土地神之祭祀對象。[241]不過劉勰《文心雕龍・祝盟》中所提及祭祀「六宗三望」之時代，僅止於魏晉南北朝之前，換言之，宋・洪邁《夷監志》中之土地神或土地公形象，是晚出的；《後漢書》中之土地公形象或許在魏晉南北朝已有之，不過亦均非劉勰所言「六宗三望」的天神地祇之祭祀對象。此種對地母之祭祀在原始社會中，是一種重要的祭祀之一，「…如在菲律賓群島當播粟以前，必須殺一個奴隸爲犧牲…在幾年前，印度孟加拉的某部落，使他們所種的鬱金根(染料用的食物)，成鮮紅色。…如歐洲的五朔節(May day)與收穫感恩節(Harvest Thanksgiving)都是地神崇拜的儀式。」[242]在中國地母之名稱的多樣性及從古今中外人們對地母之膜拜情形觀之，從原始幾種神祇而衍生出其他「異名而同實」之地神崇拜對象，可見人類對地母之仰賴，是無時空限制的。

(二)有關《文心雕龍・祝盟》中與海及河神祭祀之關係

《文心雕龍・祝盟》中「三望」之祭河海，乃中國人對河川之祭祀的重點。《禮記・月令》中有：「命有司爲民祈祀山川百源」[243]文中

---

[241] 見於《夷堅志》第二冊，夷堅支乙，卷第九中載有：湖州烏鎮普靜寺、密印寺二寺各祀梁武帝時的沈休文之父（即沈約）爲土地神之事頁 867-868，筆者摘要之。在高賢志《台灣宗教》中則對古籍中有關於土地神與土地公之形貌有進一步的探究。
[242] 見於林惠祥《文化人類學》，頁 281-282。
[243] 見於藝文印書館十三經注疏本，頁 316。

強調的是祭祀山川及各種水源。《白虎通義》云：「冬祭井。」則紀錄了祭祀井水之神的季節，可見對水神之祭拜分類極細微，應包含河、海、川、源、澤、泉、井等。在中國有關祭祀河海之神的傳說中，有史實記載，且名聞遐邇者，見於《史記·滑稽列傳》，文中記載戰國魏文侯時之西門豹治鄴的故事，「河伯娶婦」[244]之自然崇拜中的「人祭」，以活生生之人作爲婚神之獻祭，是祭祀類型中極爲殘酷的。文中述及西門豹智令大巫嫗及其三弟子先後入河告知河伯此次所選之獻祭女子不美，令他日再選，令鄴民大恐而不再舉行此種殘忍的人祭河神之禮。據《史記·六國年表第三》於公元前四一七年亦記載有一則「河伯娶婦」之故事，：「城塹河瀕，出以君主妻河。」[245]司馬貞索隱云：「謂初以此年取他女爲君主，君主猶公主也。妻河，謂嫁之河伯，故魏俗猶爲河伯取婦，蓋其遺風，殊異其事，故云『初』。」[246]《史記》書中所呈現的是當年因天災地變，城河變色，古先民以爲是河伯所爲，故公主獻祭於河伯，此種獻祭非爲一般人民，而是公主，可見當時城河變色之嚴重性。司馬貞以爲是魏俗，亦可知在魏國國君上下，對於任

---

[244]《史記·滑稽列傳》中記載著：「魏文侯時，西門豹為鄴令，豹往到鄴，會長老，問之所疾苦，長老曰：『苦為河伯娶婦，已故貧』。豹問其故，對曰：『鄴三老、廷掾常歲斂百姓，收取其錢得數百萬，用其二、三十萬為河伯娶婦，與祝巫共分其餘錢持歸。當其時，巫行視小家女好者，云是當為河伯婦，即聘娶…民人俗語曰，即不為河伯娶婦，水來飄沒，溺其人民云。』」（卷66，頁3211）
[245] 見於卷15，頁705。
[246] 見於卷15，頁705。

何古代傳習之風俗，仍無任何之護身符，無可抵抗，幾乎爲全民迷信於「人祭」之真誠足以消弭水患所帶來之災難與損失。可見西門豹治鄴所反映出鄴縣之自然崇拜形式，非爲小區域性共同神明之祭拜而是一個諸侯國之內的祭祀大事。此外，中國「雲南省的一些少數民族，現在仍祭水神。漢族也有祭井神的的古來遺風。」[247] 在台灣對於山神、水神與海神之祭拜，不但有其特有之名稱，連其象徵意義亦有所流變，如「東嶽大帝信仰雖然仍爲自然崇拜的山嶽崇拜，但其流傳的原因不在於山神崇拜，而是地獄主宰的崇拜，民間相信東嶽大帝居於陰陽兩洞，執掌人間福祿壽考，貶惡懲奸，爲陰間十殿冥王首席，也是地府陰司的主神，…」[248] 可見以上所論及之所有祭祀，其來有自。

從以上有關《文心雕龍・祝盟》與六宗三望之天神地祇之關係研究中，筆者發現人類對地母之崇拜乃豐富而多元化。有關土地神之祭祀，實質上則有祭祀山神、蠟祭中之先嗇、司嗇、郵表畷，社祭中之社神，類祭、禂祭中之祭祀地神，另有對句龍、后土之祭祀，而在魏晉南北朝之後則又演變出對土地公、岳飛、沈約之祭祀及今日台灣對土地公福德正神之祭拜。嚴格論之，人類祭祀土地之名稱雖異，但實質卻均是祭祀土地神。在《文心雕龍・祝盟》三望中可探究出的古先民之最早之重要祭祀對象外，從其他古籍中所顯示出魏晉南北朝後以英雄人物爲土地神之崇拜，亦屬祭祀地祇之時代的變物。不過在《禮

---

[247] 朱天順《中國古代宗教初探》頁 84。
[248] 見於阮昌銳《莊嚴的世界》，頁 3-33。

記‧郊特牲》及《文心雕龍‧祝盟》中所提及蠟祭中的「神農氏」應為中國最早將英雄人物或虛擬之英雄人物神格化的土地神。至於山神、田地之神，則是人類對自然界的實物神格化的土地崇拜之始。中國的某些民族、原始部落中或台灣，至今仍存在著祭拜地祇之儀式或活動，「如雲南彝族認為，他們所種的糧食、瓜果、麻類等農作物，都是從地上長出，而當農作物生長不理想或遭受病蟲害傷害，都是因土地神不悅所致，所以族人必須對土地神加以祭拜，彝族人除正月初一要祭拜地母外，每逢農曆二月插秧時還要攜帶臘肉、豬心、酒、飯等祭品到秧田邊撒祭。南海黎族人在開犁、開播、開始插秧前也都有祭地儀式。」[249]而在「藏東南珞巴族中有一個阿帕塔尼部落，他們的祭地神活動安排在播種前，由各氏族分別舉行。」[250]另外，「新疆錫伯族、雲南哈尼族、湖南、湖北、四川交界的土家族、廣西的壯族、貴州的布依族、廣西、湖南、貴州交界的侗族、廣西毛南族…等都信奉土地神，並有祭祀的儀式。」[251]此些民族祭拜地母者，均屬中國大陸之原始部落或少數民族。至於今日台灣土地神之崇拜，其種類不僅一種，其中之祭祀神農大帝者，即為祭祀田神之土地崇拜，「一般人所謂農曆4月16日的『三重埔大拜拜』就是先嗇的祭典。」[252]另在台灣依然保留有對「后土神」之祭祀，不過其所象徵之意義在中國進行自然崇拜過程之中便產生了極大之轉變，后土從古代自然崇拜之祭祀，轉變為守

---

[249] 見於林惠祥《文化人類學》，頁 281。
[250] 見於林惠祥《文化人類學》，頁 282。
[251] 王小盾《神話話神》，頁 42-43。
[252] 見於姜義鎮《台灣的民間信仰》，頁 32。

墓神的后土神。台灣今日則在墓側建有石造的后土神。[252]至於對「土
地神」（福德正神及后土娘娘）之祭祀，亦有一定之祭儀與風俗，其
已成爲農業、土地…等之守護神。人民之所以禮祀之，乃因感激地母
所恩賜的風調雨順與居所之安樂無虞。至於在《文心雕龍‧祝盟》之
祝文中更以對地母之敬拜祝文與祈禱爲最多，如尹耆氏始蠟以來，至
商周時對社祭、類祭、禡祭之重視（筆者將於下一節中詳細討論）而
在《禮記‧祭統》中所謂對天地之祭中，均有血祭以致其誠意者，而
在所有的祭祀中祭拜，仍以天地之祭最受重視，天神有其至高無上受
崇拜信仰之特質，而地母亦有其土地之自然性質及其對社會生活的影
響力之崇拜，更重要的是具有安頓民心及厲戰之作用，而地母與天神
同掌生養萬物之神力，應是此期人民的新體認。此外，雖然《文心雕
龍‧祝盟》與《文心雕龍‧封禪》中所提及之六宗三望及封禪祭祀中
均未論及火神崇拜之事，不過〈祝盟〉中既然言及春秋以下，麛神不
祀，可見應是包括火神之祭祀，只是未以文字述之於檯面罷了。在中
國大陸滿族之薩滿教中有「火神崇拜」之信仰，對火神有許多神話保
留，而今薩滿教中之「火神崇拜」被視爲研究重點，乃因其中蘊含豐
富之古先民對火之原始文化之崇拜的重要資料。在其「火神崇拜」之
信仰中，「滿族用木頭刻製火神雕像，供奉在灶門旁邊，春秋二季祭祀。
人們期望它保佑火種連綿不斷，讓全家都能吃上熟食，保證身體康泰。」

---

[252] 見於巫凡哲《道教諸神說》中云：「十八世紀末便不再臨時請來后土神，而在造墓
時在墓側建一座石造后土神。」（頁264）

[253]火種不斷，代表著子孫世代綿延，其中對於貢品火燎之習俗及人「過火」之動作，便具有積極之消災作用；據稱成吉思汗時代，所有進貢者及貢品，必須過火以除災。或許即因火被視爲人類淨身之具，可禳災祈福，故火神被人類崇拜著。

第二節　祝文從求生、輔政、勵戰
及哀策流文之理路變革

《易經‧賁卦‧彖辭》：「觀乎天文，以察時變；觀乎人文，以化成天下。」[254]或許可將之詮釋爲人類觀察宇宙之自然現象，以裨補於人事之缺失，因此透過「觀乎天文，以察時變」而發展出自然崇拜之思想，並虛擬出種種儀式以獻慰天神地祇，從而藉著與天神地祇之「禱告約定」中盼能激勵政治、經濟之進步與成長之假想，以安頓民心，至少就民智未開之當代而言，是唯一可行之路。

從劉勰於《文心雕龍‧祝盟》中鋪演出古先民在運用祝文時，有其從求生、輔政、勵戰及哀策流文之理路變革。首先從「天地定位，遍祀群神。」的神力崇拜，及古先民所耗以透過各種祭祀取悅天神地祇，以求和風甘霖、長養黍稷之「民生」而頌禱。尹耆氏時，始行蜡祭，以祭八神，並有祝禱辭：「土反其宅，水歸其壑，昆蟲無作，草木

---

[253] 見於劉小萌、定宜莊《薩滿教與東北民族》，頁86。
[254] 見於藝文印書館十三經注疏本，頁62。

歸其澤。」《禮記・郊特牲》中對蜡祭有較詳細之解說:「天子大蜡八,尹耆氏始為蜡,蜡也者,索也。歲十二月,合聚萬物而索饗之也。蜡之祭也,主先嗇而祭司嗇也,祭百種以報嗇也。饗農及郵表畷,禽獸,仁之至,義之盡也。古之君子使之必報之,迎貓為其食田鼠也,迎虎為其食田豕也,迎而祭之也,祭坊與水庸事也。」[255] 鄭玄注及孔穎達疏中指出人民所祭者為八神:神農氏、后稷、古之田畯、郵表畷、貓虎、坊、水庸及昆蟲。前三者以祭祀對於教農有功之帝王、諸侯及官吏為主;郵表畷則是以祭祀田畯所以約督百姓於井間之處或田畯所舍之屋宇與井邊相連之處;貓虎是祭祀動物,「坊」[256]是祭祀所以用以蓄水,且可障水者;水庸是祭祀可以受水,亦可泄水之設施。從對教農有功之帝王、諸侯及官吏之神靈的崇拜中,可知古人早期自然崇拜之內涵,已將先人神格化,從「人」之境界提升為神,因此,此期之自然崇拜嚴格論之,已摻雜了「慎終追遠」的祖先崇拜之精神。有關「郵表畷」,鄭注以為:1)是祭祀田畯所以約督百姓之處的神靈,孔穎

---

[255] 見於藝文印書館十三經注疏本,頁500。

[256] 在《禮記・郊特牲》中對「坊」之祭祀在於其可用於蓄水及障水,今日台灣之祭祀「城隍爺」即由此演變而來。姜義鎮《台灣的民間信仰》中則提及城隍「俗稱城隍爺,我國古時省府縣都有供奉土神,稱為城隍,由此可知,城隍最早是一種帶有自然色彩的神明,且城隍的信仰在中國已經很久。清代承歷代遺志,以城隍為掌司法審查的神。省、府、縣,各有等稱,省稱都城隍、府稱府城隍、縣稱縣城隍,凡是地方官署所在地,都有城隍廟宇的建立,目前台灣有44所城隍廟,其中新竹城隍廟最有名。清朝視台灣為難治的特殊區域,清廷官吏往往假借神權,利用民間迷信思想,在城隍廟中通供,利用城隍玩弄民眾。但是幾百年來,民間對於城隍的信仰仍然鼎盛。」(頁24)

達疏進一步解釋鄭玄注中引齊魯韓詩之言，以爲「郵，謂民之郵舍，言成湯施布仁政於下國，諸侯任畷民之處所，使不離散。」[257]此乃指民之郵舍而言。鄭注殆或以爲古先民重視其田舍屋宇之安危，故祭之，祈神祐福。2)祭祀田畯於井間所舍之屋宇，同時古先民對田畯所舍屋宇之神的崇拜，應視爲最早期對屋宇之神的崇拜，然其所崇拜之因，無非是爲了護衛「民生」。爲何要敬拜田畯所以約督百姓之處的神靈或田畯於井間所舍之屋宇之神？《禮記‧郊特牲》中「仁之至，義之盡」孔穎達疏解爲：「不忘恩而報之，是仁；有功必報，是義。」[258]孔穎達疏中所展現出的是人類對天神地祇報恩、報功之心態；從此一心態再深入探究，古先民敬拜田畯於井間所舍之屋宇之神，或許可將其詮釋爲田間之守護神的象徵與意義，此應是古先民於蒙昧未開時，對大自然界主觀認定與自由心證之結果。至於動物崇拜的貓虎之神，純粹是爲田間之農作物之生成能不遭受田鼠與田豕干擾所致。在自然界中萬物自有其食物鏈，人類可借由物物相剋之理處理其生活周遭的困境，故依鄭康成注《禮記‧郊特牲》之八神中第五爲「貓虎二神」，第八爲「昆蟲之神」[259]是極爲可信的，貓虎二神可除田鼠、田豕之害而昆蟲之神可除蟲害，對人類而言是有益的，特爲保護與崇拜是有其因的。古先民善於利用動物之本能或特質，以作爲保身安宅護物之做法，由此可窺出一斑。此種昆蟲崇拜、貓虎崇拜均是動物崇拜，是自然物崇

---

[257] 見於藝文印書館十三經注疏本，頁500。
[258] 見於藝文印書館十三經注疏本，頁500。
[259] 見於藝文印書館十三經注疏本，頁500。

拜之一種，而今日在台灣對土地神（福德正神）旁之「虎神」依然有奉祀之禮存在，其因在於虎神從原先危害民眾之角色，當被土地公收服，成爲土地公之坐騎後，反具有驅疫、鎮護與降魔、治病及叨來財寶之功能[260]，與中國古籍中對「虎神」之崇敬原因，有截然不同之詮釋。台灣對虎神之崇拜與泰國南部咯比省之老虎洞之對虎神的動物崇拜，或有可能同出一轍，均淵源於尹耆氏蜡祭八神中動物崇拜之虎神，只是故事之詮釋不同而已，同一類型之故事在不同國家傳釋，或有可能；不過也許此乃人類發展過程中，人類崇拜動物的共相之一，取其威武、具捍衛之象，亦不無可能。此外，古人之祭坊與水庸事之重視，既爲蓄水、受水、障水、泄水之用，對水源之儲存與水害之防患與規劃，古先民計劃頗縝詳的將其託付於坊神與水庸之神，其目的乃在於人類最基本的「求生本能」。其中之「水庸之神」在台灣已成了「城隍爺」之化身，原是護城之溝渠，「轉而爲城市之守護神」而其祝禱文：「土反其宅，水歸其壑，昆蟲勿作，草木歸其澤。」（范文瀾註本，卷2、頁176）強調的卻僅有水災與蟲害，關乎「民生」中之「食」與「生命」問題。至於《文心雕龍‧祝盟》：「舜之祠田：『荷此長耜，耕彼南畝，

---

[260] 有關「虎神」之資料，劉文三《台灣宗教藝術》中有虎神被「土地公」收服之說法：「在台灣供奉土地公的寺廟中，在其供桌或神龕下，經常可發現也會供奉著老虎的塑像，在民間稱之為『虎爺』、『虎將軍』或『虎神』。 虎爺之所以會作為土地公的配祀，在民間有這麼一個傳說：老虎是山中之王，其兇猛，經常為害人畜，甚至咬死民眾，而土地公是掌管土地之神，於是被害民眾便向土地公求助，土地公遂收服這兇猛的老虎，而這山中之王也就隨時跟隨土地公，成為土地爺的坐騎，充當其腳力，且不再任意傷害人們，除非是為非作歹的人，但也仍須徵得土地公的同意，故民間有句俗諺：『土地公無書號，虎不敢咬人』。」（頁47-48）

四海具有。』」（范文瀾註本，卷2、頁176），充分顯現出古人自然崇拜中所隱含的仰天渡日之求生脈絡，帝王對「民生」之重視，列爲首要，爲人民祈福，似乎是古聖賢垂範之重要行政措施之一。劉勰《文心雕龍・祝盟》:「至於商履，聖敬日躋，玄牡告天，以萬方罪己，即郊禮之詞也；素車禱旱，以六事責躬，則雩禜之文也。」（范文瀾註本，卷2、頁176）商湯時以黑色公牛祭祀，示其誠敬之崇拜行爲，此時已從求生階段演化擴及爲輔政之工具且透過郊祀祭天以罪己的謙虛態度，敬告天神，因此，可見商湯對文德修養之敬慎心理。其乘素車祈禱天神勿有旱災之崇敬行爲，內容有六事，即《荀子・大略》所云:「政不節與，使民疾與，何以不雨？至斯極也。宮室容與婦盛謁與，何以不雨？至斯極也。苞苴行與，讒夫興與，何以不雨？至斯極也。」[261]此六事爲政治失調、使民疾苦、宮室奢華、婦進讒言、賄賂貪賍、小人當道。[262]商湯將此六事均歸罪於己，以祈求上天原諒，爲人民求雨禳災，希望對政治、民生能有所裨益，同時是一種自我反省的工夫與美德。其中所反省者，均是從政治、經濟制度本身之體制中體察其缺失，除了政治制度本身之失調外，政治體制上的使民不當與用人不當，造成民生疾苦及朝政上婦言與小人進讒言之亂象，又政府官員與民間互動上不夠清明之操守，使行政過程中，臣民彼此以財貨贈人，作爲辦事之輸通管道，此爲政治制度之瑕疵，興建宮室上的奢侈，則

---

[261] 見於王先謙《荀子集解》，卷19，頁794。

[262] 在趙仲邑《文心雕龍譯注》中將《荀子・大略》中提及之六事，譯為「政治失調、使民疾苦、宮室奢侈、信任婦言、賄賂通行、讒言興起」（頁92）

是披露了對經濟資源之運用的浪費。從以上商湯所反省之事項中卻可看出其以對政治、經濟資源之管理與運用之重視，更能視見當朝之缺失，實難能可貴。

周朝時之自然崇拜，除了求生、輔政外，更有屬戰之祝文，因此，此期自然崇拜之對象，除了天地、太陽及宗廟之祭祀外，更有屬戰之社祭、類祭、禡祭，及出征前之祝禱文，而其所祭祀之種類遠較商湯時更多。在劉勰《文心雕龍・祝盟》中述及：「及周之大祝，掌六祝之辭，是以庶物咸生，陳於天地之郊；旁作穆穆，唱於迎日之拜；夙興夜處，言於祔廟之祝；多福無疆，布於少牢之饋；宜社類禡，莫不有文。所以寅虔於神祇，嚴恭於宗廟也。」（范文瀾註本，卷2、頁176）至周朝時，由大祝掌六祝之辭、掌六祈，作六辭，以通上下親疏遠近，辨六號使掌負責與天神地祇溝通，而其所用以溝通之文為六祝之辭。根據《周禮・春官・大祝》：「大祝，掌六祝之辭以事鬼神；示，祈福祥，求永貞：一曰順祝，二曰年祝，三曰吉祝，四曰化祝，五曰瑞祝，六曰筴祝。」[263]據孔穎達疏中以為，順祝，順豐年；年祝，歷年得永久；吉祝，祈福祥；化祝，弭災兵；瑞祝，逆風雨、寧風旱之瑞應；筴祝，遠罪疾。從六祝之祝禱辭中加以分類：一為經濟作物中之成長無礙，此為民求生存之禱文；二為祈福祥之永貞，吉祝為祈福祥，年祝為求福祥之永貞；三為弭平災害與戰爭，化祝與瑞祝中所祈求的風調雨順無風雨水旱等各種災害及戰爭，既牽涉民生問題，又關乎政治

---

[263] 見於藝文印書館十三經注疏本，頁383。

國體之安危於是有求雨與祈晴之祭祀，因而有雩禜之文體的產生。今日在台灣的其他部落中，如賽夏族依然存在「祈天祭」，是將求雨、祈晴與驅疫、鎮風四位一體的祭祀，以祈「風調雨順、農作豐收」[264]。而劉勰《文心雕龍‧祝盟》中提及「陳於天地之郊」的自然崇拜，其目的是爲了祈求「庶物咸生」，正是六祝中之爲經濟作物中之成長無礙，是爲民求生存之禱文，不要有任何災害發生；《禮記‧祭法》：「雩宗，祭水旱也。」[265]古人特闢祭祀水災、乾旱之祭壇，更可見出古人求雨防旱之禳災心理。

《文心雕龍‧祝盟》中提及對日神崇拜之部分，則是希望人民「旁作穆穆」，重點在於對人民養生、行止之善的禱辭；同時在對宗廟之祭祀中，亦祈求人民「夙興夜處」善良習性之養成及福祉之求得。在一般諸侯、卿、士大夫於祖廟祔祭時，則以「少牢之饋」供奉羊、豬，則有爲全國人民祈求福祥的「多福無疆」之禱辭。凡此，均應是古人自然崇拜之現實基礎，是六祝中之「祈福祥之永貞」。不過在對日神之崇拜及對宗廟之祭祀中，讀者卻可見出國君對祝文之運用已能從古人對民生之祈禱的唯一意識轉爲對人民操守、風習之善的祈福。甚至於社祭、類祭與禡祭之與屬戰有關之祭祀，均有祝史陳述祝文以告於天，此是祝文從求生、輔政外之另一種拓展寫法與實際應用。在《禮記‧王制》中曾云：「天子將出征，類乎上帝，宜乎社，造乎禰，禡於所征

---

[264] 見於潘秋榮《賽夏族祈天祭研究》頁 53。
[265] 見於藝文印書館十三經注疏本，頁 797。

之地。」[266]文中之自然崇拜之儀式，即《文心雕龍・祝盟》中之「宜
社類禡」，此種自然崇拜，以出兵時之祭社土、上帝及行軍時之所在的
祭祀爲主，換言之，祭祀之重心雖然仍是天神地祇，不過卻以出征時
之祭社土、天子出征時之祭上帝及行軍時對其所駐紮之地的祭祀爲重
心，所運用之文體，均爲勵戰之文，爲了作戰時安定民心之勵戰的政
治躯體之另類表態。以上所論周朝之祭祀重心，一爲虔誠的祭祀天神
地祇的自然崇拜，另一則是嚴肅恭敬的宗廟祭祀，則應是「祖先崇拜」
之禮儀，此種祖先崇拜是先民以爲往生之祖先具有靈魂不死之觀念的
表徵，並具有視察及禍福後裔之神能。至春秋以下時，更是各種神祇
無有不祭，如張老以美命美奐之祝文賀晉獻文子新宮室落成，在《禮
記・壇弓(下)》有：「張老曰：『美哉輪焉，美哉奐焉，歌於斯，哭於
斯，聚國族於斯。』」[267]文中期望晉獻文子之新宮殿成爲人民婚喪喜
慶之所，且是人民得以群聚一堂之處。另衛靈公太子蒯聵於作戰前以
無傷士兵筋骨之祝辭祈求戰功，在《左傳・哀公二年》中有甲戌將與
鄭戰，衛太子因鄭眾，驚懼而自投於車下，後禱曰：「曾孫蒯聵敢昭告
皇祖文王、烈祖康叔、文祖襄公：鄭勝亂從，晉午在難，不能治亂，
使蒯討之，蒯聵不敢自佚，備持矛焉；敢告無絕筋，無折骨，無面傷，
以集大事，無作三祖羞，大命不敢請，佩玉不敢愛。」[268]蒯聵祝文之
重點，在於祈求先祖之神靈庇祐士兵在戰場上的全身而退，安然無恙，

---

[266] 見於藝文印書館十三經注疏本，頁 236。
[267] 見於藝文印書館十三經注疏本，頁 197。
[268] 見於藝文印書館十三經注疏本，頁 996。

同時渴盼此戰能不愧於祖先之期望。蒯聵之祝辭，似乎已脫離周朝以前之祭八神、六宗、三望之特色，而將祝文祈禱之對象訴諸三皇，故嚴格論之，其祝辭是《文心雕龍・祝盟》中繼尹耆氏之祭八神中有對先祖之崇拜外的另一篇祖先崇拜之祭辭，而非屬於自然崇拜之範疇。因此，在周朝屬戰之祝文中，所崇拜之對象，不僅是天神地祇而已，對祖先之崇拜亦被用作為屬戰之祝文；春秋以下對祝辭之運用範圍，明顯地已擴及日常生活之瑣事及軍事上政戰心理之作用。

至漢時除了大儒之儀外，又參入方士之術，儀式之略變，顯然受漢初學術紛雜及黃老與儒學之治相互傾軋的影響。不過人君卻一改古君王商湯謙虛罪己之態度而為移過臣子之心，此期之祝文似乎成了權謀之工具。在《史記・封禪書第六》中載有：「祝官有秘祝，即有菑祥，輒祝詞移過于下。」[269]劉勰評之為失禮，實則為人心不古，時代之轉變如是，亦有其政經之不同環境因素所使然。不過在《史記・封禪書第六》中另提及高祖之後的孝文帝時，「即位十三年，下詔曰：『今秘祝移過于下，朕甚不取。自今除之。』」[270]可見漢朝並非所有皇帝均移過臣子，不知劉勰何以會以偏蓋全？此外，劉勰《文心雕龍・祝盟》中又云：「至如黃帝有祝邪之文，東方朔有罵鬼之書，於是後之譴咒，務於善罵。」（范文瀾注本，卷2、頁177）有關譴咒之祝詞務於善罵之風，劉勰以為黃帝有祝邪之文，東方朔有屬鬼之書[271]，是啓開端。

---

[269] 見於卷28，頁1377。

[270] 見於卷28，頁1380。

[271] 趙仲邑《文心雕龍譯注》中以為「《古文苑》卷六有後漢王延壽的《夢賦》，說他夢

至中古之祭文,則又兼有讚美被祭者之言行;從此期祝文已增添另一項功能而可稍顯示出古人對「人本」觀念之逐漸重視,此種祝文顯然亦呈現出祖先崇拜之特色(案:有關祖先崇拜之部分將於下一篇中討論之)。此外,漢代祭祀駕崩之皇帝以哀策文祭之,則又是祝文文體之誤用,劉勰《文心雕龍・祝盟》云:「又漢代山陵,哀策流文,周喪盛姬,內史執策。然則策本書贈,因哀而為文也。是以義同於誄,而文實告神,誄首而哀末,頌體而祝儀,太史所作之讚,因周之祝文也。」(范文瀾註本,卷2、頁177)漢代對皇帝駕崩及周穆王之盛姬往生時,均以哀策文作為祝禱之辭,由掌管爵、祿、廢、置、生、殺、予、奪之宮廷內中央官制中之最高統治之內史官員執哀策文祭之。此種似誄辭而祭祖之文作為祝文的文體,亦是祝文之另類流行,不過卻已落入祖先崇拜之範疇中,本文不擬詳論之。至於太史之作讚亦沿承周代之祝文,然無論常言之美辭如何?祈禱降神時立辭之誠敬則一,其間雖有意識形態之微變現象,但所隱露出人類對自然之神的崇敬,卻始終如一。

　　古先民堅信透過儀式之循環運作,足以確保往後民生之所需或生命之安全。人民得以生存,代表著種族之延續,此乃為政治實體之強勢與壯大之基礎;同時可「調節這些群體與其直接循環中非人類部門和間接部門之間的關係。」[272] 此即是古先民調節其生態系統的固定模

見鬼怪跟他作戰,『送得東方朔與臣作罵鬼之書』,這當然是夢中的事。前漢時的東方朔未必曾有此作(頁93)。

[272] 見於基辛(R. Keesing)著,陳其南校定,張恭啟、于嘉雲合譯《文化人類學》(當

式之一，除非有它種意外發生，否則此種以祝史透過祝文與天神地祇溝通之自然崇拜，從早先之原始崇敬思想逐漸轉化爲民間信仰是有其一定之理路。

第三節 盟文從口頭約誓至血祭之演變 及其附加價值

盟文之產生在於彼此有重要約誓而起，在劉勰《文心雕龍·祝盟》中言簡意賅的描述古人約誓之情況：「在昔三王，詛盟不及，時有要誓，結言而退。」（范文瀾注本，卷2、頁177）與祝文不同的是，人類所虛擬之盟文的崇拜對象是九天之神(指中央及八方之神)，先民將見證神力仰賴於天神而非其他神明，或許指天爲誓是較顯而易見，抬頭一望，仰天即見，便可發誓。在《文心雕龍·祝盟》中，不難發現此種彼此的相互約誓亦是建立在「互利共生」之基礎上，或爲政治利益，或爲經濟因素。劉勰以爲夏禹、商湯、周武王時代，或有約誓，但僅口頭約誓，便算是有了正式之定盟之約；不過在《尚書》〈甘誓〉、〈湯誓〉中有與諸侯會盟之誓師詞，仍留存至今，不知劉勰此處之說法究引何說而來？周室衰微之後，便不斷的約盟，可見其國力之弱及思欲借助外力之殷切，但約盟或許不如想像中可獲利無窮，萬無一失。歷史上便有因約盟而意外蒙受其害者，劉勰《文心雕龍·祝盟》中便云：

代文化人類學分編之二）第六章：文化的變遷，頁151。

「始以曹沫，終以毛遂。」（范文瀾註本，卷2、頁177）曹沫與毛遂借會盟之由以行挾持要脅之實，卻因會盟之弊端而引發適得其反之效果。在歷史殷鑑中，屈原曾勸楚懷王勿赴秦昭王武關之盟約，楚懷王不聽而遭挾持並監禁，三年逃亡不成而悒鬱自縊，即是明證。曹沫與毛遂之事件恐是時人逆料之外的政治權謀。在《史記‧刺客列傳》中記載曹沫，魯人，以勇力事莊公，為魯將，曾與齊國作戰，三戰三敗北，魯莊公因而獻遂邑求和。其後，魯莊公與齊桓公會盟於柯，曹沫持匕首要挾齊桓公，迫其歸還魯之遂邑，於是桓公乃遂割魯侵地，曹沫三戰所失之地盡復予魯。《史記‧刺客列傳》中曹沫確為智勇過人，而會盟之地點是在壇上，可見劉勰云「陳辭於方明之下」，並未更深入述及盟誓時之地點。約盟既為祭拜九重天之神，故應是在祭天之祭壇上。另在《史記‧平原君虞卿列傳》中記載楚國平原君趙勝欲與楚王結盟以抗秦，楚畏秦，於是毛遂掌握會盟契機，按劍抵楚王頸、要挾楚王訂立合縱之盟。尤其在毛遂要求取雞狗馬之血來時，神閒氣定，與曹沫均有過人之氣魄與智慧，文中對於訂盟中之血祭，亦是古籍中另一證據。會盟所產生之「反差效益」[273]，似乎亦被政治所利用，雖然未能以誠信締結雙方之友好關係，或達成某種協議，但結局卻意外的塑造了政治英雄人物，此可算是會盟的另一附加價值。

　　至秦昭王時才興起詛盟。究其詛盟之目的，殆有二焉：一為藉著

---

[273]「反差效益」是筆者從建築學上之「反差空間」所創造出之新名詞。所謂「反差空間」是指在一群極高大之建築物中，卻矗立一間小矮的房屋時，便會形成此種極大落差的視覺空間效果。

嚇阻與威脅作用以達互利共生之目標，二為藉著物質理賠作為失約之懲罰代償，以達互利共生之目標。互利共生原是人類合作學習(cooperative learning)所表現的積極心態之一，然其中卻有「信不由衷」之人性弱點存在，因人類受外力誘惑的心一直是變動不拘且難以掌握；言而無信，自天子以至庶人，均有之，會盟自不當例外，但以詛咒作為工具與手段或許是當代人對九天之神崇拜的認知之下的產品。就藉著嚇阻與威脅作用以達互利共生之目標而言，是消極的欲借九天之神的力量對與其會盟者作精神層面之箝制與懲罰；在《尚書·湯誓》中有商湯與諸侯會盟之誓師辭，詛咒希望夏桀早點死亡，是一則詛盟。至於藉著物質理賠作為失約之懲罰代償，以達互利共生之目標，則是盟約的另一種附加價值之運用；雖然無法達到盟約之真正目的，但至少有理賠之代償品可取，亦非全然的損失。故秦昭王與蠻夷是以「政治實體之互不侵犯為主」之政治目的定下盟約，其附加價值在於毀約者若是秦，需罰送黃龍的玉器一雙，若是蠻夷，則需罰送清酒一鍾。從此種理賠代償品看來，其象徵意義遠超過實質之意義，要使雙方真能履行約盟，需依賴彼此之誠信與道義。人類學者以為咒語本身並無任何實證作用，不如實際去築一道牆或蓋一間屋舍更具有實質之效果；不過從古人指天為誓，發咒語以懲罰不守信用者之行為觀之，代表著古人對指天為誓之行為的重視，同時亦不難發現以咒語懲罰人之手段應是一種對不守信用者的情緒發洩。古人所以相信詛盟之有效性---尤其指第一種消極的欲借九天之神的力量對與其會盟者作精神層面

之箝制與懲罰的詛盟而言，而此種罰則被列為會盟的形式之一，必定有其或然率；至少從統計學上言之，它具有二分之一的機率(案：機率是統計學的基礎)。或許就是此種二分之一的僥倖，使得詛咒形式具有其存在之價值，尤其是在古代科學並不昌明之時期，詛盟之存在可視為古先民對約盟之一種防衛心態的表現。然而劉勰以為若無誠信，「詛何預也？」「盟無益也」，算是對人類之「誠信」心態提出最真切之忠告。此為正本清源之做法，將「真誠與信實」視為家國互動之基本要素，盟約之成功率才有指日可待之希望。雖然劉勰之理論具有正面之意義與價值，不過若從古先民之心理因素進行探索，人類對雙方約盟之防衛心態仍不可小覷，我們可稱其為荒謬或不可思議，但這卻是古先民對不可知之未來所能掌握的一種自我想像與推論的保障。

　　另劉勰《文心雕龍・祝盟》又云：「漢祖建侯，定山河之誓。」（范文瀾註本，卷2、頁178）文中提及當年漢高祖與諸侯約盟之事，在《史記・高祖功臣侯年表第六》中有高祖對諸侯之封爵誓辭：「使河如帶，泰山若厲，國以永寧，爰及苗裔。」[274]漢高祖之誓辭是自商周以來假君權神授之名在約盟時貫於以威勢恫嚇並要脅諸侯之國君中的異數，其一反秦昭王時之詛盟的誓辭，而是以利誘之方式，給予參與約盟者信誓旦旦的「信利約誓」，讓諸侯們能為他拼下江山，簇擁他上皇帝寶座。因此，平民皇帝漢高祖的誓辭，為後代立下誓辭封爵之典範，至少約盟時之正面意義，乃積極之「互利共生」之基模，更絕非是夏、

---

[274] 見於卷18，頁877。

商、周三代國君在誓師討伐敵國前對諸侯國所發表之誓辭般的嚴峻少恩。其後又有臧洪歃血爲盟及劉琨之鐵誓，劉勰《文心雕龍‧祝盟》中云：「若夫臧洪歃辭，氣截雲蜺；劉琨鐵誓，精貫霜雪，而無補於晉漢，反爲仇讎。」（范文瀾註本，卷2、頁178）不過均非約盟之良好典範。在《後漢書‧虞傅蓋臧列傳》中有：「中平末…時董卓弒帝，圖危社稷。…邈既先有謀約，會超至，定議，乃與諸牧守大會酸棗。設壇場，將盟，祭而更相辭讓，莫敢先，咸共推洪。洪乃攝衣升壇，操血而盟曰：『漢室不幸，皇綱失統，賊臣董卓，乘釁縱害，禍加至尊，毒流百姓。大懼淪喪社稷，剪覆四海。兗州刺史岱、豫州刺史有伷、陳留太守邈、東郡太守瑁、廣陵太守超等，糾合義兵，並赴國難。凡我同盟，齊心一力，以致臣節，殞首喪元，必無二志。有渝此盟，必逐其命，無克遺育。皇天后土，祖宗明靈，實皆鑑之。』洪辭氣慷慨，聞其言者，無不激揚。自是之後，諸軍各懷遲疑，莫適先進，遂使糧儲單竭，兵眾乖散。時討虜校尉公孫瓚…行塗阻絕，因寓於袁紹。紹見洪，甚奇之，與結友好，以洪領青州刺史。…時曹操圍張超於雍丘，甚危急。…洪始聞超圍，乃徒跣號泣，並勒所領，將赴其難。自以眾弱，從紹請兵，而紹竟不聽之，超城遂陷，張氏族滅。洪由是怨紹，絕不與通。紹興兵圍之，歷年不下，…城陷，生執洪。…紹本愛洪，亦欲屈服赦之，見其辭切，知終不爲用，乃命殺焉。」[275]文中述及漢末因董卓作亂，臧洪與州郡刺史或太守定下〈酸棗盟辭〉，起兵討伐董

---

[275] 見於卷第58，頁1885-1892。

卓，誓辭慷慨激昂，亦激盪起同盟者情緒之激昂，但其後卻彼此互相懷疑，而至儲糧單竭及兵眾乖散。其後臧洪與袁紹雖結爲好友，但因袁紹不願出兵救張超，由是臧洪怨袁紹，後被袁紹處死。文中涉及約盟時，設一壇場作爲誓盟之地點的重要性，在仔細探研盟辭中所進行之崇拜對象爲「皇天后土，祖宗明靈」，其所意涵者，不僅是自然崇拜中之天神而已，亦包括地祇之敬拜，更有甚者，臧洪口中之盟辭，竟亦涵蓋祖先崇拜中之「祖宗明靈」，此種盟辭所祭拜之對象即劉勰所言：「祈幽靈以爲鑑，指九天以爲正」（范文瀾註本，卷2、頁178）。而《藝文類聚》中有劉琨〈與段匹磾盟文〉：「天不靜晉，難集上邦，四方豪傑，是焉煽動，乃憑陵於諸夏，俾天子播越震蕩，罔有攸底。二虜交侵，區夏將泯，神人乏主，蒼生無歸，百罹備臻，死喪相枕。…臣琨蒙國寵靈，叨竊台岳；臣磾世效忠節，忝荷公輔，大懼醜類，猾夏王旅，殞守喪元，盡其臣禮。古先哲王，貽厥後訓，所以翼戴天子，敦序同好者，莫不臨之以神明，結之以盟誓。故齊桓會於邵陵，而群后加恭，晉文盟於踐土，而諸侯茲順。加臣等介在遐鄙，而與主相去迴遼，是以敢干先典，刑牲歃血。自今日既盟之後，皆盡忠竭節，以翦夷二寇。有加難於琨，磾必救；加難於磾，琨亦如之。繾綣齊契，披布胸懷，書功金石，藏於王府。有渝此盟，亡其宗族，必墜車旅，無其遺育。」[276]二人約盟時之信誓旦旦，在神明前刑牲歃血，願爲效命，並爲彼此之生存作誓，但最後劉琨卻被段匹磾縊死。前者臧洪與

---

[276] 見於卷33，頁12。

州郡刺史或太守訂盟，但卻互不信賴，袁紹最終扼殺臧洪如此忠義之士；後者劉琨與段匹磾彼此海誓山盟，最終雙方又反目成仇，確實為歷史留下「約盟失信」之事故。劉勰在《文心雕龍・祝盟》中強調約盟之形式不重要，重要者在於「義存則克終」（范文瀾註本，卷2、頁178），「咒何預焉」（范文瀾註本，卷2、頁178）；臧洪及劉琨之歃辭鐵誓之例，因會盟者誠信不足，致使雙方反為仇敵而無補於晉漢，此乃就會盟之效用而言，是誠的論。曹沬與毛遂政治英雄之形象塑造，便因會盟時一方之諸侯以信悅對方之態度進行定盟時之情感迷失，而無所防備地落入對方政戰策略之陷阱中，以致誕生英雄人物。劉勰所謂之弊端，實亦有其會盟之反差效益。

祝盟文有其異同：自尹耆始蜡、舜之祠田、商履之聖敬日躋、春秋以下靡神不至，至漢之群祀以後，儘管禮祀有所更迭或有參以方士之術行之，祀文之內容、形式、風格、文采、功能亦有所代變，然大部分祝文之中心主旨，仍在於降神務實，以祐福人類之目的上。而在昔三王結言而退是最早且簡易之口頭約盟，其後有秦昭王與蠻夷之「黃龍之詛」、漢高祖封建諸侯定山河之誓、臧洪歃辭酸棗討董卓及劉琨與段匹磾鐵誓抵抗胡羯，其宗旨無非解決政治或經濟之紛爭，劉勰提出「忠信勝神論」以為「忠信可矣，無恃神焉」（范文瀾註本，卷2、頁178）是其欲破除迷信之說，思想可謂先進。祝文是人與群神之口頭約定，是為了解決人與自然界之爭競與生存問題；盟文則是為了解決人與人之紛爭或互利共生之問題。不過二者均是期望透過人神之契

105

約或見證以解決人與人之間的問題，且行祀之要則，亦均在於祝盟者之立誠、辭甘及無慚，可見古先民對「自然崇拜」沁入之深。

第三章
《文心雕龍》〈封禪〉、〈頌讚〉、〈銘箴〉及〈誄碑〉中美報天神地祇與英雄主義之矛盾情結

從《文心雕龍》之〈封禪〉、〈頌讚〉、〈銘箴〉及〈誄碑〉中可窺出古人美報神祇之功頌心態、英雄主義，或皇帝諸侯自我功頌以成為後裔祖先崇拜之英雄；其中蘊涵極深之自然崇拜與祖先崇拜之精神，不過各種文體之運用，卻有其不同時代之背景及社會之意義與價值，本單元重在對其中自然崇拜之精神探討。

第一節 《文心雕龍‧封禪》中「自然崇拜」之興起背景及齊桓公「欲越權行封禪」之反思

一、《文心雕龍‧封禪》中自然崇拜之興起背景

「封禪」為古代帝王進行祭祀天神地祇大典之祭儀，真正之目的，乃在於「崇德凝化」。劉勰《文心雕龍‧封禪》中將古代帝王行封禪之目的，從錄圖與丹書引申而來：「錄圖曰：『潬潬噅噅，棼棼雉雉，萬物盡化』言至德所被也。丹書曰：『義勝欲則從，欲勝義則凶』戒慎之至也。則戒慎以崇其德，至德以凝其化，七十有二君，所以封禪矣。」

（范文瀾註本，卷5，頁393）國君藉由封禪大典以反省戒慎己德，以
實行有益於人民之政治教化，因而此種祭祀心態是極爲謙卑與誠意
的，故劉勰《文心雕龍・封禪》強調「然則西鶼東鰈，南茅北黍，空
談非徵，勳德而已。」（范文瀾註本，卷5，頁393）整個祭祀大典重
在國君應學習並傳習「崇德凝化」之功。古代之祭祀天地祇之大典，
在《禮記・祭法》、〈祭義〉、〈祭統〉、〈郊特牲〉中均有有關祭祀前之
準備工作及祭祀過程中之儀式記載，而《周禮》中之職官表則載有有
關各種祭祀之司職者，中國古代如此周密全備之祭祀情況，躍然紙上，
一則是教育國君爲政、施教之道，二則教育人民忠敬誠意之理。其中
有關自然崇拜之封禪行爲，則又有其極深刻之含義，筆者嘗試論之。

　　《禮記・祭法》：「燔材於泰壇，祭天也；瘞埋於泰折，祭地也，用
騂犢。」孔穎達疏云：「積薪於壇上而取玉及牲置材上燔之，使氣達於
天也，用騂犢。」[277]文中提及古時帝王祭祀之禮儀，是在泰山堆土行
天地之祭。《史記・封禪書》中司馬貞索隱對「封禪」二字有極爲明晰
之解釋：「此泰山上築土爲壇以祭天，報天之功，故曰封。此泰山下小
山上除地，報地之功，故曰禪。言禪者，神之也。白虎通云：『或曰封
者，金泥銀繩，故曰石泥金繩，封之印璽也』五經通義云：『易姓而王，
致太平，必封泰山，禪梁父，何？天命以爲王，使理群生，告太平於
天，群神之功』」[278]司馬貞索隱中所提及之「封禪」原是禮祀天神地祇

---

[277] 見於藝文印書館十三經注疏本，頁797。
[278] 見於卷28、封禪書第六、頁1355。

之舉，美報成功於神明。古時僅有帝王可行天地之郊祀，其於泰山上堆土築壇，將自己所建之功德刻石記載，銘勒之，祭告於天，此稱之為封；在封泰山之後，下至泰山底之小山如梁父、社首的北面開闢並打掃出一塊平地以祭告於地，此稱之為禪[279]，封禪之祭於焉告成。至於白虎通之說法是指「封」之實際製作方式，以金屬和水銀調成的金泥函封祭告天神地祇之封禪文。在《文心雕龍》文體論中，〈封禪〉一文除了有似《史記‧封禪書》詳述封禪之歷代沿革外，並說出了封禪文早期製作之功用與意義：封禪文雖純為帝王所設，然其原始之初衷是為戒慎國君以累積至德進行化育工作，故在劉勰所處的朝代之前，已有七十二位國君進行封禪。因其可給予帝王進行封禪前之深思與警惕，不過刻鏤功勳於山石之舉，卻也是皇帝、國君用以昭示國人之最佳政治籌碼，從戰功、版圖之攫奪與拓展，作為炫耀民人及壯大聲勢的策略運用，一直是無往不利，以至於在代代相傳之後，會有令人意想不到的「諸侯欲越權行封禪」之情形產生。然而此乃國君建立個人永久不朽聲望而設立之儀式，固然可見出古先民自然崇拜之理路，亦可窺出帝王炫耀之心態及人類對功名之重視的心路歷程；顯聲揚名於後的儒家傳統禮教，似乎代代縈繞於中國的政治及文化生態之中。簡言之，此種封禪禮祀的自然崇拜，是人類對大自然造物者所賜予的一切美好的功績進行「感恩的儀式回饋」，其中更蘊含著極深沉的英雄主

---

[279]《管子纂詁卷 16‧封禪第 50》中有：「周成王封泰山，禪社首。」（頁 11）彭慶環《文心雕龍釋義》中提及《管子》書之言，頁 226，另趙仲邑《文心雕龍譯注》中亦提及古代國君禪梁父、社首之事，頁 219。

義之心態，且因在此種英雄主義作祟之下，原本純粹自然崇拜之禮祀中，卻也夾雜著「祖先崇拜」之影子。

二、齊桓公欲越權行封禪之反思

　　劉勰《文心雕龍・封禪》中載有黃帝、舜、周文王、周康王、齊桓公、漢武帝及漢光武帝行封禪之事為例；其中牽涉封禪性質之成變理路，劉勰述之極為精贍，或許人心思變，人性之難以捉摸與想望，是一切事物變化之開端。

　　在劉勰《文心雕龍・封禪》云：「昔黃帝神靈，克膺鴻瑞，勒功喬嶽，鑄鼎荊山。大舜巡岳，顯乎虞典。成康封禪，聞之樂緯。及齊桓之霸，爰窺王跡，夷吾譎陳，距以怪物。」（范文瀾註本，卷5，頁393）文中敘述黃帝能承繼偉大的祥瑞，在東岳泰山刻鏤功績，在荊山鑄造銅鼎；《尚書・舜典》中載有大舜每年均巡行四岳，並在山岳上焚材祭天；《史記・封禪書》引管仲語，提及周成王封泰山，禪社首之事，《後漢書・張純傳》亦載有周成王、康王舉行封禪之告祭大典；齊桓稱霸時，更是希望大行封禪之實而被管仲勸阻。司馬遷〈八書〉中，對封禪之特質宏觀的描述出是一種很特殊之禮祀，且場面壯觀，可見帝王對排場之重視，尤其管仲以怪物勸說霸主時，更是可窺知齊桓之誇耀炫人之心態，與封禪之禮的原始本義已有所違背。齊桓公之欲行封禪一事，值得反思，是否在中國歷代之國君在美報功績於天神地祇

時，亦有齊桓公誇耀炫人之心態？而劉勰運用「夷吾譎陳」一事，對齊桓公執行了春秋大法。其後之漢武帝在肅然山祭地封號；漢光武帝至梁父山巡行封禪，銘刻功績，均是功頌心態所使然。此外，劉勰於文中並從秦朝述至魏曹植止的有關文體內容、形式、風格、文采及功用之沿革，其云秦時曾刻石泰山，李斯之封禪文有法家之氣息。漢武帝時，司馬相如之封禪文序列其朝之帝王有凌駕於古聖賢之上的氣勢，此種炫耀本朝之國君賢明勝於古先王之夸飾，正是齊桓公欲大行封禪之心態與治國理想之體現。東漢光武帝時勒碑之封禪文由張純執筆，實而不華。揚雄〈劇秦美新〉、班固〈典引〉雖非刻石，但卻是封禪之文體，前者內容怪誕，辭氣圓通，而後者文義斐然。自此以後邯鄲淳〈受命述〉及魏曹植〈魏德論〉揮毫此文體時，其發展已是後振乏力了。一種文體由盛而衰之軌跡，實有其脈絡可尋。除了文體本身自我生命之有限性外，由興盛至衰敗的宇宙法則，亦同時受時代局勢之強弱所主導。對霸主聖君而言，誇耀功績於時人及於後代子孫有其異曲同功之意義與價值，故規模盛大、宏偉為各種祭典中之最，則是可想而見的。封禪雖為報答並頌揚天神之恩賜吉慶，或賴天神以為憑證，一方面是讚美九天之神的殊勝威力，另一方面在讚揚君臣功績，因此，不免落入祖先崇拜中之英雄崇拜。不過從封禪文之製作過程的「樹石九旻，泥金八幽」，其態度之審慎，亦可見出為古帝王所設之封禪文體的用心良苦了。不過此種進行封禪大典之祭儀，只有皇帝可為之，在劉勰《文心雕龍・封禪》中明言：「固知玉牒金鏤，專在帝皇也。」

（范文瀾註本，卷 5，頁 393）不過，在劉勰所舉之例子中，齊桓公僅是位周天子下之諸侯，卻有行封禪之舉，令人百思不解？此或是春秋五霸稱雄時的誇示心態所使然，以致於若非管仲之勸諫，齊桓公定踰越了諸侯之職權，當代政治或有可能因此而震盪，歷史或許亦將改寫。

第二節 〈頌讚〉、〈銘箴〉及〈誄碑〉中「自然崇拜」精神之成變

有關頌體之淵源，在劉勰《文心雕龍·頌讚》中云：「四始之至，頌居其極，頌者，容也，所以美盛德而述形容也。」（范文瀾註本，卷 2、頁 156）頌體起自黃帝曾孫帝嚳之臣子咸墨作九韶之樂歌。《周禮·大師》鄭玄注：「頌之言誦也，容也，誦今之德，廣以美之。」（藝文印書館十三經注疏本，頁 356）是「頌」本兼誦容二義，故《文心雕龍·頌讚》中云《詩經》之頌體為美報祖先之功德，述其形貌與容態於天神地祇者，與《周禮》之說法一致；此乃先人敬奉大自然之超然神力，將世間一切不可知之主宰力歸之天神地祇的自然崇拜，故「義必純美」。至於魯國人因周公有功於國而為周公獻頌；商頌，乃殷商人追述其先王功德之作，文理已臻完備。從此種頌體為祭祀祖廟時所唱之正歌，非宴會時所唱之一般歌曲；其原具有美報祖先之功德於神明之作用，屬於自然崇拜之範疇，不過若從自然崇拜之動機研究或從《詩經》中頌體詩進行檢驗，此種頌體詩實已正式夾雜了對祖先或前賢進

行記憶與追懷之情感。其目的乃在於「感恩的儀式回饋」於天神地祇
及先祖，而「祖先崇拜」便可能由此形成而漸建雛形。其後有關頌體
之沿革，雖有變體之製作以諷刺時政或功頌當代帝王…，如〈原田〉、
〈裘彈〉、〈趙充國頌〉…等，而頌體卻從原始之美報祖先功德於神祇
轉而為對當代人物之頌讚，已脫離了自然崇拜最原始的「祈求上蒼、
解困、祐福或感恩的儀式回饋」心態。

　　在劉勰《文心雕龍・銘箴》中述及先聖如軒轅、大禹、成湯、武
王、周公及孔子均有銘文於器之實。但均以鑑戒之訓為主，並非屬於
自然崇拜之部分，劉勰引臧武仲論銘之言：「天子令德，諸侯記功，大
夫稱伐」頌者，容也，所以美盛德而述形容也。」（范文瀾註本，卷
3、頁193），其說已將銘之作用轉移為「刻鏤功績以昭告神明」；讀者
亦可由此得知銘勒功績者，已由皇帝、諸侯擴及大夫之家。其中之「令
德之事」，劉勰舉夏禹鑄九牧之金鼎、周武王銘勒肅慎之楛矢為例；「諸
侯記功」，劉勰舉呂望輔助周武王之事，曾由昆吾銘功於銅板上，仲山
甫輔助周宣王中興之事，則刻功於器皿之上；「大夫稱伐」，劉勰載魏
顆刻捉秦將之勳績於景公之鐘，孔悝章表祖先勤於國事而刻功績於衛
鼎上，此雖均為「美報九天之昊」，不過英雄主義之作祟，恐亦是帝王、
諸侯及大夫表彰功勳下另一功頌心態的反映。劉勰並以《韓非子・外
儲說左上》中載有趙武靈王在番吾山刻下遊玩之蹤跡：「先王之賦頌，
皆播吾之跡，華山之博」[280]又云：「趙主父令工施鉤梯而緣播吾，刻人

---

[280]　見於陳奇猷《韓非子集釋》，頁614。

跡其上，廣三尺，長五尺，而勒之曰：『主父常游於此。』」[281]及秦昭襄王在華山上以松柏之心爲博具，並刻下銘文之事：「秦昭王令公施鉤梯而上華山，以松柏之心爲博，箭長八尺，棋長八寸，而勒之曰：『昭王嘗與天神博於此。』」[282]此二則故事說明帝王非爲令德、記功之事而刻勒，卻爲遊蹤紀實以誇誕示後，顯示出帝王刻石心態之轉變；此不僅是英雄主義之作祟，更可見其炫耀心態之一端。此外，劉勰更舉紂之臣子飛廉有石槨及銘文之錫，衛靈公薧葬沙丘得石槨及銘文之事，以說明銘文之被後人讖緯化的傳說，實已離銘文之原始作用遠矣。其次劉勰云：「至於始皇勒岳，政暴而文澤，亦有疏通之美焉。若班固燕然之勒，張昶華陰之碣，序亦盛矣。蔡邕銘思，獨冠古今。橋公之鉞，吐納典謨；朱穆之鼎，全成碑文，溺所長也。至如敬通雜器，準矱戒銘，而事非其物，繁略違中。崔駰品物，讚多戒少；李尤積篇，義儉辭碎。著龜神物，而居博奕之中；衡斛嘉量，而在杵臼之末；曾名品之未暇，何事理之能閑哉！魏文九寶，器利辭鈍。唯張載劍閣，其才清采。迅足駸駸，後發前至，勒銘岷漢，得其宜矣。」（范文瀾註本，卷3、頁194）其評述秦始皇勒石〈泰山銘〉與〈琅牙台銘〉、班固〈封燕然山銘〉、張昶〈西嶽華山堂闕碑銘〉、蔡邕〈玄鉞銘〉與〈鼎銘〉、馬衍之雜器銘文、崔駰品評器物之銘、李尤之銘篇、魏文帝之九寶銘文及張載〈劍閣銘〉之沿革與流變。其中除了臣子爲諸侯功頌之銘文

---

[281] 見於陳奇猷《韓非子集釋》，頁643。

[282] 見於陳奇猷《韓非子集釋》，頁644。

外，銘文所功頌之對象，已由人而轉向器物之上，而臣子爲諸侯功頌之文亦是國君英雄主義之展現，此種英雄主義之展現亦奠定了祖先崇拜之思想。不過此種英雄主義之展現，均是以天神地祇作爲自然崇拜中美報之見證對象，以至於讀者不難發現在銘文中之自然崇拜是包裹著英雄主義之影子的。

〈誄碑〉中之「碑」用途有五，劉勰《文心雕龍‧誄碑》中所云者有四：「碑者，埤也。上古帝皇，記號封禪，樹石埤岳，故曰碑也。周穆記跡於弇山之石，亦古碑之意也。又宗廟有碑，樹之兩楹，事止麗牲，未勒勳績，而庸器漸缺，故後代用碑，以石代金，同乎不朽，自廟徂墳，猶封墓也。」（范文瀾註本，卷3、頁214）碑之第五個用途是：識日影，作爲古人對時間之計算方式之一，不過劉勰〈誄碑〉。劉勰《文心雕龍‧誄碑》中，「上古帝皇，記號封禪，樹石埤岳，故曰碑也。」所述者，碑之源起；至「周穆記跡於弇山之石，亦古碑之意也。」（范文瀾註本，卷3、頁214）所述及之碑的功能，則以增加山岳高度及成爲記跡之物爲主；古碑是被用作自然崇拜禮天地敬神祇之具及君王英雄主義之炫耀心態的傳代物。實則各種自然崇拜之儀式及記跡之物，均是國君籠絡人心的最佳政治籌碼，以至於此種文體會成爲歷代政治、社會規範的重要內涵之一。

第三節 〈封禪〉、〈頌讚〉、〈銘箴〉及〈誄碑〉中「自然崇拜」思想

之英雄主義與附加價值

　　「封禪」真正之目的，乃在於「崇德凝化」，然而諸侯欲自行封禪之舉卻模糊了古帝王進行「封禪」之本意，變成諸侯誇耀國力強盛之具，英雄主義之興盛，反為不美。除此以外，劉勰於〈封禪〉文開宗明義的藉由國君譬之北辰以行其「君權神授」之政治統戰的藉口。《昭明文選》將劉勰《文心雕龍‧封禪》中所提及〈司馬長卿封禪文〉、〈揚子雲劇秦美新〉及〈班孟堅典引〉等3篇，列為符命類[283]，封禪文體之被運用為多重涵義之表達，可見一般。《漢書‧劉輔傳》：「臣聞天之所與，必賜以符瑞，天之所違，必降以災變，此神明之徵應，自然之占驗也」[284]可見封禪文與符命類之文章之同質性及政治宗教化之痕跡相當高。擁神自重，假天之威的「君權神授」[285]觀，在此表露無疑。

----

283 見於蕭統編，六臣注《古迂書院刊本曾補六臣注文選》第 48 卷中符命類有〈司馬長卿封禪文〉、〈揚子雲劇秦美新〉及〈班孟堅典引〉等3篇，（頁904~914）。祖保泉《文心雕龍解說》中亦提及（頁429）。
284 藝文印書館二十五史本，4《漢書補註》二，頁1429 ）
285 薩孟武《政治學》第一章：政治團體---國家論中提及「人類的生活一芳須依賴自然，同時又受自然的壓迫…於是在人類的幼稚心理之中，遂以為冥冥之中必有一個主宰的上帝，支配一切。各種現象不但自然現象，就是社會現象也是上帝創造的物，這樣，就產生了神權說。神權說以為國家乃上帝所創造，任誰都要遵守上帝的命令，而服從上帝所創造的律法。」（頁113）卓新平《宗教與文化》中提及：「從中國統治階級的歷史來看，封建君王、帝王則在君權神授的傳統宗教觀念指導下，形成一套獨特的封建帝王祭天祭神的宗教禮儀何與之相隨的宮廷文化。」（頁47）羅立乾《文心雕龍注譯》亦云：「但封禪文本身實在是宣揚皇權天授的。」（頁346）

在〈頌讚〉之文體運用中，人類以之將祖先之功德美報於天神地祇、是專事歌功頌德之文體，一方乃對祖先功頌（此部份已落入祖先崇拜之範疇，筆者會在下一節中作更詳盡之說明），另一方面則在對天神地祇之感恩心態的表達，可說是人類對天神地祇「報本反始」之精神所在。雖然古時亦有以之為諷諫直刺之文，不過多以歌功頌德為之。其附加價值在於數點億祖之功能及藉由對天神地祇之回饋，以取得更豐盛之人類成績單。在〈銘箴〉及〈誄碑〉中「自然崇拜」思想之英雄主義是極為明顯的，〈銘箴〉中之銘文及〈誄碑〉中之碑文，是伴隨著封禪大典而進行銘刻的，固然有人類功頌心態之表現，不過亦非全然無益處，至少人類在歷史傳衍中，留下一些實物的見證，而從此些實物之見證，對當代文物之考察，甚至於政治、經濟、軍事均能借此紀錄，作深入之研究，並對人類未來能提出更長遠之計劃，為人類之生存意志，可提供另一項人類可欲、可望之理想的實踐。

儘管以上各種文體，如〈祝盟〉、〈封禪〉、〈頌讚〉、〈銘箴〉及〈誄碑〉有其不同形式之運用，人類對大自然中的天神地祇或居於人間之小神之崇拜，通常是五體投地的禮敬，雖然劉勰文中亦未提及，不過從今日人類對天神地祇之崇拜或對宗教之崇拜的留存儀式中，依然是全然敬畏的五體投地之形式觀之，自然崇拜依舊是沁入人心極深的。人類雖然無法對抗自然災害或人為禍難，在無法改變外在環境或人為因素之前，只好調適自己的心態，將各種衝突或心靈之衝擊減至最低。透過儀式及軀體運作，對國君而言，可說是軀體政治的表態之一；對

臣民而言，何嘗不是一種心靈的紓解。大自然自有其復生之機，人類祈求禱告天神地祇的護祐及渴望大自然的復生，或透過任何方式寫下歷史，其最大之附加價值，即是為自己尋求理想之實踐與出路。

第四章
結　　論

　　自然崇拜是古先民初始之精神支柱，亦顯示出中國此一民族之文化景觀的某些特質。從古先民「自然崇拜」之研究中，實可發現，人類本質中有著意想不到的保守性。人類的宗教活動或民俗習慣深受內心心靈之擬像及外在環境所影響，因而衍生出許多行為與模式，藉為自安與自衛。本論文之研究，從祝之文體中，可檢視出古先民之心靈依附對象的多樣化。所謂六神即是大自然，人們心中將其視為守護神，是人類遇困境時之心靈之避難所，近祈驅邪祈安，遠盼興盛壯大之永世神主。此種自然崇拜最不應被忽視的是其象徵意義：除崇祛瘟，祈禱安康。既是為日常生活之順遂而祈禱，亦是為人類永續生存而求福。放眼今日，人類對此種自然崇拜之熱度未減，且代代相傳。不過先民之自然崇拜之早期應是一種社會現象而非宗教現象，成為一種宗教現象，恐在晚期。從本論文之研究中，可探知中國古先民自然崇拜之實質，是多神崇拜而非唯一真神之偶像崇拜。有關尹耆氏始蜡八神，應為中國最早之自然崇拜，而八神祭祀中之虎神或為今日台灣對土地神旁虎神之祭拜及泰國南部喀比省老虎洞之祭拜淵源。古人對土地神之崇拜從六宗三望之山神、神農、田神、地神及社神之崇拜，有著區域性之守護神之功能，與今日台灣對土地公（福德正神）之祭拜具有社區性或家庭性之守護神一般的「區域性效果」。在《文心雕龍》〈祝盟〉、

〈封禪〉中有關自然崇拜方面有極完整之時代沿革的敘述外，從古籍中之祭祀儀式與之比對，讓人對中國古代之自然崇拜（尤其對天神地祇舉足輕重的祭祀）有更深刻之了解。〈祝盟〉中之「醜神不祀」即包括了古先民對居於民間之小神的祭拜，可探究出台灣今日庶物崇拜之淵源與基礎。至於有關祭祀日月或其他神明的儀式祭拜方向，在《禮記・祭義》中則有記載：「祭日於東，祭月於西，以別外內，以端其位。」[286]，而《周禮・秋官・司盟》中亦提及約盟之祭祀方向：「凡邦國有疑，會同則掌其盟約之載及其禮儀北面詔明神，既盟則貳之。」[287]劉勰隻字未提，或非為敘述之重點所在。

　　無論是在祝辭、會盟文、封禪文中，不難發現神的啟示與權威是人類自然崇拜之所以信靠之基礎。尤其是群神之權威性恐較啟示性來得大些，否則此種自然崇拜斷不可能延續至今而仍為世人所苦苦追隨。劉勰〈祝盟〉述及「周之太祝，有六祝之辭：凡祭天地、祭日、祔廟、饋食、宜社、類禡，莫不有祝，體類備焉」[288]然而從此些儀式中，我們仍可透視出祝盟之文具有象徵性的陳述，是古先民軀體政治(body politic)的表態；尤其從大型活動之儀式結構觀之，更足以從中見出各個不同時區之文化表徵及帝王、諸侯之政治意識型態之表出。古先民堅信透過儀式之循環運作，足以確保往後民生之所需或生命之安

---

[286] 見於藝文印書館《十三經注疏本》、頁 812。
[287] 見於藝文印書館、十三經注疏本、頁 541。
[288] 見於王禮卿〈雕龍頌讚析恉〉載於《文史學報》第 7 期，頁 10。

全。人民得以生存，代表著種族之延續，此乃為政治實體之強勢與壯大之基礎；同時可調節這些群體與其直接循環中非人類部門和間接部門之間的關係。此即是古先民調節其生態系統的固定模式之一，除非有它種意外發生，否則此種以祝史透過祝文與天神地祇溝通之自然崇拜，從早先之原始崇敬思想逐漸轉化為民間信仰是有其一定之理路。如果我們採取全面性的演化觀，就必須承認宗教信仰和其他象徵體系可能也有直接的適應功能，因為這些信仰可以造成行為(甚至安息日避免工作也算行為)，如此便具有適應生態之效果。祝盟有兩種附加價值一是互利共生，一是英雄人物之塑造。而互利共生更是人類與泛靈世界和平共存之法則及讓兩個以上不同之政治實體均可獲益。人類以其智慧所虛擬出的一套人神共存的行為模式，以真心信拜泛靈世界，透過禱告辭以祈願，或藉由述說心中所以恐懼、害怕以紓解精神之壓力及心靈之苦悶，此亦是人類逃離苦海的途徑之一，且透過獻祭過程的聖餐以與所祭拜之神祇產生出一種類似兄弟共同體的休戚與共之關係，目的是祈求心靈之慰藉與憑依之平衡。當兩個以上不同之政治實體結盟時，從劉勰之文觀之，其所指涉幾為政治目的，但無論其獲益是屬政治、經濟，甚至因結盟信實而彼此有進一步有通婚或社會文化之交流，當是可預想而知的。另一附加價值則是前文中所提及之政治英雄人物之塑造，所造成之反差效益。曹沬與毛遂之政治權謀破壞了原先會盟之用意，且彼此未能以誠信諦結雙方之友好關係，或達成某種協議，但結局卻意外的塑造了政治英雄人物。在政治上，國家雖信

用破產，但所塑造出之政治英雄卻展現出捨生取義之愛國情操，其後更爲人們奉爲茶餘飯後之英雄傳。劉勰以爲約盟之形式不重要，重要者在於「義存則克終」，「咒何預焉」是重視約盟之誠信，此乃就會盟之正面意義而言，對人君而言，何嘗不是一種警惕？對人性而言，何嘗不是一種告誡？此外，古帝王於泰山上堆土築壇，將自己所建之功德刻石記載，銘勒之，祭告於天，封禪之祭於焉告成。封禪是一種很特殊之禮祀，且場面壯觀，此爲國君爲建立個人永久不朽聲望而設立之儀式。固然可窺出帝王炫耀之心態，亦可尋出人類對功名之重視的心路歷程。封禪文雖純爲帝王所設，然其原始之初衷卻是爲戒慎國君以累積至德、進行化育之工作，故可給予帝王進行封禪前之深思與警惕。此外，其他自然崇拜之儀式，亦均是人類對大自然造物者所賜予的一切美好的功績進行「感恩的儀式回饋」，其中更蘊含著極深沉的英雄主義之心態，且因在此種英雄主義作祟之下，原本純粹自然崇拜之禮祀中，卻也夾雜著「祖先崇拜」之影子。

從《禮記》〈郊特牲〉、〈祭法〉、〈祭義〉、〈祭統〉、《周禮》職官表與《文心雕龍》〈祝盟〉、〈封禪〉應照研究，「郊祭」與「封禪」之禮天祀地之活動，因周朝郊祭之時間、地點與封禪祭祀雖有所不同，或許因商周不同時代之交替，對祭祀之時間亦有所更易，因此，仍應以孔穎達之注爲主，對於《禮記·祭法》中，上泰山祭天及下泰折祭地爲「郊祭」之說法，即是指封禪而言，應是無異議的。除此之外，從古先民對居於民間之小神的祭拜，亦可探究出台灣今日庶物崇拜之

淵源與基礎。不過筆者以為，古先民對居於民間之小神的祭拜，亦均應納入自然崇拜之範疇中。

　　至於在〈頌讚〉文中，藉由頌體「義必純美」之要求，人類將祖先之功德美報於天神地祇，具有「報本反始」之感恩心態，其附加價值則在於數點憶祖之功能及藉由對天神地祇之回饋，以取得更豐盛之人類成績單。在〈銘箴〉及〈誄碑〉之銘文與碑文中，有關「自然崇拜」思想之英雄主義是極為明顯的，在人類功頌心態之表現下，其積極意義是讓人類在歷史傳衍中，留下一些實物紀錄，可提供另一項人類可欲、可望之理想的實踐。

　　　儘管以上各種文體，如〈祝盟〉、〈封禪〉、〈頌讚〉、〈銘箴〉及〈誄碑〉有其不同形式之運用，人類對大自然中的天神地祇（包括居於人間之小神之崇拜），通常是五體投地的禮敬，人類應對大自然建立虔誠之態度，此為人類與大自然趨於和諧之不二法門；或許因宗教、民俗乃人民之慰藉，以至於自然崇拜之所以綿延不絕。除了上述人類對外在環境的難以克服及心理恐懼外，人類所藉以自衛之機轉，可透過宗教信仰或民俗儀式表達中，得到慰藉，彷如吸食鴉片一樣能沉浸其中，有夢幻般的麻醉作用，至少可獲得一世之寬慰與心靈之安撫，此或許亦是人類最平實之一面。

第二篇　從人類學及宗教社會學研析 《文心雕龍》文體論中 祖先崇拜之義法、情境與理路

　　《文心雕龍‧序志》中述及文體區別之方式爲：「原始以表末、釋名以章義、選文以定篇及敷理以舉統」(范文瀾註本，卷10，頁727)，其乃以探討文體之淵源、命名、評選及創作之理論與體系爲方法論，從而透過文學史觀之貫串其中，展現出不同文體所具之時代意義及當代文書之運用範疇、功能及效用。劉勰《文心雕龍》文體論似傳說中金銀島被鷹鳥守護、固封而未曾開啓之寶藏，其中富含作者豐厚之學識、智慧與閱歷；同時亦可從每一種文體的敘述中檢視古先民進化、變革之軌跡。

　　雖然劉勰於其〈序志〉篇中謂中國論文之先驅有：「魏文述典，陳思序書，應瑒文論，陸機文賦，仲洽流別，宏範翰林，⋯⋯。」(范文瀾註本《文心雕龍注》、卷 10、頁 726)，可見其文體論之前承，不過中國古代對文體研究卻肇始於漢‧劉歆〈七略〉、班固《漢書‧藝文志》、蔡邕《獨斷》、桓範《世要論‧臣不易》、魏‧曹丕《典論‧論文》、傅玄〈七謨序〉、〈連珠序〉、晉‧陸機《文賦》、李充《翰林論》、摯虞的《文章流別論》，至齊梁‧劉勰《文心雕龍》探討文體之資料與內容

124

則極為詳備[289]。其中有關祖先崇拜之主題，於文體論〈誄碑〉、〈哀弔〉、〈祝盟〉、〈封禪〉、〈頌贊〉及〈銘箴〉中蘊含有濃郁的祖先崇拜之情懷，因此本文將研析劉勰《文心雕龍》文體論中祖先崇拜之義法、情境與理路，內容分為第一章　從人類學與宗教社會學探研《文心雕龍》文體論中古先民「祖先崇拜」之精義；第二章　《文心雕龍》〈誄碑〉與〈哀弔〉中政教運用及其成變理路；第三章　《文心雕龍》〈祝盟〉、〈封禪〉、〈頌贊〉及〈銘箴〉中「祖先崇拜」之功頌心態與變革；第四章　結論。

---

[289]王師更生〈文心雕龍析例〉中云劉勰以前「・・・盱衡劉略、班志、魏文典論、陸機文賦、摯虞流別、李充翰林，哪一家談文體也趕不上他。」(1978. 6.《東吳文史學報》第3號、頁63；《文心雕龍研究》一書中亦提及此說，頁313。)張師少康《文心雕龍新探・文體論──論文學的體裁與種類》提出從《論語》將「文」泛論文化外，至漢朝有文章、文學之分，蔡邕有〈獨斷〉、〈銘論〉，劉歆《七略》、班固《漢書・藝文志》，魏曹丕《典論・論文》，桓範《政要論・臣不易》，傅玄〈七謨序〉、〈連珠序〉，陸機〈文賦〉，摯虞〈文章流別論〉，李充〈翰林論〉，等或為文體之分類，或述及文體的歷史演變，(案：由筆者摘要至其書、1987出版、頁174~184)而其後而其餘各家之說法如鄭蕤《文心雕龍論文集》(頁56~64)、朱迎平〈論文敘筆明綱領──《文心雕龍》文體論體係及其影響〉(《文心雕龍研究》第1輯，頁97)、王道津〈論文心雕龍的文體論〉(《文心雕龍學刊》第2輯，頁187~189)、蔣祖怡《文心雕龍論叢》[頁57~59]、沈謙《文心雕龍文學理論與批評》(頁65~80)、繆俊杰〈《文心雕龍》研究中應注意文體論的研究〉(見於《文心雕龍研究論文選》[1948-1982]頁399)、孫蓉蓉《文心雕龍研究》(頁62~63)等多不出張師少康之說。

第一章
從人類學與宗教社會學探研
《文心雕龍》文體論中「祖先崇拜」之義法

第一節 從人類學與宗教社會學探研
《文心雕龍》文體論中「祖先崇拜」之精義

本論文欲從人類學與宗教社會學探研《文心雕龍》文體論中古先民「祖先崇拜」之精神與心理，則需先釋名「祖先崇拜」。

自然崇拜與祖先崇拜均是一種祭祀行為，是人類對未來願景及對不可知之外力所帶來災難的恐懼之行為投射。自然崇拜意味著人類內心對天帝的讚頌和感恩，是人類對大自然神明無上神力的臣服，在中國古代神話、傳說中時而可見。至於有關祖先崇拜之源始，筆者將分為二單元探討之：一、從《文心雕龍》文體論與祖先崇拜論起；二、祖先崇拜之意義與功能。

一、從《文心雕龍》文體論與祖先崇拜論起

有關祖先崇拜中，崇拜有功之遠祖、近祖或有功之君臣之事蹟，可從《文心雕龍》之〈頌讚〉、〈銘箴〉、〈誄碑〉、〈哀弔〉、〈封禪〉及

〈祝盟〉文中一窺究竟；在崇拜有血源關係之親人則從〈誄碑〉、〈哀弔〉中可視出端倪。在此六篇文章中，或有重於書面文體之運用，或有以唱發或親臨之崇拜行為行之；劉勰以史為緯之行文方式，羅列出文体產生或其用法因英雄、聖賢而生時，書之於石上，行之於止之祭拜儀式，已然表露出祖先崇拜之原始心態，尤其是後者更顯露出古人對往生者之關懷。日人坏井洋文以為「人們把死後的儀禮看成是使死者成為先祖的必不可缺的過程，其目的在于使死者進入先祖化之最後完成階段。」[290]其言正足以應證〈誄碑〉、〈哀弔〉是使亡者進入先祖化的過程之一，而後再以祔祭方式將神靈請入祖廟中。

　　人類學者與宗教社會學者以為，祖先崇拜之興起背景，一如自然崇拜一般，其時尚在「先於萬物有靈」及「萬物有靈論」之後，因此人類學家極為重視此問題，以為較具體可溯及之源頭為「對圖騰祖先、傳說祖先和逝世先人的崇拜。」祖先崇拜一如自然崇拜一般盛行於農耕階段與父權制確立後的宗教形式之一，不過在某些種族之祭祀活動而言，其意義或許已超出宗教崇拜之範疇[291]而此種人類最早期之祭祀活動是一種自然主義，一種社會行為，而後才成為固定模式之宗教行為。當此種模式規格化後，祖先崇拜與自然崇拜一樣，便形成民間的信仰之一。雖然「祖先崇拜」究竟是否為一種宗教行為的問題？至今

---

[290] 見於值本公明石〈日本人的先祖崇拜〉李東源譯，輯於李德潤，張志立主編《古民俗研究》（頁 411）。

[291] 李筱文〈耍歌堂與祖先崇拜〉中云：「"耍歌堂"雖是道教色彩濃厚的祭祀活動，但在一個比較閉塞落後和沒有民族文字的排瑤族社會裡，其意義和作用已遠超出宗教範疇之外。」輯於謝劍《新亞學術集刊—瑤族研究專輯》（頁 216）。

仍有爭議，不過任何一種行為，只要在民間成為一種約定俗成的儀式時，此種行為便落入宗教活動之範疇。至於有關人類之宗教祭祀活動源起有四說：一為起源於魔術說，二為起源於鬼魂說，三為起源於生氣說，四為起源於曼那說。[292]其中之宗教起於鬼魂說，指的便是祖先崇拜。鬼魂說之創始者為斯賓賽(H. Spencer)，其以為人死後的鬼魂乃不滅的附身者，它可以單獨存在，也可以憑依在物上而作怪。[293]就西方文化而言，祖先崇拜被視為涵蓋在鬼魂崇拜之中；其源起於原始社會中對本族之酋長和英雄之亡靈崇拜，而後便限定於和自己有血源關係之親人。追溯中國文化，商周時期祖先崇拜已為政治服務所御，其時即以祖先配祀上帝，因祖先與崇拜者之間既有血緣關係，具有監視家中子孫行止之權威，以及左右家族禍福之能力；秦漢以後，群居之家庭制度替代宗法制度，而維繫家族內部團結及凝聚家族之力量，祖先崇拜是其最重要之思想支柱[294]。而一般之祖先崇拜最重要的活動是

---

[292] 徐福全主編《台灣民間祭祀禮儀》中提及魔術說，是指英國學者佛雷澤(J. G. Frazer)提出：…人類歷史早期必有無宗教的時期，在那個時期裡，人們還不懂得崇拜鬼神或精靈，那個時代的特徵只有盛行魔術，後來原人心理進步，魔術衰退，方漸入宗教。起源於鬼魂說，是斯賓賽(H. Spencer)所提出的，又名祖先崇拜說，他認為人死後的鬼魂乃不滅的複身者，它可以單獨存在，也可以憑依在物上而作怪。宗教起源於生氣說。是英國人類學家泰勒(E. B. Tylor)所創，名為生氣主義，人因為有精所以能夠活動；…他認為宗教最低限度的定義：對精神的存在勿之信仰。由民族學者凌頓(R. H. Godription)最先提出。Mana…它指的是一種超自然而非人格的力。它不是精靈，不是靈魂，不是人，不是動物，它是比精靈更簡單而低下，是一種不可思議的魔力，像一種渾渾沌沌的氣，瀰漫於宇宙之間，無論何物，有了它便能靈動，否則不能。」(頁1-2)

[293] 見於徐福全主編《台灣民間祭祀禮儀》，頁1-2。

[294] 參考鄭志明《台灣的宗教與秘密教派》云：「祖先崇拜是亡靈崇拜中最重要的一項，

呈現於祭祖之上，如家祭及宗廟之祭祀上，故家族制度建立於祖先崇拜之上。《詩經・周頌・清廟・序》中言：「廟之言貌也，死者精神不可得而見，但以生時之居，立宮室相貌爲之耳。」[295]《詩經・周頌・清廟序》敘述古先民立廟以像死者生前所居之住所之形貌，以安頓死者。《說文解字注》對「宗廟」一辭，則個別解釋爲：「宗，尊祖廟也。」[296]又解：「廟，尊先祖貌也」[297]不論是祖廟或先祖廟，均是指崇敬歷代祖先之廟，而王先謙《釋名疏證補・釋宮室》對「宗廟」一辭則解爲：「宗廟，宗，尊也；廟也，貌也，先祖形貌所在也。」[298]王先謙所作之疏證補將「宗」用爲動詞，雖非崇敬祖廟，但仍保留崇敬之意味，古先民對宗廟祭祀之重視，由此可知。有關祖先崇拜在中國是否被視爲涵蓋在鬼魂崇拜之中的問題，雖然今日之人類學者或宗教社會學者幾乎是一致肯定，不過筆者將一一證論之。《周易・繫辭傳(上)》云：「精氣爲物，遊魂爲變，是故知鬼神之情狀」[299]此乃嘗試將神明與祖先作區隔定義，不過仍落在形上學的抽象意義上；孔穎達正義解釋此

早在殷商時期，即以祖先配祀上帝。因祖先與崇拜者之間既有血緣關係，具有監視家中子孫行止之權威，以及左右家族禍福之能力」（頁56）。另林國平《閩臺民間信仰源流》中之〈閩臺民間諸神崇拜〉中亦云：「在聚族而居的社會中，維繫家族內部團結，增加家族凝聚力，除了要有嚴密的家庭制度外，祖先崇拜是其最重要的思想支柱。」（頁50）

[295] 見於藝文印書館十三經注疏本，頁706。
[296] 見於段玉裁注，頁345。
[297] 見於段玉裁注，頁450。
[298] 頁265。
[299] 見於藝文印書館十三經注疏本，頁147。

段話云:「精氣爲物者,謂陰陽精靈之氣,氤氳積聚而爲萬物也。遊魂爲變者,物既積聚,極則分散,將散之時,浮游驚魂,去離物形而爲改變,則生變爲死,成變爲敗,或未死之間成爲異類。」[300]其以氣之聚散作爲物與遊魂之判別標準,並對去離物形後之改變提出三種可能之情形:1)此物之死亡;2)此物之由成功而至失敗,但非死亡;三是此物於未死之間產生突變之異種。孔穎達將物變後的實際現象與抽象意義,甚至科學界仍無法圓釋之怪異現象,均列入考慮。觀此,孔穎達對鬼神觀念仍是沿承漢代的氣化宇宙論之觀點而來。在《禮記·郊特牲》中則又提出了人類魂魄於死亡後各有所歸之說法:「魂氣歸於天,形魄歸於地,故祭求諸陰陽之義也。」[301]人類無形之魂氣將「升之於天」而肉體「回歸於塵土」之說法,清楚界線。在《禮記·祭義》中尙有孔子對宰我解釋鬼魂之觀念:「眾生必死,死必歸土,此之謂鬼。骨肉斃於下,陰爲野土。其氣發揚於上,爲昭明,焄蒿悽愴,此百物之精也,神之著也。」[302]《易經·繫辭傳(上)》、孔穎達正義之注疏及《禮記·郊特牲》均未將鬼魂觀念與祖先崇拜作明顯之牽涉,不過關於「人死靈魂升天」之說,最早應起源於《禮記·郊特牲》,因此在其他各民族中對靈魂升天之說,或仍有保留,例如西藏人民對於「天葬之習俗」,如此之喪葬儀式,仍沿襲至今,或有可能深受《禮記·郊特牲》之言的影響,而信仰基督教、天主教者,亦堅信人死後靈魂可升

---

[300] 見於藝文印書館十三經注疏本,頁 147 。
[301] 見於藝文印書館十三經注疏本,頁 507 。
[302] 見於藝文印書館十三經注疏本,頁 813-814 。

至天堂之說。[303]至於《禮記・郊特牲》之「魂氣歸於天，形魄歸於地」之「體魄下地」說及《禮記・祭義》：「眾生必死，死必歸土，此之謂鬼。」之體魄歸土之說，與聖經中以為「人來自塵土，歸於塵土」之說法一致。但不論是升天或入地，其魂魄總不離於天地之間。《禮記・祭義》已提出「鬼神」之觀念，以為人死後「肉體成為鬼，精神成為神」[304]而此種「鬼神觀念」是專就人死後之變化而言，與今日人類將自然崇拜諸神及祖先崇拜之鬼魂觀念合稱為「鬼神」之觀念是不同的；至於在《禮記・祭法》中則有另一則「鬼」觀念之闡述：「大凡生於天地之間者，皆曰命；其萬物死皆曰折；人死曰鬼，此五代之所不變也。」（藝文印書館十三經注疏本，頁797）從《禮記・祭義》及《禮記・祭法》之言，即能詮釋祖先崇拜涵蓋在鬼魂崇拜之中，因此處對於「人死曰鬼」是廣泛的且整體的對人類死亡之界定，而「祖先」狹義的意義不過是個別姓氏對其所自來之宗祖的稱呼。至於祖先崇拜之盛行時期，亦為人類學者與宗教社會學者所關注，目前大致可確定為「盛行於農業階段與父權制度確立後之宗教形式之一」。《禮記・祭法》中有關自然崇拜之對象，已述之於前，有關祖先崇拜之對象則為：「夫聖王之制祭祀也，法施於民則祀之，以死勤事則祀之，以勞定國則祀之，

---

[303] 基督教世界對靈魂之歸處，所持之論即為行善則可升至天堂樂土的「靈魂升天」說。而著名的社會學者郭于華，於九十年代對河北一些信仰天主教的村子作調查，和信教的農民有過一次對話：「問：『能否說說信仰天主的人死後是怎樣？答：死後就讓天主收去了，到天主身邊也就是到天堂去了…』」（見於馬昌儀《中國靈魂信仰》，頁252）

[304] 見於馬曉宏《天・神・人》，頁21。

能禦大災則祀之，能扞大患則祀之。是故歷山氏之有天下也，其子曰農能殖百穀。夏之衰也，周棄繼之，故祀以爲稷。共工氏之霸九州也，其子曰：后土能平九州，故祀之以爲社。帝嚳能序星辰以著眾，堯能賞均刑法以義終，舜勤眾事而野死，鯀障鴻水而殛死，禹能修鯀之功，黃帝正名百物以明民共財，顓頊能修之，契爲司徒而民成冥勤其官而水死，湯以寬治民而除其虐，文王以文治，武王以武功去民之菑，此皆有功烈於民者也。及夫…非此族也，不在祀典。」[305]從《禮記·祭法》中可知古人祖先崇拜之對象爲政治清明、有功勞於社稷或能勤事、誓死、禦災之聖王或大臣，除了對先祖報恩，爲人類祈福之外，另一因素則是懾懼於「祖靈作祟」。《禮記·祭法》中所言者，即爲「傳說祖先」之類，時間尚在圖騰祖先之後，不過就中國之傳說祖先而言，在《左傳》中便有鄭人夢伯有言將殺駟帶及公孫段，後二人果真死亡，鄭人驚懼之事，可資應證。[306]此雖或係巧合，不過由此二事件中，可見古先民之鬼魂或靈魂觀，對祖靈作祟之懾懼，於是透過祭拜儀式以祈求神鬼之助，以祈福禳災。

二、祖先崇拜之意義與功能

---

[305] 見於藝文印書館十三經注疏本，頁803。

[306] 左傳昭公七年「鄭人心驚以伯有之事，曰：『伯有至矣！』則皆走，不知所往，鑄刑書之歲二月或夢伯有介而行，曰：『壬子，余將殺（駟）帶也，明年壬寅，余又殺公孫（段）也。』及壬子，駟帶卒，國人益懼。齊燕平之月，壬寅，公孫段卒，國人益懼。其明月，子產立公孫洩及良止矣撫之，乃止。子大叔問其故，子產曰：『鬼有所歸，乃不為厲，吾為之歸也。』」（藝文印書館十三經注疏本，頁759）

祖先崇拜之原始，乃因先民因已往生之聖王功勳的不可沒、對英雄特殊事蹟之追念及祖先具有靈魂不死之觀念，並具有視察及禍福後裔之神能而興起之祭祀活動。或許以此來界定「祖先崇拜」[307]是較全面且廣義的。從人類學與宗教社會學之角度言之，祖先崇拜之源起約有四種：(一)對死者嫉妒心之防範、安頓祖靈及對死亡者最終的解決的承諾。對祖靈作祟，降災於後裔之畏懼心，而其消弭方式是必須使亡靈無害於生人。靈魂的觀念出現以後，爲了安撫祖靈，「屍體必須移到他處或封在墓穴中(提供給他一個尚可容忍的場所)，以免他嫉妒生者享用其所有物，如果生者想平靜的過活，那麼就必須用其他方式來保證亡靈的幸福。」[308]此乃一種契約行爲，一種重視於生者與祖靈彼此

---

[307] 黃有志《社會變遷與傳統習俗》：「所謂祖先崇拜乃是子女對其父母或同族後裔對於其始祖以及全體上代尊親之死亡，爲了表達慎終追遠及孝心之表現，從喪葬禮儀到宗廟祭都是祖先崇拜的程序。而『祖先崇拜』可以說是鬼神信仰的具體化，也是亡靈崇拜的大宗。一般俗稱『拜公媽』或『孝公媽』，簡稱『祭祖』，這種行爲將鬼魂信仰倫理化，使人鬼可以相通，並可藉著祖先對子孫的庇蔭來促進家道的繁榮。」(頁21-23) 所謂對英雄之特殊功績之追念者，文蔚《細說中國拜拜》中提出「偉人崇拜」之說法：「即死者生前有重大貢獻於社會，福庇世人，故受後世所景仰，供爲各宗室共同的先祖，如關公、孔子、黃帝。此種行爲基於『英雄崇拜』的心理，並藉由示好於具有威權之先祖，以樹立政壇典範，進而推行社會倫理及政治教化。其所重在於該民族出自某英雄氏族，而不重予人之直接血緣關係，以功德爲尚。」(頁149) 其文中之偉人「黃帝」，筆者將之細分入「有功於民之帝王或臣子」之一類中。王小盾《神話 話神》中對鬼神信仰：祖先崇拜的儀式表現提出：「鬼神信仰實質上是把死人神化的信仰，因此，它不僅以氏族的首領爲對象，而且以一切已故的祖先爲對象。人們按照鬼神信仰的原則，把地上的社會關係搬演到天上，於是構成了一整套的神的系統。因此，認識鬼神信仰是認識祖先信仰的必要條件。」(頁188)
[308] 見於韋伯《宗教社會學》第一章宗教的源起，頁7。但在楊慶堃〈儒家思想與中國宗教之間的功能關係〉中卻有略爲不同之安撫亡靈之說法：「父母或祖先去世之後，靈魂得後世子孫供養祭祀的稱爲善鬼，反之則在陰間淪爲惡鬼，這類鬼魂常會潛回陽

間取得「互利共生」[309]之平衡心態，並是「對死亡者最終的解決的承諾」[310]。 (二)祈祖佑福以化解困難與危險，並具有確立父系血統和保證權力與財產的繼承、分配的作用。[311]此與自然崇拜爲了紓解心裡之

間索取食物或戕害其家族的人，由此可知祖先崇拜乃在於安撫詛靈，使其鬼魂有所歸宿。」輯於《中國思想與制度論集》，頁 68。另在李亦園《宗教與神話論集》中亦提及：「換而言之，人可以認為神的懲罰作祟是無常的或者是因為人犯過、人不遵守規則而引起的 …」(頁 3)林素英《古代祭祀中之政教觀 ---禮記成書前為例》中「血脈新傳之相續---宗廟祭禮之意義」中提及「祖先崇拜」之意義：「一、樹立報本反始之對象，二、發揚尊尊親親之精神，三、建立親疏有等之倫序。(頁 169。)黃有志《社會變遷與傳統禮俗》中對祖先祭祀之功能分析為：「祭祀乃是祖先崇拜的主要部分，由孔、孟及後來儒者的提倡而發展。死亡是生命世界之結束，遭此大變，為求安頓死者，並減除死者家屬之悲傷，因此設有一連串之禮儀活動，以轉移死者之悲傷之情為尊崇祖先之恭敬心意；亦即經由儀式之安排，使死者成為祖先，且得受後代子孫之敬仰。而其目的在祈求祖先的護祐與賜福。」(頁 21)

[309] 鄭志明《台灣的宗教與秘密教派》：「這種相互的契約關係，並非完全是功利取向，背後有著相當複雜的心態。」(頁 56)另 Laurence G. Thompson, *Chinese Religion,* 提出 "Mutual Dependence of Dead and Living"p. 47, 則強調生者與亡靈之間彼此的「相互依賴」，此乃彼此「互利共生」之鑰。

[310] 另王永會〈簡論道教與佛教生死觀的差異〉云：「一切宗教所以能夠成為人們的信仰，被成千上萬的信仰者癡迷的遵奉，主要原因之一就在於它們包含了人類最深沉的，也是最原始的心理隱患—死亡的最終的解決的承諾。」(見於《宗教哲學》第 4 卷、第 4 期，頁 150

[311] 喬繼堂《中國人的偶像崇拜》中有「禳除不祥，鬼的祭祀」(頁 157)此即是祈組祐福以化解困難與危險之意。Julia Ching, *Chinese Religions,* 中亦有極為雷同之說法，"The ancestor cult might have arisen out of psychological needs or attitudes, including the fear of the deceased, as well as feelings of piety toward them." p. 18. 另 Edited by Harold G. koening, 1998., *Religion and Mental Health,* 中強調了宗教對心理健康的重要性；事實上古人自然崇拜之行為，涉及身心健康的治病附加價值。陳郁夫《人類的終極關懷---宗教世界概說》：「祖先崇拜是先民靈魂與圖騰崇拜發展而來的，它有確立父系血統和保證權力與財產的繼承、分配的作用。」(頁 52)洪英聖《台灣風俗探源》中有：「殷商河洛人相信人死後靈魂即升天為神，祖先的靈魂也能左右子孫幸福與災禍，因此罵人祖宗八代是最嚴重的侮辱。」

壓力以祈福禳災(案：並包括治病之功能)及對自然界之敬羨之精神是
一致的，同時對某些附加功能，包括權力與財產取得之正當性，具有
某種程度之合理性。人生旅途中之逆境十之八、九，有時問題之發生
非人類智慧所能解決，仰仗祖先的福祐，既可求心安，又可求祖靈之
超然神力的護駕，是修祓禳災的心靈藥方。董作賓〈中國古代文化的
認識〉以為在商人的觀念中，祖先死後尚可獲得一種神秘能力，可以
福誘惑懲戒子孫」[312]即是說明人類相信祖先有祐福後代之神秘能力，
其年代早在商朝時期已有之。另在《左傳‧宣公十五年》便有一則有
關以妾殉葬之俗，而衍生出之「結草報恩」[313]故事，文中所述魏顆夢
中所見之老人是在戰場助其擒住杜回的貴人，其云是妾之父，故報之，
此為「具祖靈祐福暗示」[314]之古籍範本之一。(三)藉此可滿足後裔對祖
先之思念情懷。許慎《說文解字》中「祭」字解釋為：「祭祀也。從手

(頁13)鄭志明《台灣的宗教與秘密教派》中對祖靈祐福與作祟之說：「以祭祖而言，
祭祖在傳統社會的長期繼承上，早已成為漢民族固有的倫理思想，祖靈擁有庇佑子孫
或懲罰子孫的權柄，亦在民眾心靈被深信不已。」（頁56）

[312] 其文云：「殷人對於祖先的看法(對於先臣如伊尹、咸戊也一樣)，以為他們雖然是
死了，但精靈依然存在，與活著的時候完全一樣，地位、權威、享受、情感，也都一
樣，而且增加了一種神秘力量，可以降禍授福於子孫，…」(見於朱歧祥編《甲骨四
堂論文選集》頁104)。

[313] 見於《左傳‧宣公十五年》：「秋七月…壬午，晉侯治兵于稷…及雒，魏顆敗秦師
於輔氏，獲杜回，秦之力人也。初魏武子有嬖妾無子。武子疾，命顆曰：必嫁是。疾
病則曰：必以為殉；及卒，顆嫁之，曰：疾病則亂，吾從其治也。及輔氏之役，顆見
老人結草以抗杜回，杜回躓而顛，故獲之。夜夢之曰：余爾所嫁婦人之父也。爾用先
人之治，命余是以報。」（藝文印書館十三經注疏本 ，頁409）。

[314] 劉曄原、鄭惠堅《中國古代祭祀》中云及此「結草報恩」故事中之涵義，具有先
人祐福之作用：「由此可知，古人認為祖先會在最需要的時候出現，因此人類為感念
先人的祐福而舉行祭祀。」(頁134)

持肉」[315]「祀」字則解釋為「祭無已也。從示已聲」[316]「禮」字解釋為「履也，所以事神致福也。從示從豊，豊亦聲。」[317]從「祭」字中，可見出人執禮器（禮器包括器皿、犧牲、貢物、喪服，此指器皿中有貢物中之肉），以禮文（指儀式與祭拜行為，此處指手執貢物祭拜)祭祀；從「祀」字中可見祭拜精神之持續性；從「禮」字中又可見到人類對祭祀鬼神中之禮義（指抽象的祝禱文)的正面希望與祈求。而禮器、禮文及禮義亦與時推移，從原始之非固定形式之社會現象的祭拜，走向規格化且為固定模式之宗教行為。透過固定形式以追憶祖靈中，尤以書之於紙之禮器或禮文（〈誄碑〉及〈哀弔〉文)，最易令子孫撫文憶昔，動感萬分；古先民透過文書之運用，在劉勰《文心雕龍》文體論之部分文章中，亦可窺出古人已有對往生者關懷之初衷。因此對於古人特設誄、碑、哀、弔為文體之用意，讀者便可一目瞭然。人類藉由宗教信仰與儀式行為的持續能滿足識見的認知、情感的宣洩和精神的補償三種慾望，此理論適足以對祖先崇拜中尤其情感的宣洩與精神的補償與在儀式進行中可獲得極高之「撫慰」[318] 價值，乃人類自衛

---

[315] 見於段玉裁注本，頁3。
[316] 見於段玉裁注本，頁2。
[317] 見於段玉裁注本，頁3。
[318] 王祥齡《中國古代崇祖敬天思想》：「從倫理的功能、社會的功能、政治的功能以及文化整合的功能來看，古代崇祖敬天思想及其所發展出慎終追遠的祭祀禮儀，不但給予人存在的基源，撫平了個人的焦慮與不安，且讓個人的生命，有其歷史的安頓，有文化的安頓，從而與歷史文化生命，打成一片，合而為一，並且擴大了人的意義與尊嚴。」（頁5）

機制的運作模式之一。《荀子‧禮論》中云：「故曰：『祭者，志意思慕之情也。忠信愛敬之志矣，禮節文貌之盛矣。苟非聖人，莫之能知也。聖人明知之，士君子安行之，官人以爲守，百姓以成俗。其在君子以爲人道也，其在百姓以爲鬼事也。』」[319]文中便能表達此種自衛機轉適度宣洩人類忠信愛敬之特質，並言明在借此自衛機轉之運作過程中，所牽涉之社會禮俗與政治、文教之重要性，對民心之安定，透過祭祀之儀式的紓解中，穩定國家政治之民間運作及以之奉爲圭臬，乃爲帝王、諸侯運籌帷幄之重要籌碼；祭祀對君子人與普天之眾民則有著不同之意義，荀子強調亦唯有聖人能知之，而其實質之意義爲，對君子人而言，祭祀活動落於較具形上意義之人道主義範疇的考量，但對普天之民，祭祀則落入侍奉鬼神之道中，人民只是宣洩思親之情感及謹盡其對祖先應盡之忠信孝道之儀。不過時至今日，無論時間如何沿革，歷代統治者仍行之不疑，或許因時代變革，由繁而簡爲必然之趨勢，但卻未曾有任何一位統治者欲排除此項祭祀活動於其政治策略之中，其因乃在對抗歷久多時之傳統風俗習慣之不易，且無此必要；反之，藉此傳統風俗習慣之保存具有「四兩撥千金」之強大政治效力，因「借助君子人對人道主義之考量，以落實政治人性化之最高理想」而最終之目的仍在於順利一統天下之實。畢竟此項祭祀由來已久，影響民心至鉅。　(四)可提醒後裔「報本反始」之精神的重要性。《禮記‧郊特牲》云：「萬物本乎天，人本乎祖，此所以配上帝也。郊之祭也，大報

---

[319] 見於王先謙《荀子集解》，頁 624。

本反始也。」[320]孔穎達疏云:「天爲物本,祖爲王本,祭天以祖配,此
所以報謝其本 。」[321]《禮記‧郊特牲》提出人類應報謝祖先與天恩之
說,即是「報本反始」之精義。另在《禮記‧祭義》中敘述古人對「敬
情報親」之思想的重視:「君子反古,復使不忘,其所由生也,是以致
其敬,發其情,竭力從事以報其親,不敢弗盡也。」[322]《禮記‧郊特
牲》中說明物與人之源始與《禮記‧祭義》中「敬情報親」之思想,
均強調人類「報本反始」之重要性,其目的無非讓人類藉由透過祭祀
之方式,才不致數典忘祖。在《詩經‧小雅‧蓼莪》中亦指出父母之
恩深,難以回報:「蓼蓼者莪,匪莪伊蒿;哀哀父母,生我劬勞。…父
兮生我,母兮鞠我。…欲報之德,昊天罔極。」[323]在《荀子‧禮論》:
「故禮上事天,下事地,尊先祖而隆君師,是禮之三本也。」[324]《荀
子‧禮論》中將天、地、君、親、師定爲三禮之根本,其中仍強調對
崇拜祖先之重要性,可算是回應《禮記‧郊特牲》中「報本反始」之
精神。因此所謂「報本反始」即是以「感恩」的心態[325],透過禮器、
禮文及禮義以回饋祖先之恩賜,而讓此種福報能持續長久。因此人類

---

[320] 見於藝文印書館十三經注疏本,頁 500。
[321] 見於藝文印書館十三經注疏本,頁 500。
[322] 見於藝文印書館十三經注疏本,頁 819。
[323] 見於藝文印書館十三經注疏本,頁 436。
[324] 見於王先謙《荀子集解》,頁 588。
[325] 高橋信次《心的指針──苦樂之源在心》第五章中提及:「對祖先的感謝,是為人
的當然義務。祭有義務,則需供養。所謂供養,亦屬調和的行為。藉著感謝之心,調
和行為之循環作用後,不僅自己,就連歷代祖先亦能承受到神的光華。」(頁 183)

所虛擬出之祭拜儀式，便延展出象徵性的行為，透過人類的禮器、禮文及禮義作為同時滿足亡者與生者的需求；讓亡者進入先祖化之完成階段後，對生人而言，祖先崇拜方才正式開始了往後持續性的祭祀崇拜[326]。

第二節　古先民「祖先崇拜」之儀式、象徵與情境

　　古先民不但對自然崇拜之儀式象徵與情境之營造之重視，對「祖先崇拜」亦然，因此建立宗廟之位置作為祭祀之場所極為重要。在《禮記・祭義》中云：「建國之神位，右社稷而左宗廟。」[327] 其因在於周人尚左，因而神位，於中門之左方，社稷在右方。換言之，古先民祭祀時，祖先崇拜之神明在左而自然崇拜之神明在右。「可見宗廟的地位居於社稷之上。大夫則左廟而右寢。宗廟周圍有牆垣，稱為『都宮』。都宮之內，諸侯均南向，昭廟在左，穆廟在右，依世排列。」[328]《周禮・考工記・匠人》中云：「營國方九里、旁三門…左祖右社，面朝後市。」[329] 在《周禮・小宗伯》中對其執掌亦載有：「小宗伯之職，掌建

---

[326] 肯內思・克拉瑪《宗教的死亡藝術》第六章中云：「喪禮儀式結束後，對喪家而言，真正持續性的祖先崇拜獻祭之禮才開始。」（頁153）
[327] 見於藝文印書館十三經注疏本，頁826。
[328] 見於劉松來《禮記漫談》，頁116。
[329] 見於藝文印書館十三經注疏本，頁642。

國之神位，右社稷，左宗廟。」[330]而孔穎達疏：「案匠人亦云：『左宗廟，右社稷』彼掌其營作，此掌其成事位次。」[331] 宗廟之位置，在國門之左方，《周禮》述之極祥，而在《墨子・明鬼(下)》更云古代聖王建國迎都時，置宗廟被視爲是要務，且必須經過一番檢擇：「且惟昔者虞、夏、商、周三代之聖王，其始建國營都日，必擇國之正壇，置以爲宗廟」[332] 孫詒讓訓詁爲：「考工記匠人：『營國方九里，左祖右社，王者擇天下之中而立國，擇國之中而立宮，擇宮之中而立廟。』劉逢祿云：『壇場，祭壇場也。置，措也。』」[333] 擇地立廟之精神，由此可見。「而宗廟之設置，實際上應是與祖先崇拜共同出現的。然而，周代宗廟的設置，與原始宗教時期，有明顯不同。據陳夢家先生研究，古之宗廟，本爲石室，宗廟所從之介，爲石廠之形。毫無疑問，在原始社會，宗廟是很簡陋的。而周代，宗廟的建築已比較複雜。不僅有廟，而且有寢。如《詩經・小雅・巧言》云：『奕奕寢廟，君子作之。』《禮記・王制》說：『寢不逾廟』」[334]宗廟的營作，有其歷史之演變，若欲區別自然宗教與祖先崇拜之區隔時期，恐怕宗廟是最好之見證與徵信

---

[330] 見於藝文印書館十三經注疏本，頁 290 。

[331] 見於藝文印書館十三經注疏本，頁 290 。

[332] 見於孫詒讓《墨子閒詁》，頁 15 。

[333] 鑒於孫詒讓《墨子閒詁》，頁 15 。

[334] 見於張鶴泉《周代祭祀研究》，第五章：周代的祭祀活動，頁 133，文中所提及「宗廟之設置，實際上應是與祖先崇拜共同出現的」一句，參見陳夢家先生《祖廟與神主之起源》，載於《文學年報》1937 年第 3 期。而「古之宗廟，本為石室，宗廟所從之介，為石廠之形。」一句，亦出自陳夢家先生〈祖廟與神主之起源〉，載於《文學年報》1937 年第 3 期。

之實體了。

　　「祖先祭祀」有其香火傳遞之「家族意義」，在《左傳・僖公三十一年》云：「公命祀相（指夏后），寧武子不可，曰：『鬼神非其族類，不歆其祀。』」[335]，周朝之祖先與夏代又迥異，此明顯的說明不同族類祭祀毫無意義。此外，《左傳・僖公十年》則載有一則事例：「晉侯公改葬共大子。秋，狐突適下國，遇大子，大子使登僕而告之曰：『夷吾無禮，余得請於帝矣。將以晉畀秦，秦將祀余。』對曰：『臣聞之，神不歆非類，民不祀非族，君祀無乃忝乎？且民何罪，失刑，乏祀，君其圖之。』」[336]此種「家族神祇之祭拜」[337]乃以有血緣關係之近祖與遠祖爲主。中國古代祭祀祖先各有其不同族群之儀式，不過總體言之，所行之禮儀分爲春、夏、秋、冬四季進行，已述之於前，然而由於本論文涉及《文心雕龍》〈誄碑〉、〈哀弔〉、〈祝盟〉、〈封禪〉、〈頌讚〉、〈銘箴〉，其中尤以〈誄碑〉、〈哀弔〉正是臨喪時之祭祀活動，因此，臨喪時之祭儀，格外重要。而誄碑、哀弔文，又是人類死亡後從祭祀儀式中進入祖先崇拜中之最後完成階段之一，故以下有關祭祀之階級性及活動之種種，論文之重點將同時置於古代祖先崇拜之祭祀禮儀之探討及有關古喪禮之規範與儀式之進行。

---

[335] 見於藝文印書館十三經注疏本，頁 287。
[336] 見於藝文印書館十三經注疏本，頁 221。
[337] 見於張鶴泉《周代祭祀研究》，第五章：周代的祭祀活動，文中述及「祖先是周人崇拜之家族神。」（頁 129）

一、古先民祖先崇拜中之主祭者與媒介者之規範

　　有關階級性之祭祀規範在《文心雕龍》〈誄碑〉、〈哀弔〉、〈頌讚〉、〈銘箴〉〈祝盟〉及〈封禪〉中均有其限制，且有禁忌。例如誄文中原規定士、庶民則皆不能有誄，當禁忌破除後，一些文體之使用才逐漸有拓展之空間；碑文之作用亦因地位身分之使用而有所不同，筆者將於下一單元中詳細探討。此處先探究周以前之階級區隔，以作為檢視《文心雕龍》〈誄碑〉、〈哀弔〉、〈頌讚〉、〈銘箴〉〈祝盟〉及〈封禪〉此些篇章敘述之真理性及查探當代實行祭祀行儀之準則。

　　中國對祖先祭祀之習俗的礎石，可說根源於宗廟制度的建立。而宗廟之多寡與尊顯，從天子至於庶人，亦有所別。在《禮記‧王制》中云：「天子七廟，三昭三穆與大祖之廟而七。諸侯五廟，二昭二穆與大祖之廟而五，大夫三廟，一昭一穆與大祖之廟而三，士一廟，庶人祭於寢。」[338]《禮記‧王制》中已述及祭祖活動之場所，並從場所數目之多寡，作為社會階級之分殊性。當中唯一無廟可祭者為庶人，庶人以在家中舉行祭祀為主，此亦為古先民祭祖儀式中，因庶民之禮儀少之故，故一切從簡。至於在《禮記‧祭法》中則對宗廟祭祀之問題有更進一步之說明：「天下有王，分地建國，置都立邑，設廟、祧、壇、墠而祭之，乃為親疏多少之數。是故王立七廟一壇一墠：曰考廟、曰王考廟、曰皇考廟、曰顯考廟、曰祖考廟，皆月祭之。遠祖為祧，有

二祧，享嘗乃止。去祧爲壇，去壇爲墠。壇墠有禱焉，祭之；無禱，乃止。去墠曰鬼。諸侯立五廟一壇一墠：曰考廟、曰王考廟、曰皇考廟，皆月祭之。顯考廟、祖考廟享嘗乃止。去祖爲壇，去壇爲墠。壇墠有禱焉，祭之；無禱，乃止。去墠曰鬼。大夫立三廟二壇：曰考廟、曰王考廟、曰皇考廟，享嘗乃止。顯考、祖考無廟，有禱焉，爲壇祭之，去壇爲鬼。適士二廟一壇：曰考廟，享嘗乃止。顯考無廟，有禱焉，爲壇祭之。去壇爲鬼。官師一廟：曰考廟，王考無廟而祭之。去王考爲鬼。庶士、庶人無廟，死曰鬼。」[339]文中所言，中國古時之祖先祭祀，不僅是宗廟而已，更有遠祖之廟及壇墠之祖先崇拜的不同祭祀場所。對帝王而言，乃此四者均齊備之。除了父廟、祖父廟、曾祖父廟、高祖父廟及始祖廟之外，又有文武二廟作爲祭祀遠祖之場所，一年中於四時祭之。遠祖中高祖之父，只能於昭穆時祭藏於文武王祧，不得四時而祭之，若有四時之祈禱，則在壇場上祭祀之。另遠祖中高祖之祖，不得在壇受祭祀，得於除地爲墠之場所受後代帝王之祭祀。從七廟一壇一墠之祭祀體制安排中，可知古先民對時間就近疏遠之認定的重要性。時間距現階段愈遠者，後人對其祭祀之禮儀愈爲簡略且疏遠，此亦人之常情，畢竟先祖之形貌容儀及其生平事蹟，與後代子孫已形成疏離感，無其情，而欲達其對祖先崇拜之敬意與感動，是極爲不易的，除非先祖有極撼動人之事蹟可供後憑弔者。對諸侯而言，則無須對遠祖廟作祭祀活動，惟獨對高祖之祭祀，若有所祈禱，則爲

[339] 見於藝文印書館十三經注疏本，頁 799。

壇祀之，若無，則離壇圈入石函爲鬼，不再受祭祀，除非是禘祭與祫祭。「祫祭是在太祖之廟合祭祖先。當三年之喪完畢，先祖的神主將依次遷出一輩，此時舉行祫祭，次年祫祭後又舉行祫祭，以後每五年舉行一次祫祭。」[340]至於大夫、適士、中士、下士、府吏之屬所祭拜之祖先，因其層級之愈低而遞減，庶士、庶人則無廟可祭祀，直接置於石函中。

古喪禮之階級分界，在《禮記·王制》中載有自天子以致庶人殯葬時間之差異制度：「天子七日而殯，七月而葬。諸侯五日而殯，五月而葬。大夫、士庶人三日而殯，三月而葬。庶人懸封葬，不爲雨止，不封不樹，喪不貳事。」[341]從文中又可看出古人舉行喪禮中天子與庶人間之懸別。有關天子殯葬之時間，顯然與士庶人差距頗大，尤其是下葬時，由於庶人地位卑微，因此在喪禮上，庶人懸窆，不引紼下棺，唯以繩懸棺而葬。若爲雨天，則天子、諸侯不葬，但庶人因禮儀少，即使雨天亦葬，但家族辦喪事期間不可兼從政事。因此，即使士庶人之喪，古先民仍認爲，以專心一致之心情舉行喪禮之重要性，同時文中所顯示出之「不封不樹」之觀念，顯然與《周易·繫辭傳》中之「不封不樹，喪期無數。」[342] 有所不同，《禮記·王制》中所強調之庶人「不封不樹」之喪禮，非因原始民族自然天體之概念所使然，而是因庶人之地位卑微，禮儀少之故。人民地位之低，祭祀從簡，從自然崇

---

[340] 劉松來《禮記漫談》，頁 117。

[341] 見於藝文印書館十三經注疏本，頁 797。

[342] 見於藝文印書館十三經注疏本，頁 168。

拜至祖先崇拜皆然。有關祭祀倫理、主祭者與儀式進行之媒介者，在《禮記・祭統》中載有關於十倫之別，其中屬於祭祀祖先之倫者爲「父子之倫」，文中對祭祀之主事者、媒介者及儀式有極爲簡潔之說明：「夫祭之道，孫爲王父尸，所使爲尸者，於祭者，子行也。父北面而事之，所以明子事父之道也，此父子之倫也。」[343]鄭玄注：「子行猶子列也。祭祖則用孫列，皆取於同姓之適孫。天子、諸侯之祭，朝事延尸於戶外，是以有北面事尸之禮。」[344]鄭玄所言，以爲古之祭祖以孫爲尸主，父北面而事之，其禮乃天子、諸侯之祭祀。但孔穎達正義云：「天子、諸侯之祭，朝事延尸於戶外者，以少牢特牲，尸皆在室之奧堂，主人西面事之，無北面事尸之禮，故知是天子、諸侯也。知因朝事者，以郊特牲詔祝於室，坐尸於堂。詔祝於室，當朝事之節，故知坐尸於堂，當朝事也。」[345]此處孔穎達之論辯釐清了祭祖時所用之犧牲。至於天子與諸侯在行祖先崇拜之祭祀時，「詔祝於室，坐尸於堂」[346]則爲已約定之模式。「『尸』一般由孫輩小兒充擔，祭男用男尸，祭女用女尸，也有祭夫婦共一尸，以婦人附於其夫者。」[347]在《通典・禮八》中引《風俗通》佚文云：「祭所以有尸者，鬼神聽之無聲，視之無形，升自

---

[343] 見於藝文印書館十三經注疏本，頁 835。

[343] 見於藝文印書館十三經注疏本，頁 835。

[344] 見於藝文印書館十三經注疏本，頁 835。

[345] 見於藝文印書館十三經注疏本，頁 835。

[346] 見於藝文印書館十三經注疏本，《禮記・郊特牲》，頁 507。

[347] 見於蕭靜怡〈從周代天官及地官二篇看周代祭祀問題〉，刊載於《孔孟月刊》第 35 卷，第 9 期，頁 10。

祚階，仰視榱角，俯視几筵，其器存，其人亡，虛無寂寞，思慕哀傷，無所寫泄，故座尸而食之，毀損其饌，欣然若親之飽，尸醉若神之醉矣。」[348] 尸成為祖先之替代品，亦是古先民進行祖先崇拜過程中之傳媒之一。與尸一樣，在進行祖先崇拜過程中，成為主祭者與鬼神溝通之重要靈媒為「祝」。在《周禮‧喪祝》中云：「喪祝掌大喪、勸防之事。及辟，令啓；及朝，御匶乃奠；及祖，飾棺乃載逐御；及葬，御匶出宮乃代；及壙，說載除飾。小喪亦如之，掌喪祭祝號，王弔則與巫前。」[349] 從引柩以下之事，皆由喪祝引領，直至下棺、除去棺飾，而王后、世子以下之小喪，有關勸防以下之引柩之事，均如大喪一般。從引柩以下之事，皆由喪祝引領，直至下棺、除去棺飾，而王后、世子以下之小喪，有關勸防以下之引柩之事，均如大喪一般。可見古人對以往生者喪禮之重視，不過仍有階級性之差異，其中則蘊含著人類其祖先崇拜之重視。

　　而今在台灣對祖先崇拜亦極為重視，中國古代自然宗教意識，為道教中之對祖先崇拜的思想來源。檢視自古至今各種祭祀的連綿不絕，尤其祖先祭享雖經時空的推移，「儀式之彈性多樣」[350]或許後代子

---

[348] 見於頁(典 229)。

[349] 見於藝文印書館十三經注疏本，頁 396-397。

[350] 楊國樞主編《中國人的心理》中提及：「而中國人各種祖先崇拜儀式中的親族關係面或成份最少可分為三類：(一)親子關係：包括撫養/供奉、疼愛/依賴、保護/尊嚴等。(二)世系關係：包括家系傳承、財產繼承等權利義務。(三)權力關係：包括分枝、競爭、對抗與併合。這三種親族關係的成份，不但分別表現於不同的崇拜儀式之中，而且也可因環境與情況不同而有不同程度的表達與強調，因此中國祖先崇拜的儀式極富彈性而有多樣性的表現。」(頁 3)

孫取其便捷之處，故仍屹立不搖的爲後裔所祀，便不難發現祖先崇拜
的魅惑力緊緊的牽繫著古往今來芸芸眾生的心。目前台灣崇敬神佛、
祖先之儀式（即獻祭）中所分的幾種類型：徒手祭拜、燒金祭拜、牲
禮祭拜等，可說部分仍沿承古禮。燒金禮拜，便是火祭形式之一，雖
然與古時之火祭內容已有不同，不過精神卻無二致；至於牲禮部分，
雖仍有三牲之祭拜，不過已無階級之分。其中尤以僅做「徒手祭拜」
而省略「燒金祭拜」、「牲禮祭拜」之祭祀行爲，此乃二十世紀與二十
一世紀政、經、文化相互激盪下之產物。在台灣對祭祀祖先之相關制
度依然重視，有關祖先崇拜之祭祀從規模上可分爲二種：一是家祭，
一是宗廟或宗祠之祭祀，在家祭方面，一年之中則分爲忌日祭、年節
祭二種而年節祭中又有清明節祭祀及中元超渡，儀式極爲彈性，甚至
可徒手祭祀不用任何獻祭之祭品，此爲時代沿革所致。至於家廟或祠
堂之祭祖儀式，所須動用的人力則更多。中國人對家廟或祠堂之祭祖
儀式有春祈秋祀之稱，因此，對宗祠的春秋二祭是非常鄭重的，祭祀
禮儀，均一本古禮，可見人類對於禮祀鬼神禮儀之周到。不過因此種
祭祖活動非強制性質，以至於嚴格說來，今人對祭祖之事，顯然較彈
性而自由。

二、有關「祖先崇拜」儀式、象徵與情境之沿革

〈誄碑〉、〈哀弔〉均是對現階段中已傷亡之人所作之慰藉儀式，

147

因此，本論文既論及祖先崇拜之儀式、象徵與情境表達，顯然囊括對
現階段中已傷亡之人的慰藉及對已往生之先祖的崇拜儀式。不過《文
心雕龍》有關「祖先崇拜」之儀式、象徵與情境描述不多，筆者嘗試
從古籍先典中透析古先民對祖先崇拜之行為與活動。

　　首先論及古先民對已往生之先祖的崇拜儀式、象徵與情境表達。
孔子曰：「祭如在，祭神如神在。」又曰：「吾不與祭，如不祭。」此
為孔子假設鬼神世界，具「存有」之可能性，故「祭思敬」是孔子之
鬼神觀，也因此影響中國社會在祭祀上極度重視誠敬之心的齊備。在
「祖先崇拜」之儀式進行過程中祭拜態度之誠敬與獻祭之儀節同等重
要。祭拜態度之誠敬，以祭祀者於祭祀前之準備、祭祀過程之表現及
祭祀將結束之心情狀態為主。祭祀前之準備，以「心」為初備之要，
進而對物、宮室及百事做「思修」之務，在《禮記‧祭義》中對祭祀
時心態之專一及誠敬言之極詳：「孝子將祭祀，必有齊莊之心以慮事，
以具服物，以修宮室，以治百事。」[351]以此專誠之心，方可對祭祀之
事計慮周詳，對祭祀之祭服與祭品準備齊全，將宮室修整好及其他各
項雜物做到妥善之處理。

　　此外在《禮記‧祭義》中，對自然崇拜與祖先崇拜之前之預備工
作，讓天子、諸侯所應於事前預做準備之「敬」與「孝」發揮極至。
準備犧牲之過程的耐心養獸，齋戒沐浴(指十日齋戒：七日戒，三日齋。

---

[351] 見於藝文印書館十三經注疏本，頁 826。

即散齋七日，致齋三日)[352]，以取犧牲、祭牲，是「敬之至」；至於擇毛卜之，巡行牲所，是「孝之至」。甚至養蠶以爲黼黻文章，君服成後，君服之以祀先王先公，「敬之至」。此爲《禮記》中示人有關天子、諸侯祖先崇拜中之誠敬與孝道之極致。

　　有關古先民祭祖之時日安排，在《禮記‧祭統》記載了殷朝人創立四時祭祀之名目：「凡祭有四時，春祭曰礿，夏祭曰禘，秋祭曰嘗，冬祭曰烝。」[353]每一種祭祀因著季節之不同而有其時令之意義；另在《禮記‧王制》中更明晰的區隔階級上祭拜之差異：「天子、諸侯宗廟之祭，春曰礿，夏曰禘，秋曰嘗，冬曰烝。」[354]〈王制〉中說明殷時宗廟四時之祭享，其實是天子與諸侯之祭祀節氣之記載。不過至周時，宗廟祭祀之名稱有所更易，在鄭玄注中有：「周則改之，春曰祠，夏曰礿」[355]祭名雖不同，而祭祀之意義與目的則無別。宗廟之祭享，至漢

---

[352] 古先民在齋戒之前必先卜日，在《周禮‧天官‧大宰》中載有：「前期十日，帥執事而卜日，遂戒。」（藝文印書館十三經注疏本，頁 35）而齋戒之十日中又分爲散齋與致齋，在《禮記‧祭義》中有：「致齋於內，散齋於外。」（藝文印書館十三經注疏本，頁 807）鄭玄注則將散齋七日內所應作之事及齋戒之要項說出：「散齋七日，不御、不樂、不弔耳。見所爲齋者，思之執也，所嗜素所欲飲食也。」（藝文印書館十三經注疏本，頁 807）另《禮記‧坊記》中載有：「七日戒，三日齋，承一人焉以爲尸，過之者趨走，以教敬也。」（藝文印書館十三經注疏本，頁 869）孔穎達疏云：「七日戒者謂散齋也。三日齋者謂致齋也。」（藝文印書館十三經注疏本，頁 869）至於助祭者(夫人)，亦需齋戒，此於《禮記‧祭統》中有說明：「是故先期旬有一日，宰官宿夫人，夫人亦散齋七日，致齋三日。君致齋於外，夫人致齋於內，然後會於大廟。」（藝文印書館十三經注疏本，頁 869）

[353] 見於藝文印書館十三經注疏本，頁 837。

[354] 見於藝文印書館十三經注疏本，頁 242。

[355] 見於藝文印書館十三經注疏本，頁 242。

代除四時之享禮外,「另外歲之首、夏至、冬至、臘月等月亦有祭祖之舉,這就是大傳統之周禮與小傳統的庶民習俗之結合,唐宋以後掃墓祭祖,七月盂蘭盆節又加了進來,使得一年中祭祖的名目與形式更加多樣,不過宋代程頤、朱熹等理學大師仍以祠堂(宗廟)四時祭拜為祖先祭拜之主流。台灣地區今日的祖先祭祀傳統,一般家庭大抵是依一年之節日在進行,如過年、元宵、清明、端午、中元、重陽、冬至等,而漸有祠堂者除一般年節外,昔日大多依古禮有四時祭享,或者在四時祭享中選二時特別隆重舉行,…」[356]人類所虛擬出之祖先崇拜一如自然崇拜一般[357],透過人類的想像,經過禮器、禮文之祭拜模式以宣達禮義,祖先崇拜之精神已能充分顯現。文化人類學者的研究,以為「如果我們將超自然的關係看做是活人關係的翻版,那麼我們就可以認為『祭祀』是一個將從屬的人類和從屬的超自然間各種不同的交易關係混在一起的範疇。」[358]

　　有關祭祀之禮儀方面,祭之道,必夫婦親之。《禮記・祭統》:「夫祭也者,必夫婦親之,所以備內外之官也;官備則具備。」[359]書中所

---

[356] 見於徐福全主編、台灣省立新竹教育館印行《台灣民間信仰與儀式》,頁10。

[357] 除了布希亞(Jean Baudrillard)之擬象說(Chris Horrocks' *Baudrillard*[布希亞])外,王景琳《鬼神的魔力・漢民族鬼神信仰--鬼神的產生》中提及人類所虛擬出之自然崇拜的因素是:「當我們的祖先將這些原本無法解釋的自然現象歸結於神,用這樣一種原始思維方式去審視、解釋自己所能看到的一切的時候,一個個能被想像出來的奇形怪狀的神,也就伴隨著他們對宇宙萬物的解釋而誕生了。」(頁2)

[358] 見於基辛(R. Keesing)著,陳其南校定,張恭啟、于嘉雲合譯 1992. 3.《文化人類學》(當代文化人類學分編之二)第13章,頁391。

[359] 見於藝文印書館十三經注疏本,頁831。

強調「祭之道，必夫婦親之」，是針對帝王與后妃而言。祭之道，外則
盡物，內則盡心且貴敬盡。《禮記‧祭統》：「身致其誠信，誠信之謂盡，
盡之謂敬，盡敬然後可以事神明，此祭之道也。」[360]《禮記‧祭統》
中所強調者重在祭祀時表現於外之祭品薦獻及內心之誠心與敬意，一
如自然崇拜一般，祖先崇拜之祭祀仍以虛擬人世之所需，作為祈願、
誠敬與獻祭之重點。在《禮記‧祭義》中，祖先崇拜屬於「致齋」，是
祭祀祖先三日之儀節，以思念親存時之種種。「祖靈所憑依的祭儀對象
是祖靈或壇廟。在原始社會中普通是在家屋中設置一個祖靈位，有些
社會有祖靈屋(spirit house)，中國人的宗祠或宗廟是最典型的特例。」[361]
而在宗祠之祭祀中又以春秋二祭最為重要與慎重。

　　祭品則以「小物」、「美物」及「陰陽之物」備之。所謂「小物」，
乃指「水草之菹，陸產之醢」[362]即芹茆之水菜與蚳蝝等之蟻卵及未生
翅膀之小蝗蟲；所謂「美物」指「三牲之俎、八簋之實」[363]；所謂「陰
陽之物」指「昆蟲之異，草木之實」[364] 有關祭器方面，《禮記‧曲禮》
中強調：「君子雖貧，不鬻祭器；雖寒，不衣祭服。」[365]祭器之重要性
遠過於身家之貧寒；因此，有關宗廟祭祀時所使用之祭器，亦有嚴明
之規定：「鼎、爵、尊、瓠」，而中國古代之祭器，均為國家之重寶與

---

[360] 見於藝文印書館十三經注疏本，頁831。
[361] 見於衛惠林《社會人類學》，頁241。
[362] 見於藝文印書館十三經注疏本，頁831。
[363] 見於藝文印書館十三經注疏本，頁831。
[364] 見於藝文印書館十三經注疏本，頁831。
[365] 見於藝文印書館十三經注疏本，頁75。

象徵，必須對它加以妥善的保管。所謂『祭器不逾境』，正強調了祭器的極端重要性。事實上，古代的祭器往往就是國家的代名辭，祭器所盛者，為人民誠敬祀奉之心。

　　祖先崇拜中之「火祭」，一如在自然崇拜中居要位一般，下遞祖先之香火，意味著子孫之繁衍，其為民族命脈之傳衍的繫柱，若無香火焚引，則民族之根斷絕矣。古先民透過香火之傳習以建立良善之社會關係，並從彼此之和諧中促進合作學習之態度，以達政治和合之目的，家族中心觀念之香火不絕，亦代表築構了「維繫社會關係網路的象徵」[366]，方能延續久遠。因此「香火傳習」被視為「命脈之繁衍的不絕」，在此處其意義已被抽象化。「香火」最原始之作用，具有對自然崇拜中諸群神祭拜時，因香煙繚繞所造成之神秘氣氛，藉以勾引思念親人之助力，如能再次親睹見聞；在蘇東坡〈潮州韓文公廟碑〉中所謂「烹蒿悽愴，若或見之。」之儀式過程中，香火所扮演之重要角色，似乎恍惚間有讓親人影像重現之功能，亦是人類執持用以訴說「心語」的陪襯。其時恍惚若或見之得視祭祀者之精神狀況而言，香火之助力究有多少？至今無人知曉，筆者或可大膽假設，此種儀式過程中，香煙繚繞的氣氛，或有如今日精神醫學專家為治療病人所使用之「催眠術」一般，透過香煙之氣味的嗅覺刺激、煙霧迷濛之氣氛及臨場時祭拜者情感真摯之表達，精誠所致，金石為開的進入催眠狀態中，以

---

[366] 王嵩山《從進香活動看民間信仰與儀式》中提及：「『香火』，原是指祖先的香火，擴散到神明香火的乞求，亦為維護社會關係網路的象徵，…」（頁27）

達成思親、憶親、念親之宗旨。祖先崇拜雖爲一種思親、憶親、念親之祭祖儀式，或爲紀念一些被崇拜之英雄的活動，但更爲「報本反始」之精神表現，故可安慰往生者，不過對後裔子孫之本體而言，在祭祀過程中，卻可如願以償的舒解思親之情緒，實具雙效功能。

音樂亦是祖先崇拜過程中，因此儀式中之歌唱、跳舞更是不可或缺[367]，在《禮記・郊特牲》中述及有關宗廟祭祀之春禘秋嘗的音樂運用：「饗禘有樂而食嘗無樂，陰陽之義也。凡飲，養陽氣也；凡食，養陰氣也，故春禘而秋嘗。春饗孤子，秋食耆老，其義一也，而食嘗無樂。」[368]孔穎達疏云：「…饗禘有樂者，饗謂春饗孤子，禘謂春祭宗廟也；以其在陽時，故有樂。而食嘗無樂者，食謂秋食耆老，嘗謂秋祭宗廟，以其在陰時，故無樂。」[369]可見春禘秋嘗乃以其所祭之時節之陰陽，作爲祭祀時演奏音樂之根據。

在《禮記・禮器》中云：「…宗廟之祭，仁之至也。喪禮，忠之至也。備服器，仁之至也。賓客之用幣，義之至也。故君子欲觀仁義之道，禮其本也。」[370]由此可證古先民以爲從禮儀之表現上，可視出人類對祖先崇拜之誠敬、忠義與否？古先民對禮節之重視由此可見一斑。《禮記・曲禮》云：「禱祠祭祀，供給鬼神，非禮，不誠不莊。」[371]

---

[367] 虞君質《藝術概論》中對祖先崇拜中之英雄崇拜部分曾述及：「原始藝術有些是為了紀念這些被崇拜的英雄，從而刻劃他們死後的生存世界」(頁 20)
[368] 見於藝文印書館十三經注疏本，頁 483。
[369] 見於藝文印書館十三經注疏本，頁 483。
[370] 見於藝文印書館十三經注疏本，頁 837。
[371] 見於藝文印書館十三經注疏本，頁 15。

《禮記・哀公問》中所云：「非禮，無以節事天地之神也。」[372]適足以闡明古先民對祭祀儀節之注重。而有關祖先崇拜之活動演變至今，台灣之祭祖活動依然存在，不過因宗教自由，以至於依據不同宗教信仰而有不同之規定。故就祭祖之心態而言，雖仍莊敬，應已不如往昔之排場，此乃肇因於人們逐漸擺脫若干迷信所致。今日台灣，祭祖之儀式亦有繁簡之不同。目前在台灣之三大教派：佛教、道教、基督教中，以基督教、天主教作彌撒之儀式最為簡易，其次佛教沿承古先民之若干儀式，但以鮮花、素果作為祭拜之品物，立意甚佳，而道教則亦沿承古先民之若干儀式[373]進行之，並包括太牢與少牢之祭品運用。不過整體言之，現代之台灣人對祖先之祭祀觀念，已不如往昔，亦無因位階之不同而有祭祀之差異與禁忌。

在劉勰《文心雕龍》文體論中，有關自然崇拜的部份，主事者或儀式之進行或有述之者，但有關祖先崇拜之部分，無論是崇拜有功之遠祖、近祖或有功君臣之事蹟的〈頌贊〉、〈銘箴〉、〈誄碑〉、〈封禪〉及〈祝盟〉，或在崇拜有血源關係之親人的〈誄碑〉、〈哀弔〉中，劉勰文體論中述之者不多，下一節將就此部分進行論證；畢竟劉勰文體論之重點，乃以釋名章義、溯源追末為主。不過在劉勰所述之內容中，讀者依然可領會此些文體作為讓往生者進入先祖化階段過程之重要性，及其予後人記憶先祖之功能的將「報本反始」之精神的延續。

---

[372] 見於藝文印書館十三經注疏本，頁848。
[373] 在林明峪《台灣民間禁忌・喪葬篇》中提及對往生者喪葬處理問題，從其斷氣前後、守舖、入殮、安葬、守孝等，頁283-291。

第三節 《文心雕龍》〈誄碑〉、〈哀弔〉、〈祝盟〉、〈封禪〉、〈頌讚〉、〈銘箴〉中有關「祖先崇拜」儀式、情境之異同

　　劉勰《文心雕龍》〈哀弔〉、〈祝盟〉、〈封禪〉、〈頌讚〉、〈銘箴〉中散佈著若干極明晰的古先民「祖先崇拜」精義之網路，深值窺探。

　　在劉勰《文心雕龍》〈誄碑〉、〈哀弔〉有關「祖先崇拜」之儀式、情境，或爲往生者、或有災難者、或人生際遇不佳者而設之文體。「誄」之定義，在曹丕《典論·論文》中云：「夫文本同而末異，蓋奏議宜雅，書論宜理，銘誄尚實，詩賦欲麗。此四科不同，故能之者偏也。」[374] 其區隔了銘、誄、詩、賦四種文體之寫作特色的差異，並認爲誄文應據實旌揚已往生者之生平特質爲主。而劉勰《文心雕龍·誄碑》則云：「累也。累其德行，旌之不朽也。」（范文瀾註本，卷3，頁212）誄文之特色，在於記載往生者生平之重要事蹟，嘉其善而譽其能，劉勰以爲誄文之作著重在記憶先祖之功能上。但如何嘉其善譽其能？必要在臨喪之時，將其生平之事蹟與貢獻誦讀而出。在《周禮·大師》中提及有關對甫過世之皇帝，進行諷誦之事，並定其諡號：「大喪，帥瞽而廞作匶諡」[375] 賈公彥疏云：「釋曰：『大喪，言凡則大喪中兼皇后，雖婦從夫諡，亦須論行乃諡之。言帥瞽者，即帥瞽矇歌王治功之詩歌。廞

---

[374] 見於古迂書院刊本《增補六臣註文選》，頁396。

[375] 見於藝文印書館十三經注疏本，頁357。

作匜謚者，匜即柩也，古字通用之。以其歈喻王治功之詩爲柩作謚，故云歈作匜謚…。」」[376] 此種藉由陳其生時行跡而作謚，與《文心雕龍・誄碑》中「讀誄定謚」應視爲同一，因誄文即以歌唱或誦讀方方式爲之，可見大師帥瞽矇所諷誦之治功之詩，此詩應即爲誄文。因知，周代誦誄者爲大師及瞽矇。不過原先誄未及士之貴族化文體，至禁忌解除後，文體便逐漸邁入平民化。

　　碑文原有五種作用，但屬於祖先崇拜者，則在於記載往生者之功德爲主，在劉勰《文心雕龍・誄碑》中云：「夫屬碑之體…標序盛德…，此碑之制也。」（范文瀾註本，卷3，頁214）而其儀式則是在出殯後，下棺樹碑，以爲後世子孫追念之用。至於哀文與弔文，則有爲往生者所作之文，亦有爲遇難者或際遇不佳者悼念之文。哀文原是爲年青而殞命者所設之文體，故劉勰云：「 … 短折曰哀 …必施夭昏。」（范文瀾註本，卷3，頁239）此亦是在臨喪之時所作之唱念儀式，以安慰已往生者。「弔文」之儀式運用，以親臨之，並誦唱慰問之辭。在劉勰《文心雕龍・哀弔》中有：「弔，至也。詩云：『神之弔矣，言神至也。』」（范文瀾註本，卷3，頁240）弔文則兼弔死者與生者，而生者中尤以運舛不順者爲主，儀式以親臨之、贈弔辭，以表達心中之哀傷與安慰之情。

　　劉勰《文心雕龍・祝盟》中有關祖先崇拜之部分是將祝辭用爲哀策文以行帝王、王后駕崩之祭辭，因此此種祝文具有誄文之特質，

乃將祝文當作誄文之用，此處之祝文即是如同誄文之儀式行之。另有關盟文部分與祖先崇拜有關者，在於盟文內容之祭拜對象上。《後漢書‧虞傅蓋臧列傳》中有關臧洪之生平敘述中，當時其與州郡之刺史或太守約盟時，設了一壇場，操血而盟：「凡我同盟，齊心一力，以致臣節，殞首喪元，必無二志。有渝此盟，必逐其命，無克遺育。皇天后土，祖宗明靈，實皆鑑之。」[377]以進行自然崇拜與祖先之祭拜。文中之「祖宗明靈」，即是以祖先為崇拜之對象，其儀式需歃血設壇而祭，再由唸誦盟辭者帶入彼此合約系統之情境中。

在劉勰《文心雕龍‧頌贊》中劉勰以為《詩經》中之頌體是「容也，所以美盛德而述形容也。」（范文瀾註本，卷2，頁156）以美報祖先之功德，述其形貌與容態於天神地祇者，因此儀式是以祖先崇拜時之歌頌祖先之功德為主，同時將有此成果歸之於天神地祇之功。

有關讚辭之部分，劉勰述及虞舜時之禪讓祀禮中，由樂正宣唱讚辭，屬於口頭之頌贊。有關虞舜之禪讓祀禮有可能是屬於自然崇拜之部分，而從司馬遷讚荊軻起為英雄主義之作讚形態，則屬於祖先崇拜之範圍。無論是自然崇拜或祖先崇拜，其所行之祀禮則一，均是先由樂正高聲頌讚祭祀內容，而後引導出祭祀過程中之歌唱而進入祭祀之莊嚴性中。

有關〈銘箴〉中之銘文，既牽涉自然崇拜，又牽涉祖先崇拜。銘文原是一種刻於器皿上之文字，後演變成刻在山石上之文字，因此需

---

[377] 見於卷58，頁1886。

登山以刻於山石之上。就劉勰《文心雕龍・銘箴》中而言；記載天子、諸侯及大夫事蹟者，有金鼎、楛矢、銅版、器皿、鐘及鼎等。無論鑄之於何物之上，所鑄之文均以勳蹟爲主，因而，此實則爲大夫以上者之英雄主義的表現，嚴格論之，此爲祖先崇拜之一種。此種銘文因需配合封禪祭典時刊刻，故其儀式與情境是與祭祀天神地祇合而爲一的。

　　有關此些文體至今在台灣依然存在，只是習俗使用之方式與作用，多少均會因時代沿革而有所改異。如誄文、哀文部份，在台灣殯儀館中所舉行之喪禮，仍保留有讀誄文及哀文之習俗，且是總統與庶民同一，不過有關「定諡」之傳統，似乎已因時代之沿革而消逝。至於弔文之親臨致弔亦然。碑文則以在墓地之使用較爲頻繁，樹石立碑以作爲記憶祖先之備忘錄。人民祭祀天神地祇及祖先時之祝禱文至今仍在口中流傳。彼此訂盟之盟文則爲今日之契約行爲所取代，契約上之文字實爲今日之盟文。頌讚在會議上或文章中之使用依然頻繁，至於銘文，亦在各種金銀銅鐵之器皿中作爲獎盃或贈品上之銘文使用，具有鼓舞或紀念之意義與價值。

第二章
《文心雕龍》〈誄碑〉與〈哀弔〉中政教運用
及其成變理路

第一節 《文心雕龍》〈誄碑〉、〈哀弔〉中有關祖
先崇拜所孕育之孝思傳衍的背景

　　《禮記・祭統》云：「夫祭者，非物自外至者也，自中出生於心也；心怵惕之以禮，是故唯賢者能盡祭之義。」[378]其中所敘述之古先民祭祀心態，不僅是對自然崇拜出於心誠之怵惕，更是對祖先崇拜之寅畏。有關祖先崇拜之祭祀本源，在於孝道之傳承，此於《禮記・祭統》中有極為明晰之說明，「祭者，所以追養繼孝也。」[379]其因在於古人重視對祖先「生養喪祭」[380]之道理，以至於對祖先崇拜之儀式亦極為慎重其事。

　　從中國儒佛道三家或教義的生死觀中，可略窺祖先崇拜與孝道在中國文化中所扮演的腳色。人生之生死事大，生的喜悅及死的尊嚴是人類在生命活動中的體認與企盼。儒學關注社會與人生，其所追求

---

[378] 見於藝文印書館十三經注疏本，頁830。
[379] 見於藝文印書館十三經注疏本，頁830。
[380] 《禮記・祭統》云：「是故孝子之事親也有三道焉，生則養，沒則喪，喪畢則祭；養則觀其順也，喪則觀其哀也，祭則觀其敬而時也，盡此三道者，孝子之行也。」（藝文印書館十三經注疏本，頁830）

的非超然世外，睥睨萬物的仙客，而是博施濟眾的聖賢與學而優則仕
的功臣。《論語‧為政》中孔子回答多位弟子問孝之事，孔子的因材施
教，顯現出孝思因人而異的細膩處，而孔子回答樊遲問孝時說：「生，
事之以禮；死，葬之以禮，祭之以禮」[381]孔子對事親儀節之重視，一
切重在以禮行之，對祭祀之重視，即是一種慎終追遠之心態所使然；
同時對鬼神之態度，雖以「未能事人，焉能事鬼」待之，但對鬼神以
「敬而遠之」的態度及「慎終追遠」[382]的襟懷，卻可看出其對往生者
之關懷，是對祖先「敬畏」的一種表現，尤其「慎終追遠」便透顯出
孔子祖先崇拜之精神與心理。曾子曰：「慎終追遠，民德歸厚矣」[383]則
是將記憶祖先之心，推向人民倫理道德的教育之功能上。孟子之重視
養生送死，是對生之喜悅及死之哀痛有深刻之體會，同時亦顯示出儒
家孝道承傳之本色；養生送死而無憾，既是人君教民養民之政治基本
國策之一，亦是民人行孝之章本。民人從養生至送死的階段時，代表
與另一世代交替的完成，而前一世代便自然而然落入後世子孫的祖先
崇拜儀式中。《荀子‧禮論》中強調禮之三本的重要：「禮有三本：天
地者，生之本也。先祖者，類之本也。君師者，治之本也。無天地惡
生？無祖先惡出？無君師惡治？三者偏亡焉，無安人。故禮上事天，

---

[381] 見於藝文印書館十三經注疏本，頁16。

[382] 鄭志明《台灣的宗教與祕密教派》亦提及祭祖的慎終追遠功能：「祭祖的目的除了
宗教信仰以外，尚含有慎終追遠的意義，從喪禮、葬禮以後，人們仍然固定的、長期
的加以祭祀，是盡子孫的孝道，也希望祖先能享受人間煙火，永世庇祐子孫。」（頁
56）

[383] 見於藝文印書館十三經注本，《論語‧學而》，頁7。

下事地，尊先祖而隆君師，是禮之三本也。」[384]從禮之三本可見出儒家對祖先崇拜之根源思想的近一步認識，天地君親師一直被視同一等的敬重，此為政治倫理化的運用之一。佛學雖勸戒世人勿為世間假相所迷、勿犯三毒(貪、嗔、痴)[385]，強調「色即是空」之「空觀」，但並不否認常人以為人生生死事大之實，而期望人類能脫離生死苦海[386]；「佛家以為死亡由業力所決定，生死是輪迴的，端賴業力果報。」[387]，因此生時的善業塑造是死亡後的輪迴保障。佛教的火葬觀念，為社會帶來與儒家土葬觀念的侵軋與衝擊，並在《阿彌陀經》、《地藏王經》…《無量壽經》等書中顯現出孝思，在人死亡後舉行喪葬儀式及水路法會為往生者超渡誦經中，亦隱露出祖先崇拜之意識。　道家《道德經》的重視養生，以為柔弱勝堅強，柔弱者，生之徒，堅強者，死之徒，是對生死之本質有所穎悟者；《道德經》中尚有：「死而不亡者壽」老子強調生存有道之說，道存則人存，道亡則人亡，生死觀對老子而言是具有超越義的。《莊子‧養生主》中亦體現出「生也有涯」之侷限；生命之不可逆性，在歲月流逝中誠然兌現。雖然道家並不強調孝思，但卻對生命之本質了解得頗為透徹的一個學派。至於道教，「在佛教將自己超渡鬼魂之水路法會與漢民族傳統道德觀念的『孝』揉合

---

[384] 見於王先謙注本《荀子集解》頁 587~588。
[385] 有關「假相」之說在《敦煌壇經新書》中有：「金剛經曰：『凡所有相皆為虛妄』…。」（頁 54）另有關「貪嗔癡」三毒之說法則見於宗喀巴《菩提道次第廣論》卷 1，頁 17。
[386] 《敦煌壇經新書》中述及「五祖曰：『吾向與說：世人生死事大，汝等門人終日供養，只求福田，不求出離生死苦海，汝等自性迷，福門何可救汝？』」（頁 51）
[387] 見於張淑美「死亡學與死亡教育」第二章：有關文獻的探討，（頁 17）。

在一起，大加推廣，深入民心的時候，道教為超渡鬼魂制定各種各樣的齋醮儀式，在民間原有的祭神祭鬼的儀禮基礎上迅速發展起來。如從人剛死開始，就有初喪、追七、週忌、安葬、除雯、禫服、薦祖、冥慶、送鬼、暖材、開路、設召、起靈斬煞、招魂、召七、召潮、渡橋、召孤魂等」[388]中國古來儒學與其他各學派、教派相互消長，勢之所然；學術領域的尚文、尚用為政治所趨、所使，祖先崇拜既由早期之社會現象演變為一種宗教行為或社會規範，從孝思的道德層面來統治人民，從人們所虛擬的誠敬祖先所能佑福後裔的神力觀之，祖先崇拜的沿襲，依然是歷代統治者最便捷齊給的宰制力。《左傳》成公十三年云：「國之大事，在祀與戎。祀有執膰，戎有受脤，神之大節也」[389]《左傳》中所強調的治國理念的重典在於祭祀與戰爭，更能佐證祭祀為政治服務及為有國者執政的心理基礎。「孝」是中國祖先崇拜的文化核心之一，其有著極強的社會意義與血緣意義，透過祖先崇拜所凝聚的家人、族人之力量，「孝」字從文化領域跨入政治宗教化無限延伸的範疇，因而讀者亦不難想像〈誄〉、〈碑〉、〈哀〉、〈弔〉被列為文體以服務帝王之原始意義的重要性，而各種文體隨著不同時代之運用範圍的拓展，更可讓人近一步思索其跳脫政治範疇的時代意義與價值。

從劉勰〈誄碑〉一文中所述，「誄」之定義為「累也。累其德行，旌之

---

[388] 見於王景琳《鬼神的魔力‧漢民族鬼神信仰》頁175，不過其文中有些語句如「就有什麼初喪」，筆者刪除「就有什麼」四字；另在「冥慶以及追七…」，筆者改為「冥慶、追七…」。
[389] 見於藝文印書館十三經注疏本，頁460。

不朽也。」（范文瀾註本，卷3，頁212）誄文之作，始於旌揚往生者
之德行，終於致哀以表其誠。誄文起於周，夏商以前未詳其聞。從周
朝在中國文化史中之演進做檢視，確已邁入農耕時期；從〈哀弔〉文
中強調：「賦憲之諡，短折曰哀。」（范文瀾註本，卷3，頁239）哀文
之文體始於周，因此，原則上對人類學家及宗教社會學家所研究之祖
先崇拜「盛行於農耕階段與父權制確立後的宗教形式之一」應無任何
異議。關於周朝之祭祀活動，可說已進入祖先崇拜之階段中，因一切
均有明文。祖先崇拜與孝道承傳之關係，極為重要，此乃古先民設立
誄碑哀弔辭以悼念往生者之因。在古代中國，祖先崇拜與孝道承傳之
關係繫於人類對生死觀之體認及其凝聚家人、氏族之心的政治宗教化
[390]之運用。《禮記・祭義》：「君子生則敬養，死則敬享，思終身弗辱也。」
[391]及《禮記・祭統》：「祭者所以追養繼孝也。」便闡明祖先崇拜與孝
道承傳之關係。《論語・泰伯》中孔子亦曾讚美大禹「菲飲食，而致孝
乎鬼神。」[392] 其將祖先定義為鬼神，此或乃將孝道延伸於鬼神身上，

---

[390] Laurence G. Thompson, *Chinese Religion*, "Ancestor worship thereby played
an indispensable role in reinforce the cohesion of family and linage."p. 45~46.
其書中特別強調祖先崇拜家人與血緣系統的團結，此即政治宗教化之運用。另 Edited
by Stewart Suthland and Peter Clarke, *The World's Religions*, "Religion is a
family-resemblance term and religions form a family. p. 10. 其說法與 Laurence
G. Thompson 是極為相近的。王世禎《中國民情風俗》則述及祖先崇拜與孝道承傳之
關係，及其凝聚家人、氏族之心的政治宗教化之運用，有助於家國之融合：「孝是百
行之先，一個人對自己先人能盡孝道，對於國家必定忠心，對友人也會盡義；因此，
國人重孝成了世界上榜樣。」（見於「寫在前面」，頁1）
[391] 見於藝文印書館十三經注疏本，頁808。
[392] 見於藝文印書館十三經注疏本，頁73。

並推崇大禹爲重視祖先崇拜之宿昔哲人。儒家之「敬鬼神而遠之」、「慎終追遠」、「致孝乎鬼神」，適可爲傳統文化中之祖先崇拜勾勒出「敬、慎、孝」之情境。

至於《禮記・祭統》又云：「凡治人之道，莫急於禮；禮有五經，莫重於祭。」[393]則述及祖先崇拜與政治宗教化之關係。在古代君主國中，帝王透過教育制度之運作，祭祀所彰顯出之孝道傳承，在國君政治宗教化過程中，可預見諸侯臣民服從尊事而有序之政績，從《禮記・祭統》中曾留下了古先民之政治智慧：「夫祭之爲物大矣，其興物備矣，順以備者也，其教之本與？是故君子之教也，外則教之以尊其君長，內則教之以孝於其親，是故明君在上，則諸侯服從崇事，宗廟社稷，則子孫順孝盡其道、端其義而教生焉…故曰：祭者教之本也已。」[394]可見宗教作爲政治統戰之基石及其運籌帷幄之井然有序的功效。

第二節 〈誄碑〉從貴族文化邁向平民基模中「祖先崇拜」之成變理路

中國古代在單一中心之塔式權力結構下，政教合一是必然現象，因而誄文所肩負之教育目的的記憶祖先之功能，被視爲帝王統治手段之一。藉由對階級差異之管理、限制及社會現象之互動作爲行政之指

---

[393] 見於藝文印書館十三經注疏本，頁830。
[394] 見於藝文印書館十三經注疏本，頁834。

標。以下，筆者將從〈誄碑〉文體如何與當代社會現況互動而展現其政治宗教化之情形及參透其理路變革。

　　劉勰《文心雕龍・誄碑》中首述：「周世盛德，有銘誄之文。大夫之材，臨喪能誄。」（范文瀾註本，卷3，頁212）「誄文」創自周朝，且是一種貴族文化；此種貴族文化在當代社會更蔚為風尚，連大夫均有作誄文之才華。但美中不足：「周雖有誄，未被於士。」（范文瀾註本，卷3，頁212），周朝雖然有誄文，但士不能有之，換言之，誄文為帝王、諸侯與卿之特權，至少士以下，包括大夫及庶人皆不能有之。因此，嚴格論之，周朝之誄文實有四重限制：一是士不可有誄文；二是賤不誄貴；三是幼不誄長；四是萬乘則稱天誄之。此些重重限制，在各種不同情況下，破除了禁忌。《文心雕龍・誄碑》：「自魯莊戰乘丘，始及於士。逮尼父卒，哀公作誄。」（范文瀾註本，卷3，頁212）魯莊公戰乘丘時打破第一重限制，在《禮記・檀弓(上)》記載著：「魯莊公及宋人戰於乘丘，縣賁父御，卜國為右　馬驚敗績，公隊，佐車受綏。公曰：『末之卜也！』縣賁父曰：『他日不敗績，而今敗績，是無勇也。』遂死之。圉人浴馬，有流矢在白肉。公曰：『非其罪也。』遂誄之。士之有誄，自此始也。」[305]由於士人車夫縣奔父及車右卜國赴敵而死，國君方才打破禁忌為其作誄，此為士人有誄之始。孔子卒後，由於孔子對教育之傑出貢獻魯哀公為其作誄打破第三重限制，此事《禮記・檀弓(上)》亦記載有：「魯哀公誄孔丘，曰『天不遺耆老，

---

[305] 見於藝文印書館十三經注疏本，頁117。

末相予位焉。嗚呼哀哉尼父。』」[396]魯哀公破除了幼不誄長及賤不誄貴
之禁忌，亦爲古代誄文之風格、形式留下了良好之典範。可見古時在
封建制度之影響下，人之個別主體無法受到應有之重視，但任何一種
已定形之制度的變更，若非有聖人之跡、英雄之事是極難扭轉的。車
夫縣奔父及車右卜國赴敵而死正足以驗證中國古時對太陽英雄神話之
奇蹟的延展，英雄得「經歷嚴酷的考驗和悲壯的死亡」[397]而孔子對教
育之傑出貢獻，卻是教育家偉大人格之播化形象的楷模。柳下惠時，
其妻爲其做誄，此乃妻爲夫誄之始，此又是誄文制度下的另一項變革
與開創做法。漢世以下，亦多承流而作。揚雄之誄元后即是賤而誄貴
之作，古時作誄的層層限制，均已盡除。其後之杜篤、傅毅、蘇順、
崔瑗、潘岳、崔駰、劉陶、曹植，能寫誄文之範圍更廣，不過文體有
異代因革之現象，至傅毅之〈北海王誄〉，始序致感，才爲後世法。因
著對往生者之德行、生平之介紹及讚美，要有如親見其人與備極哀容
之周全，是故混用傳體頌文二種文体行之，然則實際有關誄之體裁、
格式、用法或功能，並無太大變化。

　　在《文心雕龍・誄碑》中之碑文關乎祖先崇拜之精義者，乃指可
追念往生者之情懷的樹石建碑。古碑有多種功能：「碑者，埤也。上古
帝皇，紀號封禪，樹石埤岳，故曰碑也。周穆記跡於弇山之石，亦古
碑之意也。又宗廟有碑，樹之兩楹，事止麗牲，未勒勳績，而庸器漸

---

[396] 見於藝文印書館十三經注疏本，頁153。
[397] 見於蕭兵《太陽英雄神話之奇蹟》（小引，頁31）

缺，故後代用碑，以石代金，同乎不朽，自廟徂墳，猶封墓也。」(范
文瀾註本，《文心雕龍‧誄碑》，卷3，頁214)文中述及碑可爲國君之
戰績歌功頌德，進行封禪大典之用；碑文曾記載周穆王刻跡於弇山之
石，作爲記載遊蹤之證；宗廟以之麗牲，作爲舉行進行祭祀天神地祇
之大典供帝王親自劊牽之用，是碑的另一實用價值；周代把墓上之土
堆成墳而成封墓，至後漢以後，方形之碑與圓形之碣興起，碑碣之功
能與封墓一樣。碑與碣均可作爲記憶前賢或先祖之用，且可刻字於其
上，追懷往生者，展現人類對個體生命過程結束後之關懷。碑文若爲
勒石讚勳，其性質與銘同，若樹碑述己，則作用與誄同。追念往生者
之碑文，內涵爲傳體銘文，「寫實追虛」爲誄碑之共性，但誄文以書面
爲之，碑文卻銘刻於金石上，工具雖異，追逐不朽之目標則一。至於
碑文之體制，在敘述亡者之懿德時，必見清風之華與俊偉之烈，實是
追念往生者歌功頌德的心態之一。刻石記碑均爲具體之實物，有助於
對往生者之祭悼與憶懷。

　　人類在追逐不朽的過程中，嚐試透過聲名之流傳或使自身軀體的
永存，作爲不朽的終極目標，於是借立德、立功、立名以宣傳追逐三
不朽的聲名不朽及透過木乃伊的製作，以追逐肉體不朽；人類甚至於
研究如何使人延續優生品種、對人類疾病研究的對策之一的基因治
療、複製羊基因種植或爲達永生之境界的冷凍人實驗等各項努力[397]。

---

[397]1996. 8. 6.《自由時報》國際新聞、生活版七版提及台灣對於基因治療嚴禁孿生值、
美化細胞，以避免被濫用來「複製人」、「決定胎兒性別」、「變美麗」等而鼓勵研究體
細胞治療搤症等。1997. 3. 7.《民生報》29版「醫療新聞」報導「桃莉震撼」之複製

而古人對往生者之追憶，設立各種追懷儀式或誄碑哀弔之形制，亦是一種追逐聲名之不朽的建構，無論述之於書面文字、刻之於碑石、或親臨慰問，均爲留傳久遠或痛惜追懷而設，以祈後裔不可數典忘祖，由此可見古聖先賢用心良苦之一斑。

《易經・繫辭傳》中「古之葬者，厚衣之以薪，葬之中野，不封不樹，喪期無數。」[398]又《孟子・滕文公》(上)：「蓋上世嘗有不葬其親者，其親死則舉而委之於壑。他日過之，狐狸食之，蠅蚋姑嘬之，其顙有泚，睨而不視。夫泚者，非爲人泚，中心達於面目。蓋歸反，虆梩而掩之，掩之誠是也，則孝子仁人之掩其親，必有道矣。」[399]從《周易》知遠古之喪禮極爲簡便，以薪草裹之，委之於野地之中，不需做記號，亦不須堆土爲墳，人民無須去祭拜祖先，亦無所謂之喪禮，此是古人將人與大自然視爲一體之自然觀心態所致。而《孟子》中更明白指出子孫在處理親人遺體之後，看到遺體被啃嚙時，心中慚愧而流

羊的新聞；此外，1997.3.15.台視晚間新聞易報導科學家已成功的複製了一對猴子。1997.7.15.台視晚間新聞又報導英國複製羊成功之例。至於冷凍人亦是本世紀之奇想，1970.9.「加利福尼亞人體冷凍學會」對哈理斯(Mildred Harris)進行低溫冷藏，以便他日有機會找到合適的方法復活，但由於學會後來無法對永生之人體支付高額的氮氣費用，致使屍體進行解凍，開始腐爛。冷凍科學今日已能成功的將胚胎植入子宮。在此前人們已知道某些生命體能夠在氮、氫、氧等液化氣所製低溫中冷凍後再生，而對生命復活的可能，被視爲是仿效「冬眠」的自然現象。(見於《死亡的意義》導論頁4~6)筆者之博士論文《《紅樓夢》夢、幻、夢幻情緣之主題發微---兼從精神醫學、心理學、超心理學、夢學及美學面面觀》對於以上所提及之資訊均有提及(見於第二章，頁101~102)。

[398] 見於藝文印書館十三經注疏本，頁168。
[399] 見於藝文印書館十三經注疏本《孟子》，頁168。

汗之狀；從古人之深層心靈描述至後來將往生者堆土爲墳而葬的心路
歷程，又夾雜著孝道傳承之文化薪傳的宣導。此時雖已可透顯出古先
民對往生者追懷之心，卻無歌功頌德之意。然在古人之〈誄碑〉與〈哀
弔〉中，已有追懷往生者之情懷，並具有記憶前賢之作用與功能，其
中隱含祖先崇拜之意識。殆因在陽世者與往生者生死異途，故透過祭
拜或誦讀誄、碑、哀、弔文之儀式超越時空與往生者進行精神層面之
交流，往生者從此後亦進入祠廟中成爲祖先而受後裔祭祀。

　　劉勰《文心雕龍・誄碑》中云：「詳夫誄之爲制，蓋選言錄行，
傳體而頌文，榮始而哀終。論其人也，曖乎若可覿；道其哀也，悽焉
如可傷。此制也。」（范文瀾註本，卷3，頁213-214）誄文從往生者生
平之事蹟作評點歌頌，實有激揚人類善性之作用，故此種歌功頌德之
文，留給人類個體從善之思考方向，亦即留予後代子孫記憶前賢時美
好之印象。誄文之另一功能，則用以制定「諡號」。劉勰《文心雕龍・
誄碑》中云：「古人讀誄定諡，其節文大矣。」（范文瀾註本，卷3，
頁212）讀誄定諡爲喪禮中重要儀式之一，此恐是封建、宗法制度下誄
的另一附加價值了。

第三節　〈哀弔〉從人祭至慰問中有關
「祖先崇拜」之成變理路

　　劉勰《文心雕龍・哀弔》中對古先民弔文之成變理路有詳盡之剖

169

析。追念往生者之情懷的第三種方式是哀文之設。哀文在諡法[400]中是專對短折之未成年人而設，而劉勰述此源起於三位傑出之士為秦穆公殉葬之事，或因憐其英才早逝；《毛詩・秦風・黃鳥序》陳述了為秦穆公殉葬者之哀痛，或許是《詩經》作者的哀辭。此極符合《禮記・祭法》中所云之祭祀對象：「夫聖王之制祭祀也，法施於民則祀之，以死勤事則祀之，以勞定國則祀之，能禦大災則祀之，能扞大患則祀之。」[401]古人可能已領悟「英雄的誕生對天帝及其威權就構成潛在的威脅，因為英雄是『人』的偉大代表，本質上就是與神的最高領袖上帝及其利益相對立的。」[402]對英年早逝者的惋惜[403]，應是人類在至高無上擁有宰制之神與被宰制者之人類間取得心靈平衡的管道之一。不過，在哀文的設置中，反映了古代以人殉葬之事實，此與自然崇拜中為了媚神以生靈獻祭時，以人為犧牲之貢品，具有同質性之心理；且是宇宙間之共同的自然宗教現象之一[404]。此種以人為犧牲之資料在《殷虛書契

---

[400] 《汲冢周書》卷6中提及「諡法解第五十四」云：「維周公旦、太公望，開國嗣業，建功於牧之野，終將葬，乃制諡，遂敘諡法。」（頁5）

[401] 見於藝文印書館十三經注疏本，頁803。案《國語・魯語(上)》中亦有此語，見於韋昭解，卷第4，頁6）

[402] 見於蕭兵《太陽英雄神話之奇蹟》（小引，頁31）。

[403] 周振甫《文心雕龍今譯》中以為《詩經・秦風・黃鳥》中之「三良是三位良臣，不是孩子，…哀悼孩子的，雖然這裡推崇潘岳的〈金鹿哀辭〉與〈澤蘭哀辭〉，也不成為傳誦之作。」（頁115）

[404] Julia Ching, *Chinese Religions*, "Sacrificed and kingship——Human sacrifice Among scholars human sacrifice is now regarded as a universal religious phenomenon in antiquity. p. 37. 其中提及禮祀神明與殉葬帝王被視為是古代的共同現象。而達佐哲・李富華《中國民間宗教史》中頁54~57有記載古人以人牲為祭之資料，如「甲寅卜貞三卜用血，三羊，冊，伐廿，豈卅，牢卅，𣪊二，於妣庚」（頁54），

前編》、《殷契粹編七百二十片》等書中及在周原發現的甲骨卜辭中均
有以人祭之記載，甚至在《左傳·宣公十五年》便有一則有關以妾殉
葬之俗，而衍生出之「結草報恩」故事，:「秋七月…壬午，晉侯治兵
于稷···及雒，魏顆敗秦師於輔氏，獲杜回，秦之力人也。初魏武
子有嬖妾無子。武子疾，命顆曰:必嫁是。疾病則曰:必以爲殉;及
卒，顆嫁之，曰:疾病則亂，吾從其治也。及輔氏之役，顆見老人結
草以抗杜回，杜回躓而顛，故獲之。夜夢之曰:余爾所嫁婦人之父也。
爾用先人之治命，余是以報。」[405]魏顆能離脫當代風俗以人殉葬之惡
習，對當代人或對後世子孫均是一種啓發，畢竟對抗傳統習俗有其困
難度。而人類學者列維·布留爾《原始思維》中亦提及人祭之習俗:「在
不文明民族中，銷毀死者生前用過的武器、衣服、物品，甚至毀壞她
的故居，這種風俗幾乎是司空見慣，有時候甚至殺死死者的妻子和奴
隸。」[406]對於此種「人祭」之宇宙共同心態，人類學者愛德華·泰勒
則解釋爲:「通過妻子、僕人等等的埋葬犧牲，讓靈魂在未來的生活中
爲別人服務。」[407]或許早期世界共通之階級性與奴隸性，左右當代人
心之深的事實，值得後人省思。人類生命的賤價，甚至是毫無價值，
在周朝的殉葬儀式中顯出「生命主體性」的不受重視，或許「哀文」

其中之「辰」為人牲，其所根據者為陝西歧山鳳雛村發現之周出甲骨文為主。

[405] 藝文印書館十三經注疏本，頁409。

[406] 見於列維·布留爾《原始思維》，頁13。

[407] 見於愛德華·泰勒《原始文化》*Primitive Culture*, 第11章，頁405。

的設計是一種人類心理防衛機制的「補償作用」[408]所使然。一方面可表達帝王對臣子之惋惜，另一方面對殉葬者家屬則是一種心靈安慰的書面表達方式；是人情，亦是政治安撫社會人心的策略，而此種「哀文」文體的形成，對社會文化層面也同時延展出高度的教育意涵及民族認同感，對國家政體之發展而言，何嘗不是一件好事。漢武帝封禪時，亦曾為霍子侯之暴亡而作哀辭，其後崔瑗之哀汝陽王均非為未成年者而寫的，與哀辭原始之製作本意不同；蘇慎及張升等之作已偏離心實哀悼之本義。建安時期之徐幹有〈行女〉一篇、潘岳〈金鹿哀辭〉及〈澤蘭哀辭〉均為佳作，而哀文之作在情感上、文辭上亦有其特色：「原夫哀辭之大體，情主於傷痛，而辭窮乎愛惜。」（范文瀾註本，卷3，頁240）。此與《太平御覽・文部・哀辭》：「文章流別論傳曰：哀辭者，誄之流也。崔瑗、蘇順、馬融等為之。率以施於童殤夭折不以壽終者。…哀辭之體以哀痛為主，緣以嘆息之辭。」[409]之說法同；劉勰《文心雕龍・哀弔》與《太平御覽・文部・哀辭》應是沿承摯虞文章流別論之文義而來。劉勰並強調製作哀辭之基本原則：「譽止察於惠」與「悼加乎膚色」（范文瀾註本，卷3，頁240）。哀文之形製，因幼未成德，故僅以其行事之智慧與外貌上之容色以致哀達意；其中所蘊藏之意義，是因未成年者之行徑可入於英雄之域，故特為哀悼之，

---

[408] 徐靜《精神醫學》第四章：心理自衛機轉, 提及「當一個人因生理上或心理上有缺陷，而感到不適時，企圖用種種方法來彌補這些缺陷，以減輕其不適之感覺，稱為補償作用。」（頁58）

[409] 李昉等撰《太平御覽・文部十二・哀辭》（卷596，頁2817）。

以是知古人的英雄崇拜觀念，肇因於英雄事蹟，不分貴賤與長少（魯莊公戰於乘丘後，誄方及於士，是明證）。

追念往生者之情懷的第四種方式是弔，異於前三者之行於紙墨或刻於金石之文，而是《爾雅‧釋詁》所云：「…弔…，至也。」[410]親臨喪家憑弔之舉。古人所行之弔禮有所規範，在《禮記‧曲禮》中提及弔喪之法：「知生者弔，知死者傷，知生而不知死，弔而不傷，知死而不知生，傷而不弔。」[411]從《禮記‧曲禮》中所言，顯然「弔」字被用為「慰問」之義，且是針對活著的人，予以「弔辭」安慰之；反之，對已往生者，才以「傷辭」哀傷之。但此「弔」之運用，在《文心雕龍‧哀弔》中，卻有不同之用法及某種程度之限制。文中云：「壓溺乖道，所以不弔矣。又宋水鄭火，行人奉辭，國災民亡，故同弔也。及晉築虒臺，齊襲燕城，史趙蘇秦，翻賀為弔，虐民搆敵，亦亡之道。凡斯之例，弔之所設也。或驕貴殞身，或狷忿乖道，或有志而無時，或每才而兼累，追而弔之，並名為弔。」（范文瀾註本，頁 240-241）在《文心雕龍‧哀弔》中首先揭諸弔文之禁忌：其所不欲弔之事有壓死與溺死，因有違常禮之壽終正寢而無需弔喪，此乃視意外災難之橫禍為不吉而不予弔之。除了喪禮之外，「弔」之意義運用頗廣：宋水鄭火之災，秦襲燕城之禍及追而慰之均名之為弔。宋水鄭火之災，秦襲燕城之禍是為鄰國表露關懷之意的慰問舉動，是各國友誼適時表達之

---

[410]　見於藝文印書館十三經注疏本，《爾雅疏卷第一》，頁 5。
[411]　見於藝文印書館十三經注疏本，頁 54。

最佳時機，是對遇難而死者之追悼。追而慰之亦名之爲弔，則又顯現出古代文人喜發思古之幽情的特質，以至劉勰指賈誼浮湘弔屈、相如之弔二世、揚雄弔屈、胡阮之弔夷齊、王粲弔夷齊文、彌衡之吊弔平子，雖有辭韻風格之異，且未必均能「哀而有正」，然亦屬「追而慰之」之類，是對歷史人物之生平或事蹟追懷之。無論其目的或在哀悼，或引以爲戒，或同病舒懷，然追思昔人之旨，從篇名中亦可一望而知，尤其弔文以親臨弔喪或親臨慰藉之臨場的誠意，最是情感表達的直接行爲表示。弔文之運用，至此可別爲對個體際遇之弔問及對國殤之祭弔，同時亦未有別死生之祭弔的限制。弔文與誄、碑、哀文之作用雖有記憶前賢的相同之處，然其親臨慰藉特質顯然比誄文、哀文的書面爲之，碑文的刻石更具有闡發人性鮮活多樣之思緒的一面。

第三章
《文心雕龍》〈祝盟〉、〈封禪〉、〈頌贊〉、〈銘箴〉
中「祖先崇拜」之功頌心態及其成變理路

第一節 〈祝盟〉中從對農神之崇拜至會盟祈祖
中有關「祖先崇拜」之思想

從劉勰《文心雕龍・祝盟》中，可發現古先民在運用祝文時，有其從求生、輔政、厲戰及哀策流文之理路變革。首先從「天地定位，遍祀群神。六宗既禋，三望咸秩，甘雨和風，兆民所仰，美報興焉。」的神力崇拜，及古先民所耗以透過各種祭祀取悅天神地祇，乃爲對和風甘霖、長養黍稷之「民生」而祈福。劉勰《文心雕龍・祝盟》中述及「昔尹耆始蜡，以祭八神。」（范文瀾註本，卷2，頁176），並有祝禱辭：「土反其宅，水歸其壑，昆蟲無作，草木歸其澤」（范文瀾註本，卷2，頁176）則是對水土保植及安宅而祝禱。《禮記・郊特牲》中對蜡祭中天子大蜡八，極爲重視：「主先嗇而祭司嗇也，祭百種以報嗇也。饗農及郵表畷禽獸，仁之至，義之盡也。古之君子使之必報之，迎貓爲其食田鼠也，迎虎爲其食田豕也，迎而祭之也，祭坊與水庸事也。」[414]鄭玄注及孔穎達疏中指出人民所祭者爲八神：神農氏、后稷、古之田畯、郵表畷、貓虎、坊、水庸及昆蟲。前三者以祭祀對於教農

---

[414] 見於藝文印書館十三經注疏本，頁500。

有功之帝王、諸侯及官吏爲主；郵表畷則是以祭祀田畯所以約督百姓
於井間之處或田畯所舍之屋宇與井邊相連之處；貓虎是祭祀動物，坊
是以祭祀所以用以蓄水且可障水者；水庸是祭祀可以受水，亦可泄水
之設施。從八神之祭拜中，「把動物的軀體作爲神聖的祖先神靈崇拜，
形成了祖先崇拜和動物崇拜的聯繫；在低級民族宗教信仰的另一部份
也形成了這種聯繫，不同的家族、氏族或部落崇拜不同的動物。」[415]在
八神中，與祖先崇拜有關者爲神農氏、后稷及古代教農之官田畯等，
此些均爲《禮記‧祭法》及《國語‧魯語(上)》中所云「有功烈於民
者也」[416]，尤其是對農事有所助益之神話性人物、英雄人物或農官之
崇拜。在《左傳‧襄公七年》中亦有提及古先民祭祀「后稷」之記載：
「夏四月，三卜郊不從，乃免牲。孟獻子曰：『吾乃今而後之有卜筮。
夫郊，祀后稷以祈農事也。是故啓蟄而郊，郊而後耕，今既耕而卜郊，
宜其不從也。』」[417]《左傳‧襄公七年》中不但指出周朝人郊祭之對象

---

[415] 見於愛德華‧泰勒《原始文化》*Primitive Culture*，第 15 章，頁 676。

[416] 《禮記‧祭法》：「夫聖王之制祭祀也，法施於民則祀之，以死勤事則祀之，以勞
定國則祀之，能禦大災則祀之，能扞大患則祀之。是故歷山氏之有天下也，其子曰農
能殖百穀。夏之衰也，周棄繼之，故祀以為稷。共工氏之霸九州也，其子曰：后土能
平九州，故祀之以為社。帝嚳能序星辰以著眾，堯能賞均刑法以義終，舜勤眾事而野
死，鯀障鴻水而殛死，禹能修鯀之功，黃帝正明百物以明民共財，顓頊能修之，契為
司徒而民成勤其官而水死，湯以寬治民而除其虐，文王以文治，武王以武功去民之
菑，此皆有功烈於民者也。」(藝文印書館十三經注疏本，頁 803)《國語‧魯語(上)》
中所云有功烈於民者也：「凡禘、郊、祖宗報此五者，國之典祀也。加之以社稷、山
川之神，皆有功烈於民者也；…及九州名山川澤，所以生財用也。」(韋昭解，卷第
4，頁 7)

[417] 見於藝文印書館十三經注疏本，頁 517-518。

爲「后稷」，更指出春耕之程序，必須先「啓蟄而郊，郊而後耕」，若
程序錯誤，卜郊時，則卦象必不從。《左傳》提出了古先民祖先崇拜觀
念之另一値得徵信的例子。從對教農有功之帝王及官吏之神靈的崇拜
中，可知古人早期自然崇拜之內涵，已將先人神格化，從「人」之境
界提升爲神，因此，此期之自然崇拜嚴格論之，已摻雜了「慎終追遠」
的祖先崇拜之精神。

在劉勰〈祝盟〉文中，尙有一則有關「祖先崇拜」之祝辭：「宿
興夜處，言於祠廟之祝；多福無疆，布於少牢之饋。」（范文瀾註本，
卷2，頁176）文中指出一般諸侯、卿、士大夫於祖廟祔祭時，以羊、
豬供奉之「少牢之饋」時，則有爲全國人民祈求福祥的「多福無疆」
之禱辭。有關祖廟之祔祭紀錄，在《禮記‧壇弓(下)》中云：「卒哭曰
成事。是日也，以吉祭易喪祭。明日祔於祖父，其變而之吉祭也，比
至於祔，必於是日也接，不忍一日未有所歸也。」[418]此爲祔祭之易喪
爲吉之作用，且希望祔於祖父而使其魂魄有歸宿。《左傳‧僖公三十三
年》亦云：「卒哭而祔，祔而作主，以新死者之神，祔之於祖。」[419]祔
祭之完成，人神之別從此分矣；對往生者而言，其魂有所歸，是正式
走入祖先崇拜之完成階段。

另劉勰《文心雕龍‧祝盟》述及衛靈公太子蒯瞶於作戰前以無
傷士兵筋骨之祝辭祈求戰功及戰事之順利：「蒯瞶臨戰，獲佑於筋骨之

---

[418] 見於藝文印書館十三經注疏本，頁171。
[419] 見於藝文印書館十三經注疏本，頁292。

請；雖造次顛沛，必於祝矣。」（范文瀾註本，卷2，頁176）蒯瞶臨戰時祝禱辭之對象非天神地祇，而是祖先，故此亦是古先民在作戰時對祖先崇拜的表現之一，其詳細資料在《左傳·哀公二年》中。《左傳·哀公二年》中載有甲戌將與鄭戰，衛太子因鄭眾，驚懼而自投於車下，後禱曰：「曾孫蒯瞶敢昭告皇祖文王、烈祖康叔、文祖襄公：鄭勝亂從，晉午在難，不能治亂，使鞅討之，蒯瞶不敢自佚，備持矛焉；敢告無絕筋，無折骨，無面傷，以集大事，無作三祖羞，大命不敢請，佩玉不敢愛。」[420]蒯瞶祝文之重點，在於祈求先祖之神靈庇祐士兵在戰場上的全身而退，安然無恙，同時渴盼此戰自己能做到不愧對祖先之期望。蒯瞶之祝辭，似乎已脫離周朝以前所有六宗三望或八神之祭的特色，而將祝文祈禱之對象述諸三皇，故嚴格說來，其祝辭是《文心雕龍·祝盟》中繼尹耆氏之祭八神中有對先祖之崇拜外的另一篇祖先崇拜之祭辭，而非屬於自然崇拜之範疇。〈祝盟〉中亦記載著漢代祭祀駕崩之皇帝以哀策文祭之、一如周穆王之盛姬死了，內史執哀策文祭之，以此種似誄辭而祭祖之文作爲祝文的文體，亦是祝文之另類流行。實則此期祭文與哀策文具有誄碑、哀弔文之寫法與特質，已非祝文之原始功能的運用，[421]不過正因如此，漢時之祝文卻落入了祖先崇拜之範

---

[420] 見於藝文印書館十三經注疏本，頁 996。

[421] 羅立乾注譯《新譯文心雕龍》中以爲劉勰《文心雕龍·祝盟》「有不足處，就是在闡述祝文的發展過程中，把漢代的祭文、哀策文，都歸入祝文，是不準確的，應歸入本書的〈哀弔〉篇中」（頁 154）。事實上此期之祝文不僅具有哀弔文之特質，亦具有誄文之特色。紀昀評爲「祝之別流」，即是筆者此處所謂「祝文之另類流行」。王禮卿〈文心雕龍頌讚祝盟篇析恉〉中亦讚成紀昀之說法。（見於《文史學報》第7期，頁

禱中。

　　另在劉勰《文心雕龍・祝盟》中述及盟文之部分，提及漢末因董卓作亂，臧洪雖辭氣慷慨的與州郡刺史或太守定下〈酸棗盟辭〉，起兵討伐董卓，因彼此互相懷疑，而至儲糧單竭及兵眾乖散。後為袁紹所殺，在〈酸棗盟辭〉「皇天后土，祖宗明靈」，可見當時他們所禮祀的除了自然崇拜中之天神地祇，亦包含祖先崇拜中之「祖宗明靈」，此種盟辭所祭拜之對象與劉勰所言：「祈幽靈以為鑑，指九天以為正」（范文瀾註本，卷2、頁178）是否符合？在有關《文心雕龍》之譯註本中，或有未對此句作深入解釋者，或有將「幽靈」詮釋為神明者，或有將神明釋為鬼神者，若釋為神明，則應指天神地祇，若釋為鬼神，則指祖靈與神靈 。[42]因此筆者首從臧洪之約盟辭中之「祖宗明靈」一辭觀之，誓辭中之共同約盟者，乃對祖先之呼告，祈求祖先能佑福，此即是祖先崇拜；再從最早期《尚書》中約盟之誓辭，如〈甘誓〉、〈湯誓〉、〈泰誓〉、〈牧誓〉、〈費誓〉及〈秦誓〉觀之，所有誓辭中，幾乎均是以「神權天授」之觀點作為約盟之憑藉，且除了〈秦誓〉非為詛盟之

8）

[42] 王叔琳注、紀昀評《文心雕龍注》中並未有對「幽靈」一辭作解說；范文瀾註本《文心雕龍・祝盟》中亦然；王禮卿《文心雕龍通解》（上冊）亦未有所解說。而羅立乾《新譯文心雕龍》中「幽靈」一辭釋為「鬼神」，可見有指祖靈與神靈之可能性，但在譯文時又譯為：「敬請神靈來監視，指上天來作證」（頁 167），顯然又將祖靈排除在外。趙仲邑《文心雕龍譯注》中則譯為：「祈禱冥冥中的神靈，以此進行鑒察；指著九重天作為證人。」（頁 91），其所指之神靈以自然崇拜中之天神為主。王師更生《文心雕龍讀本》中則將此句譯為：「祈求鬼神的明察，指九天為憑證。」（頁 182 ）

外，其餘均是以天命作爲威嚇之藉口，對不服約盟者與以常刑、餘刑或大刑予以懲罰。在此些篇章中，幾乎無任何祈求祖先祈福之文，僅有〈泰誓〉一則較特殊，於誓辭中曾提及祖先文王之名：「時厥明王乃大巡六師，明誓眾土，王曰：『嗚呼！我西土君子！天有顯道，厥類爲彰···嗚呼！惟我文考，若日月照臨于四方，顯于西土。···惟我有周，誕受四方。予克受非予武，惟朕文考無罪，受克予非朕文考有罪，予小子無良。』」[423]孔安國傳云：「推功於父，言文王無罪於天下，故天祐之，人盡用之。」[424]從孔安國傳文所言，知武王謙虛，推功於其父，但卻未有欲求父靈祐福之話語，而是祈天祐之。故筆者從以上此些資料論斷，臧洪之誓辭，可能是「最早具有祖先崇拜」意味之約盟文。

第二節　〈封禪〉中有關「祖先崇拜」之背景、理路及其附加價值

　　劉勰《文心雕龍・封禪》中除了敘述古帝王進行封禪之原因外，對古代帝王進行封禪時之情境亦有所評價；其中尤以假借管夷吾之口吻，批齊桓公欲行封禪之不當。此種登上泰山祭祀天神地祇之大典，均屬自然崇拜之範疇。然在劉勰《文心雕龍・封禪》中卻有牽涉到祖

---

[423] 見於藝文印書館十三經注疏本，頁 156-157。
[424] 見於藝文印書館十三經注疏本，頁 157。

先崇拜之問題，因而，筆者將進一步探討。

　　與銘文某種層度上具有相同功效的〈封禪〉文，一方面反饋天神地祇之恩賜，一方面功頌帝國之豐盛富饒或版圖國力之壯大，故祭祀之場面是帝王每年應行的祭祀中最為壯觀的。〈封禪〉文除了有似《史記·封禪書》對封禪一事歷代的沿革之詳述外，並說出了封禪文早期製作之功用與意義：封禪文雖純為帝王所設，然其原始之初衷是為戒慎國君以累積至德進行化育工作，故在劉勰所處的朝代之前，已有七十二位國君進行封禪；因其可給予帝王進行封禪前之深思與警惕，不過刻鏤功勳於山石之舉，卻也是皇帝、國君用以昭示國人之最佳政治籌碼。從戰功、版圖之攫奪與拓展，作為炫耀民人及壯大聲勢的策略運用，一直是無往不利，以至於在代代相傳之後，竟有「諸侯欲越權實行封禪大典」之情形產生。劉勰舉黃帝、舜、周文王、周康王、齊桓公、漢武帝及漢光武帝行封禪之事為例，從此種國君建立個人永久不朽聲望而設立之儀式中，固然可見出古先民自然崇拜之理路，更可窺出帝王炫耀之心態及人類對功名之重視的心路歷程；顯聲揚名於後的儒家傳統禮教，似乎代代縈繞於中國的政治及文化生態之中。尤其在齊桓公以諸侯之身分而欲行封禪，實具英雄主義之誇耀特色。齊桓公之想法，即已落入祖先崇拜之範疇中。在《管子·封禪第五十》中云：「齊桓公既霸，會諸侯於葵丘而欲封禪。管仲曰『古者封泰山，禪梁父者，七十二家。而夷吾所記者，十有二焉。昔無懷氏封泰山，禪云云。…周成王封泰山，禪社首，皆受命。然後得封禪。』桓公曰：

『寡人北伐山戎，過孤竹，西伐大夏，涉流沙，束馬縣車，上卑耳之山，南伐至召陵，登熊耳山，以望江漢。兵車之會三，而乘車之會六，九合諸侯，一匡天下，諸侯莫違我。昔三代受命，亦何以異乎？』於是管仲睹桓公不可窮以辭，因設之以事曰：『古之封禪，或鄗上之黍，北里之禾，所以為盛。江淮之間，一茅三脊，所以為藉也。東海致比目之魚，西海致比翼之鳥，然後物有不召而自至者十有五焉。今鳳凰麒麟不來，嘉穀不生，而蓬蒿藜莠茂，鴟梟數至，而欲封禪，毋乃不可乎？於是桓公乃止。』」[425] 齊桓公以諸侯之身分而實行封禪大典，乃踰越其職權，其又對管仲誇耀目前自己九合諸侯，一匡天下之功績，表明其具有封禪之實質能力，不過管仲卻以古時帝王進行封禪為盛大之祭典時，必須具備豐盛珍奇之祭品，而今國內糧食欠缺，人民生計已陷入困境，卻要行封禪，是不當之舉。因而，齊桓公接受管仲之勸諫，最終並未行封禪。於是劉勰《文心雕龍·封禪》云：「固知玉牒金鏤，專在帝皇也。」（范文瀾註本，卷5，頁393）畢竟專為帝王所行之大典，一般諸侯是不可隨便踰越，即使諸侯欲越權，其國內之卿、士、大夫等應有人會予以勸諫。

　　劉勰《文心雕龍·封禪》中亦提及秦以後幾位進行封禪之帝王：「秦皇銘岱，文自李斯‥鋪觀兩漢隆盛，孝武禪號於肅然，光武巡封於梁父。誦德明勳，乃鴻筆耳。」（范文瀾註本，卷5，頁394）與中國神話中之人物黃帝勒功喬岳一般，亦是以刻記功績為主，其實或已非

---

[425] 見於《管子纂詁》卷16，頁10-12。

原先封禪之「崇德凝化」之意義。其後之揚雄〈劇秦美新〉、班固〈典引〉、邯鄲淳〈受命述〉及曹植〈魏德論〉非爲刻石之用，寫作風格亦因人而異，但仍均因襲封禪文之體裁。簡言之，此種封禪禮祀的自然崇拜，是人類對大自然造物者所賜予的一切美好的功績進行「感恩的儀式回饋」，其中更蘊含著極深沉的英雄主義之心態及「祖先崇拜」之意識。此外，封禪時之假借「天命」之說，除了可宣揚「神權天授」[426]之理念以鞏固國君之地位，以利駕馭群臣之外，更便利其治國理念之實施。因此，劉勰於文中開宗明義即以北辰爲例：「夫正位北辰，嚮明南面，所以運天樞，毓黎獻者，何嘗不經道緯德，以勒勳蹟者哉。」（范文瀾註本，卷5，頁392）此即是將帝王借諭北辰之「神權天授」的附加價值所在。

第三節：〈頌贊〉與〈銘箴〉文中有關「祖先崇拜」之精義及其記憶前賢之功能

從《文心雕龍》之〈頌贊〉、〈銘箴〉中可窺出古先民自然崇拜之精神，同時亦可探究先民對祖先歌功頌德之心態，或皇帝、諸侯自我功頌以成爲後裔祖先崇拜之英雄；其中蘊涵極深之祖先崇拜的心態，

---

[426] 卓新平《宗教與文化》中提及：「從中國統治階級的歷史來看，封建君王、帝王則在君權神授的傳統宗教觀念指導下，形成一套獨特的封建帝王祭天祭神的宗教禮儀和與之相隨的宮廷文化。」（頁47）羅立乾《文心雕龍注譯》亦云：「但封禪文本身實在是宣揚皇權天授的」（頁346）其讚成神權天授說。

不過各種文體之運用，卻有其不同時代之背景及社會之義意與價值。

首從〈頌〉談起，劉勰以為《詩經》中之頌體是「容也，所以美盛德而述形容也。」（范文瀾註本，卷二，頁156）頌體之功能以美報祖先之功德，述其形貌與容態於天神地祇為主，故「義必純美」。有關頌體之淵源是起自黃帝曾孫帝嚳之臣子咸墨作九韶時，至商頌時，文理已臻完備。其後之演變有宗廟之正歌，野頌之變體，自我頌讚及變頌為序引及雅而似賦之作，其中因著時代背景之不同，部份頌辭表露出美報祖先之功德於天神，無形中透顯著祖先崇拜之意識。劉勰《文心雕龍・頌讚》中將周朝之頌體分而為三：正歌、野頌之變體及其他敘述細膩之作，其文云：「魯國以公旦次編，商人以前王追錄，斯乃宗廟之正歌，非讌饗之長詠也。時邁一篇，周公所製。哲人之頌，規式存焉。夫民各有心，勿壅惟口。晉輿之稱原田，魯民之刺裘鞸，直言不詠，短辭以諷，邱明子高，並諜為頌，斯則野頌之變體，浸被乎人事矣。及三閭橘頌，情采芬芳，比類寓意，又覃及細物矣。」（范文瀾註本，卷2，頁157）所謂宗廟之正歌，乃指孔子刪詩時將周公所制之禮樂編列於周頌之末及宋大夫正考父以商頌追述先王之功德；此種頌詩均是對遠祖歌功頌德之作。野頌之變體，指民間所流行者，是人民情志所舒發的諷刺詩，一是晉文公聽聞晉國車匠吟〈原田〉詩述及舊舍謀新而激厲鬥志之心，一是孔叢子記魯人以〈裘鞸〉詩諷刺孔子相魯事。此種變體之特色由美報祖先之功德於天神變為短辭，直言以諷刺當時之人事，並不具有祖先崇拜之意義。又覃及細物，是指屈原

之〈橘頌〉「比類寓意」以寄託騷人墨客之情懷，其所稱頌之物就更為細微，此是頌贊自己人格清高，甚至暗喻自己有可入英雄之域的情操，亦仍屬於祖先崇拜之意識形態的延續。漢時稱頌皇帝之頌文有惠帝、景帝。李思〈孝景皇帝頌〉十五篇及傅毅稱揚孝明皇帝之〈顯宗頌〉；表彰功臣之趙充國及竇融者有揚雄〈趙充國頌〉及班固〈安豐戴侯頌〉；史孝山稱贊鄧皇后的有〈和熹鄧后頌〉，此均是對近世帝王、后妃及功臣之崇拜，實應納入祖先崇拜中。魏晉時陳思王〈皇太子生頌〉、陸機〈功臣頌〉亦是對帝王世家之人及功臣之歌頌，亦應納入具有祖先崇拜意識之作中。無論此種頌體內容之演變如何？美報祖先之功德卻是祖先崇拜之心態所使然，而其所訴求能聽聞並見證頌辭之對象卻均是天神與地祇，由此可知，人類心中所虛擬的神的統馭力是超然神通的。

「讚」在虞舜時之禪讓祀禮中，由樂正宣唱讚辭，是屬口頭之頌讚。如舜臣伯益之讚辭於夏后大禹。殷商時，伊尹之子伊陟作咸乂四篇讚揚同朝大臣巫咸禳災有功。漢朝時相如始屬筆讚前朝之英雄人物荊軻，此非以文武建功之大臣為讚揚對象，應是刺客被讚之首例。大抵言之，讚之特質依勳業而垂讚，文彩聲理顯得燦爛奪目，屬於祖先崇拜中對帝王功臣及英雄之亡靈的崇拜。

〈銘箴〉中之銘文，因有刻鏤功績以美報九天之旻，故是先民自然崇拜之精神表徵，而刻鏤功績之對象以先祖或近世之帝王、功臣為主，則又是一種祖先崇拜之現象；其中以秦王政巡行天下時，勒石記功，以讚揚自己，是個成功且聞名於後世的個人英雄主義之展示，預留了

185

後人祖先崇拜之基石。《文心雕龍・銘箴》:「至於始皇勒岳,政暴文澤,亦有疏通之美焉。」(范文瀾註本,卷3,頁194)劉勰《文心雕龍》對其銘文之評價上以爲仍有文采可見,此乃專就銘文撰寫之特質及情采而言,雖然其以暴政殘民。《禮記・祭統》云:「夫鼎有銘,銘者,自名也。自名以稱揚其先祖之美而名著之後世者也。爲先祖者,莫不有美焉,莫不有惡焉,銘之義稱美而不稱惡,此孝子孝孫之心也。」[427]《禮記・祭統》極爲明白的點出了銘文是承繼中國傳統文化中「孝思」之義者,並強調對祖先稱美不稱惡是留存了極爲濃郁之祖先崇拜之精神。從劉勰《文心雕龍・銘箴》中對班固銘文之美譽:「若班固燕然之勒,張敬華陰之碣,序亦盛矣。」(范文瀾註本,卷2,頁194)班固燕然之勒的銘文確有足以佐證《禮記・祭統》:「自名以稱揚其先祖之美而名著之後世者」之說者,在《後漢書・竇融列傳》中便提及竇戎之曾孫竇憲令班固刻銘之事云:「憲遂登燕然山,去塞三千餘里,刻石勒功,記漢威德。令班固作銘曰:『惟永元元年秋七月,有漢元舅曰車騎將軍竇憲,寅亮聖明,登翼王室,納於大麓,惟清緝熙。乃與執金吾耿秉述職巡御,理兵於朔方。鷹揚之校,螭虎之士,爰該六師;暨南單于、東烏桓、西戎、氐羌侯王君長之群,驍騎三萬。元戎輕武,長轂四分,雲輜蔽路,萬有三千餘乘。勒以八陣,蒞以威神,玄甲燿日,朱旗絳天。遂陵高闕,下雞鹿,經磧鹵,絕大漠,斬溫禺以釁鼓,血尸逐以染鍔。…於是域滅區覃,反旆而旋…上以攄高文之宿憤,光

---

[427] 見於藝文印書館十三經注疏本,頁838。

祖宗之玄靈；下以安固後嗣，恢拓境宇，振大漢之天聲。茲所謂一勞而久逸，暫費而永寧者也。乃遂封山刊石，昭銘上德。其辭曰：鑠王師兮征荒，勦凶虐兮截海外。夐其邈兮亙地界，封神丘兮見隆碣，熙帝載兮振萬世。」[428]此篇銘文雖為記漢威德而作，但仔細研究銘文之內容，竇憲誇示漢朝軍容之盛大，而元戎因輕武，以至於血濺沙場。在銘文後半段更表露出除了聲揚大漢威名外，實質則在於「光宗耀祖」。此便可透過竇憲將一己之輝煌成績回饋給祖先，不能不說其無「揚名立萬」之想法，揚名則有英雄主義之表態，實已融注於文章之中。《荀子•禮論》：「祭祀，敬事其神也；其銘誄繫世，敬傳其名也。」[429]《荀子•禮論》正道出「銘」具繫世傳名之功效，而劉勰《文心雕龍•銘箴》云：「銘兼褒讚」（范文瀾註本，卷2，頁195）一語中，可見銘文在本質上與讚是有異曲同功之妙的，均寓有功頌心態。在劉勰《文心雕龍•銘箴》一文中，首先說明銘文原為刻在車輿几案、懸掛鐘磬之架子、盤盂、門戶坐席、金人及欹器上之文字，為軒轅氏、大禹、成湯、武王、周公、仲尼用以鑑戒之訓詞，後來才刻於石上。簡言之，即「夫箴誦於官，銘題於器。」（范文瀾註本，卷3，頁193）箴是在官府中諷誦以達諫諍帝王之用之文體，乃透過臣子動態的諷誦，並加以勸說。至於銘文則較為靜態的進行刊刻於器皿或石上。而銘文之功能，因著身分之不同而有差異，劉勰引臧武仲論銘之言：「天子令德，

[428] 見於卷23，頁814-817。
[429] 見於王先謙《荀子集解》，頁616。

諸侯記功，大夫稱伐」（范文瀾註本，卷3，頁193）將銘之功用述之極詳：其舉夏禹鑄九牧之金鼎、周武王銘勒肅慎之楛矢是「令德之事」；舉呂望曾由昆吾將其輔助周武王之事銘功於銅板上，仲山甫將其輔助周宣王中興之事刻於器皿之上，是「諸侯記功」之例；舉魏顆將其捉秦將的勳績刻於景公之鐘，孔悝彰表祖先勤於國事之功績於衛鼎上，是「大夫稱伐」之銘文；其又舉趙武靈王在番吾山刻下遊玩之蹤跡及秦昭襄王在華山上以松柏之心為博具，說明帝王非為令德、記功之事而刻勒銘文，實為誇誕示後之炫耀心態。銘文紀錄帝王、諸侯之遊蹤者，似〈誄碑〉中提及「周穆記跡於弇山之石，亦古碑之義也。」（范文瀾註本，卷3，頁214）銘與碑均有紀錄遊蹤之功效。由此觀之，除了孔悝彰表祖先勤於國事之功績於衛鼎上與《禮記・祭統》所闡述之銘文是承繼中國傳統文化中「孝思」之義者，其中除蘊含了濃郁之祖先崇拜的精神外，其餘之帝王、諸侯、大夫所銘勒之功績，均為英雄主義之掛帥使然。劉勰更舉銘文被後人讖緯化的傳說，顯示銘文已逐漸被政治化的事實。此外，劉勰除了敘述臣子為帝王、諸侯功頌之銘文外，又述及銘文所功頌之對象從人轉向器物之上時(如敬通雜器、崔駰品銘…等)，已很確切的披露出銘文在當代社會化功能之變異。

　　《荀子・禮論》：「事生，飾始也，送死，飾終也，終始具而孝子之事畢，聖人之道備矣。」[430]劉勰《文心雕龍》中之頌贊文與銘文，

---

[430]　見於王先謙《荀子集解》，頁616。

在古先民之文體使用及祭祀場所之運用中，卻也具有輔助爲往生者及
對祖先崇拜之祭祀活動的豐富性及肩負起記憶前賢之功能。

第四章

結　　論

　　人類從混沌初開時(即先於萬物有靈論時期)、萬物有靈論至自
然宗教時期起,歷經圖騰崇拜、自然崇拜或祖先崇拜而沿傳於今,生
命豐沛多樣的刻畫於於文史雙軌之中。宗教信仰最重要之功能有三:生
存功能、文化整合功能、政治與族群之融合功能及社會認知功能[431]。
就生存功能而言,族群團結、凝聚力量,為新生代肩負起傳衍重任。
就整合功能而言,中國文化具有高度的包容性與融合性,薈萃期間所
產生出之文化改良品,更顯精緻且具中華傳統色澤,因此文化整合功
能是永續不斷的。就社會認知功能而言,透過祭祀儀式,人類與宇宙
間一切事務可建立彼此相關認知地位。雖然崇祖敬天之思想一直影響

---

[431] 在李亦園《宗教與神話論集》中提及:「研究宗教行為的人類家們,經常認為宗教
存在於人類社會有三種基本功能,那就是生存功能、整合功能與認知功能。」(頁 21)
而張珣〈光復後台灣人類學漢人宗教研究之回顧〉一文於 1965-1983 年所作之研究中
提出祖先崇拜「這一時其對祖先崇拜的研究,有一個功能上的假設:祖先崇拜是維持
家族組織結合的一個機制。」(見於《中央研究院民族學研究所輯刊》,頁 176)此種
說法,便屬文化整合之一。另周師何《古禮今談》中則提及尊敬祖先的觀念是種「文
化開創說」:「在歷史上,也確實達成了延續家族生命的任務,和集合群力開展文化的
功能。」(頁 194)在伊‧凡‧亞布洛柯夫《宗教社會學》云:「在解釋宗教社會的『靜
力學』和『動力學』中的作用時,斯賓塞提出,宗教有幾個本性的社會功能。按照他
的觀點(1)能加強家族聯繫…(2)能成為支配人們的基礎;(3)能奠定首先能被看作是
宗教統一的民族統一的基礎,並使之鞏固;(4)能證明所有制的合理性…」(第 2 章,
頁 34)伊‧凡‧亞布洛柯夫此處所言者,不僅牽涉到文化整合、社會認知功能之問
題,更涉及政治與族群之融合及社會制度建立之周全性。

之中國幾千年以來之社會文化，與時推移之互動下，產生異時異地之
景觀，儘管其有增變簡化之多重性差異，但若從文化的超越性來看，
他是一種精神的財富，一種價值與思想，它具有教育的功能，具有聯
絡的功能，又具有統一信仰的功能，更具有文化整合予開創之功能。

　　本論文首由「祖先崇拜」之定義及其心理基礎談起，以為「祖先
崇拜」究竟是否為一種宗教行為？至今仍有爭議[432]，不過近年來許多
人類學者又回到泰婁對宗教的古典定義，認為宗教「是對『神靈的信
仰』。古第(Goody 1961)、霍藤(Horton 1960)、史派若(Spiro 1966)等人認
為一切宗教共有的特徵就是把人類的「社會」關係延伸到超自然的事
物和力量。」[433]文化人類學中此處所引用之泰婁對宗教之定義，正足
以佐證「祖先崇拜」具有宗教之特質。事實上，任何一種行為，只要
在民間成為一種約定俗成的儀式(指透過禮文、禮器之祭拜模式以宣達
祭祀者心中所需求之禮義之行為)時，此種行為便落入宗教活動之範
疇。雖然此種活動之儀式，並未必為社會中所有人民一致進行之行為
或儀式方面也因種族之差異而有所不同，不過至少是部分人約定俗成
之活動習慣的持續性，自古至今仍不稍衰竭的現象，便足以被認定是
宗教行為或說是民俗習慣，只是它不似一般宗教有其相當組織化之機

---

[432] 張茂桂、林本炫編〈宗教的社會意像——一個知識社會學的課題〉中亦曾針對此問
題提出：「這裡，我們再度碰到上述的難題，別說『民間信仰』並不是一種宗教的稱
謂，沒有清楚而固定的定義和儀式，更沒有固定的信仰界線。在這種條件下，社會學
者要用固定的有選擇的類屬，來勾選回答者的複雜信仰現象，自然困難。」（見於《中
央研究院民族學研究所集刊》74：98）
[433] 見於當代文化人類編之二《文化人類學》第13章，頁382。

構或固定教條的必然執行要求，甚至在組織中亦無等級位階的嚴格分明，以利執行重要宗教約典的任務做執行總指揮之需要。就西方文化而言，其源起於原始社會中對本族之酋長和英雄之亡靈崇拜，而後便限定於和自己有血源之親人。就中國文化而言，一般之祖先崇拜最重要的活動是呈現於祭祖之上，如家祭、及宗廟之祭祀上，故家族制度建立於祖先崇拜之上。崇拜有功之遠祖、近祖或有功之君臣之事蹟，可從《文心雕龍》之〈頌贊〉、〈銘箴〉、〈封禪〉及〈祝盟〉中一窺究竟；在崇拜有血源關係之親人則從〈誄碑〉、〈哀弔〉中可視出端倪。

次談「祖先崇拜」與孝道傳承之關係及政治宗教化之運用，祖先崇拜與孝道承傳之關係，實繫於人類對生死觀之體認及政治宗教化之運用。從中國儒佛道三家或教義的生死觀中，可略窺孝道在中國文化中所扮演的腳色。祖先崇拜既由早期之社會現象演變為一種宗教行為或社會規範，從孝思的道德層面來統治人民，從人們所虛擬的誠敬祖先所能祐福後裔的神力觀之，祖先崇拜的沿襲，依然是歷代統治者最便捷齊給的宰制力。

祖先崇拜中最具對往生者關懷之文體有誄、碑、哀、弔文。《易經‧繫辭》及《孟子‧滕文公》中所提及之古喪禮儀式，雖無歌功頌德之意，但後來之誄、碑、哀、弔卻有記憶前賢之作用與功能，且隱含祖先崇拜之意識。殆因在陽世者與往生者生死異途，故透過祭拜或誦讀誄、碑、哀、弔之文的儀式超越時空與往生者進行精神層面之交流亦是情感之宣洩，其目的在於，同時慰藉死亡者與生者，從「仁親

滅,生命之意義不因死亡而裂絕,則一切人文價值可因此而獲得保障,宗族亦可隨之不斷綿延傳衍,有助家族觀念的穩固。從劉勰〈誄碑〉一文中所述,誄文起於周,商夏以前未詳其聞。誄文之作,始於旌揚往生者之德行,終於致哀以表其誠。誄有另一功能,用以制定「諡號」。古人讀誄而定諡,此恐是封建、宗法制度下「誄」文體運用的另一附加價值了。而周朝之誄文的三重限制,亦因時代之推移而有所變革,故英雄人物之誕生往往是社會制度或歷史之改寫者。追念往生者之情懷的第二種方式,是樹石建碑。碑之內涵爲傳體銘文,「寫實追虛」爲誄碑之共性,但誄文以書面爲之,碑文則銘刻於金石上,工具雖異,追逐不朽之目標則一。追念往生者之情懷的第三種方式是哀文之設。哀文是專對短折之未成年人而設,其以強調「譽止察於惠」、「悼加乎膚色」,其中所蘊藏之祖先崇拜意識,是因未年者之行徑可入於英雄之域,故特爲哀悼之。追念往生者之情懷的第四種方式是弔,異於前三者之行於紙墨或刻於金石之文的靜態祭文,反是親臨喪家憑弔之舉。除了喪禮之外,「弔」之意義運用頗廣:如對鄰國災難之慰問、對驕貴而殞身者、對絹忿以乖道者、對有志而無時者、對美才而兼累者及對歷史人物之生平或事蹟追懷之,不過,意外災難之橫禍爲不吉而不予弔之。無論其目的或在哀悼,或引以爲戒,或同病舒懷,追思昔人之旨則同。由此亦可突顯長幼之序的當代社會價值觀,從各個層面中俯

祖之表現,雖有輕重不同,然而總歸於義之所當然,因而於祭祀詩中,即多流露出對於先祖之親崇與感恩之情。」(頁173)

拾皆是，而弔喪之實際行動更是另一種追懷往生者的一種親臨儀式，較爲溫馨與感人，有其極正面且積極之意義與價值。

　　至於〈頌讚〉與〈銘箴〉中可窺出古人之功頌心態的研究中，除可顯見其對先祖稱美之義外，亦可探究出帝王、諸侯、大夫自我功頌以成爲後裔祖先崇拜之英雄。〈頌〉文部分，劉勰以爲頌體是以美報祖先之功德，述其形貌與容態於天神地祇者，故「義必純美」。因著時代背景之不同，部份頌辭表露出美報祖先之功德於天神，無形中透顯著祖先崇拜之意識，或以頌揚祖先之功績，彰顯近世之帝王、大臣、后妃之懿德等均是頌體從抽象的祖先概念轉化爲具象的當代重要人物的頌揚，此種頌體又可諷刺當代時政，是極具時代之意義與價值的。另外，「讚」之特質依勳業而垂讚，文彩聲理顯得燦爛奪目，屬於祖先崇拜中對帝王功臣及英雄之亡靈的崇拜。《禮記‧祭統》云：「銘者，論譔其祖先之德善、功烈、勳勞、慶賞、聲名、列於天下而酌之祭器，自成其名焉，以祀其先祖者也。顯揚先祖，所以崇孝也。身比焉順也，明示後世教也。」[433]說明了「銘」承繼了孝道精神之重責大任，其餘之帝王、諸侯、大夫，包括秦王政巡行天下時，勒石銘功，以讚揚自己者，均是個人英雄主義所使然，無形中亦形成了後人祖先崇拜之基礎。至於封禪文與銘文一般均刻於石上，但歷代國君從箴戒及美報天神地祇之封禪初衷，衍成對近代國君大臣歌功頌德之意，人類之報本反始，即爲生命、功績之創造而喜悅是主因。

---

[433] 見於藝文印書館，十三經注疏本，頁838。

　　寰宇中自然崇拜與祖先崇拜之對象的沿革，或可謂此乃累積人種之地緣關係、生活習慣、思維方式（尤其指形象思維）及時代發展之差異性[434]而有所變革。儘管如此，人類產生祖先崇拜之多重因素中，在不同種族裡均有其不同之意義與運作模式，尤其在祖靈作祟部分，在中國大陸之漢口市有不同之傳說，祖靈只會作祟他人而不致禍自己子孫之說法[435]，不過這畢竟是個體民族認知之差異，在晚近發展出來的人類學與宗教社會學之研究過程中，人類所重視的依然是祖先崇拜的傳遞脈絡及與往生祖先相互依存之良性互動上，因此，如對死者嫉妒心之防範與安頓祖靈、祈祖佑福以化解困難與危險、藉著崇拜儀式可滿足後裔對祖先之思念情懷及可提醒後裔「報本反始」之精神的重要性，人類緊緊恪守，作為優良傳統之繼承，是極為平實之做法。

　　人類虛擬鬼神以為自然崇拜及祖先崇拜之對象，所謂虛擬，其中必有想像成分之實質存在，以至從儀式中之陳設，更見虛擬之虔誠，此是人神共存的唯一法則。相信只要有人類存在，無論古今中外，祖先崇拜必似自然崇拜代代相傳，雖不再似古先民一般之篤信不移，不

---

[434] 何星亮《中國之自然神與自然崇拜》中曾述及：「自然崇拜作為一種文化現象，是逐漸累積而成的。」（頁28）可見任何一種信仰或文化現象之產生，卻有其時間累積之考量。屈育德《神話、傳說、民俗》─論神話創作的形象思維，書中提出「原始的形象思維對感覺和知覺所提供的關於世界的感性圖景具有依賴性，是形成神話中不自覺的超現實想像的心理原因之一。當然，任何思維的產生都是從感覺、知覺的表象等感性材料開始，並受到它的制約。」（頁16）

[435] 見於許烺光 *Clan, Caste and Club*, 頁44-45.；楊國樞《中國人的心理》一書中引述許烺光之言：「在許先生另一書 *Clan, Caste and Club* 中所引的例子則是來自漢口，說明鬼魂只會加害別人，而不會致禍自己的子孫，甚至有時會為自己的子孫向神靈求情。」（頁4）

過，人類卻在日後演進過程中找尋早期的迷信，或爲功利，或作爲藏身處[436]，畢竟人種繁衍之重責大任，仍無法肩卸；崇拜儀式之傳習，可作爲人類繼續生存於宇空之中的祜障。《禮記‧祭統》云：「凡治人之道，莫及於禮，禮有五經，莫重於祭。夫祭者，非物自外至者也，自中出生於心也，心怵而奉之以禮，是故唯賢者能禁忌之義。」[437]其中之祭祀即爲吉凶軍賓嘉中五禮之首的吉禮，帝王透過禮法以對人民實行社會教育，透過祭祀，以「數典憶祖」作爲孝道承傳之精神指標，並從中達成其政治理想之實踐。更有甚者，透過祭祀儀式，使天人合和，人類生命存在之形態、意義更披顯出高度之價值及予人敬畏之精神，也算具有自我反省、效天之生殖長育，發揮人之善性[438]及自我觀照之特質。

從以上之研究中，筆者發現劉勰《文心雕龍》之體大思精，對文體歷經不同朝代之流變，文祥史贍。從劉勰《文心雕龍》文體論中，

---

[436] Bertrand Russell, *What I believe*，靳建國譯，文中提及人們對宗教信仰的堅信不移及人類在日後的演進中依然借用早期之迷信作爲藏身處：「過去人們曾對宗教篤信不移，並曾因信仰強烈而發動聖戰，彼此在火架上焚燒。多次宗教戰爭之後，神學在人們心中的位置逐漸動搖。凡失去者，均爲科學取而代之。由於科學的緣故，我們進行工業革命，破壞家庭道德的基礎，征服有色人種，並用毒氣彼此互相殘殺。有些科學家不完全贊同科學的這些用場。由於恐懼和沮喪，他們不再不屈地追求知識，而是企圖在早期的迷信中找到藏身處。」（頁143）可見宗教信仰（包括祖先崇拜）對人心影響之鉅。

[437] 見於藝文印書館十三經注疏本，頁830。

[438] 傅佩榮《儒道天論發微》中以爲：「古代國人相信天生烝民，並委任君王代行天工：春秋時人並未忘懷此一信仰。天爲仁慈主宰，因爲子產有言『爲溫、慈、惠、和，以效天之生殖長育，因此人性應是善。』」（頁23）

若干有關自然崇拜與祖先崇拜之文體觀之，固可透析古先民之生活型態及當代風習，更可透過文字「示現」當代政治風情。又從古人對有關自然環境與人類生存型態的描述及對報本反始之重視，而特立往生者之文體，以撫慰祖靈而言，古帝王對文體種類設想可謂周到，但對活生生之個體所應賦予之尊重，顯然不如誄碑哀悼之周全。由以上之剖析觀之，人類對生命之「終極實境」應是熱切關注的。同時劉勰《文心雕龍》文體論對中國之禮祀行為與文壇之動向剖析深造，於前朝社會體系之功能和發展，貢獻厥偉。

參考書目

一、中文參考書目

《汲冢周書》(四部叢刊本：上海涵芬樓影印明嘉靖癸卯刊本)

黃石　1929.6.《神話研究》（上海：上海世界書局)

謝六逸　1929.6.《神話 ABC》（上海：上海世界書局)

劉熙　1937《釋名》(台北市：台灣商務印書館)

唐・歐陽詢 1960.《藝文類聚》宋刊本　四部集要子部(台北市：新興
　　書局)

陳文達　1961.6.《台灣縣志》(台北市：臺灣銀行經濟研究室)

周鐘瑄　　1961《諸羅縣志》第 1 冊(台北市：臺灣銀行經濟研究室)

陳捷先　1963《滿洲叢考》(台北市：國立台灣大學文學院)

班固編著　1965.8.初版《白虎通義》(台北市：廣文書局)

Schmidt, William(施密特)　1968.《比較宗教史》(台北市：輔仁書局)

林惠祥　1968.1.台 2 版(台北市：台灣商務印書館)

王夢鷗注譯　1971《禮記今注今譯》(台北市：台灣商務印書館)

虞君質　1972《藝術概論》(台北市：黎明文化公司)

鄭蕤　1972《文心雕龍論文集》(台中市：光啓出版社)

梁・蕭子顯　1974《南齊書・志第一・禮上》(台北市：洪氏出版社)

董芳苑　1975《台灣民間宗教信仰》(台北市：長青文化事業)

韋昭注　1975.10.台 4 版《國語》(台北市：中華書局)

劉文三　1976.《台灣宗教與藝術》（台北市：雄獅圖書）

日人‧耕齋宇　1976.3.《淮南鴻烈解》(台北市：河洛圖書)

安井衡纂詁　1976.3.台景印，初版《管子纂詁》(台北市：河洛圖書)

黃以周　1976.12.《禮書通故》(台北縣：華世出版社)

陳奇猷校注　1977《韓非子集釋》（台北市：華正書局）

王先謙注本　1977.2.4版《荀子集解二十卷》（台北市：藝文印書館）

宋‧范曄著　李善等注《後漢書》（台北市：洪氏出版社）

許慎著　段玉裁注　1978.8.出版《說文解字》(台北市：南嶽出版社)

司馬遷　1979《史記》(台北市：大申書局)

林惠祥　1979.1《文化人類學》(台北市：台灣商務印書館)

孔穎達疏　1979.3.《尚書》輯於《十三經注疏本》(台北市：藝文印
　　書館)

相傳爲左丘明 1979.3.《左傳》輯於《十三經注疏本》(台北市：藝文
　　印書館)

鄭玄注 孔穎達疏　1979.3.《禮記》輯於《十三經注疏本》(台北市：
　　藝文印書館)

何宴集解　邢昺疏　1979.3.《論語》輯於《十三經注疏本》(台北市：
　　藝文印書館)

趙歧注　孫奭疏　1979.3.《孟子》輯於《十三經注疏本》（北市：
　　藝文印書館）

王弼注　孔穎達正義　1979.3.《周易》（台北市：藝文印書館）

邢丙邴疏　1979.3.《爾雅疏卷》輯於《十三經注疏本》（台北市：藝文
　　印書館）

鄭玄注 孔穎達疏　1979.3.《周禮》輯於《十三經注疏本》（台北市：
　　藝文印書館）

應邵　1979.11.台１版《風俗通義》(台北市：台灣商務印書館)

王雲五主編　1979.《尚書大傳》輯於《四部叢刊》（上編）（台北市：
　　台灣商務印書館）

蕭統編 李善、呂延濟、劉良、張銑、呂向、李翰周　1980.7.31.《古
　　迂書院刊本曾補六臣注文選》（台北縣：漢京文化有限公司）

沈謙　1980.再版《文心雕龍文學理論與批評》（台北市：華正書局）

徐靜　1980.2.20.《精神醫學》（台北市：水牛出版社）

阮昌銳　1980.6.《台灣民間宗教研究》（台北市：台灣省立博物館）

徐進夫譯　1980.10.4 版《文學批評與欣賞》（台北市：幼獅文化事業
　　公司）

列維・布留爾　1981《原始思維》（北京市：商務印書館）

揚慧傑　1981.1.10.《天人關係論》--中國文化一個基本特徵的探討（台
　　北市： 大林出版社）

李亦園　1982.《宗教問題的再剖析》（台北市：巨流圖書）

洪邁　1982《夷堅志》(台北市：明文書局)

令狐德棻撰　1983《周書》（上海：古籍出版社）

王嵩山　1983.8.《從進香活動看民間信仰與儀式》（台北市：三民書

局）

陳奇猷校釋　1983.5.1.初版《韓非子集釋》（台北市：漢京文化事業）

黃叔琳注、紀昀評　1984.《文心雕龍注》（台北市：世界書局）

托卡列夫　1985《世界各民族歷史上的宗教》（上海：中國社會出版社）

傅英仁　1985《滿族神話故事》（哈爾濱：北方文藝出版社）

陳文達　1985.《台灣縣志》（台北：大威出版社）

王世禎　1985.5《細說中國民間信仰》（台北市：武陵出版社）

朱天順　1986.10.《中國古代宗教初探》（台北縣：谷風出版社）

王禮卿著、國立編譯館中華叢書編審委員會主編　1986.10.《文心雕龍通解》(台北市：黎明文化)

周振甫　1986.12.第1版《文心雕龍今譯》（北京：中華書局）

王煒民　1987.《中國古代禮俗》（台北市：台灣商務印書館）

陳立　1987.5.初版《白虎通疏證》（台北市：廣文書局）

鄭依憶　1987《賽夏族歲時祭儀與社會體的關係的初探：以向天湖部落為例》台灣大學人類學研究所碩士論文

張少康　1987.4.11版《文心雕龍新探》（山東：齊魯出版社）

W・施密特　1987《原始宗教與神話》（上海市：文藝出版社）

鄭志明　1988《中國善書與宗教》（台北市：學生書局）

楊國樞　1988.3.《中國人的心理》(台北市：桂冠圖書)

鄭志明　1988.3.《台灣民間宗教論集》(台北市：學生書局)

杜佑　1988.11.第1版《通典》(浙江：浙江古籍出版社)

徐中舒　1988.11.《甲骨文字典》(四川：四川辭書出版社)

王世禎　1989《中國民情風俗》(台北市：大立出版社)

秦蕙田　1989.5.《五禮通考》(台北市：風華出版社)

林明峪　1988.4.10.《台灣民間禁忌》(台北市：東門出版社)

Bertrand　Russel 著　靳建國新譯　1989. *What I Believe*(台北市：遠流出版社)

劉還月　1989.9.《台灣歲時小百科》(台北：台原出版社)

王更生　1989.10.增訂3版《文心雕龍研究》(台北市：文史哲出版社)

王小盾　1989.10.《原始信仰和中國古神》(上海：上海古籍出版社)

魯迅撰　張健、金鴻文校定　1989.12.台1版《魯迅全集》(台北市：谷風出版社)

劉小萌、定宜莊　1990《薩滿教與東北民族》(吉林：吉林教育出版社)

孫越生　1990.10.《歷史的躊躇》(香港：創建出版公司)

陶陽　1990.10.初版《中國創世神話》(台北市：東華書局)

趙仲邑　1991.《文心雕龍譯注》(台北市：貫雅文化)

袁柯　1991《中國神話史》(台北市：時報文化)

陳兆復　1991.9.1.《中國岩畫發現史》(上海：上海人民出版社)

洪邁著　朱瑞熙、程起健注釋　1991《夷堅志》(台北市：錦繡文化)

巫凡哲　1991《道教諸神說》(台北市：益群書局)

呂宗力、龔保群　1991.《中國民間諸神》(台北市：學生書局)

基辛(R. Keesing)著，陳其南校定，張恭啓、于嘉雲合譯 1991.2.《人類
　　學緒論》(當代文化人類學分編之一)(台北市：巨流圖書公司)

馬曉宏　1991.3.《天・神・人》(台北市：雲龍出版社)

文蔚　1991.1.20.《細說中國拜拜》(台北市：聯亞出版社)

劉勰著　范文瀾註　1991.2.再版《文心雕龍注》(台北市：學海出版
　　社)

劉志文　1991.9.《中國民間信神俗》(廣州：新華書局)

王更生　1991.9.初版《文心雕龍讀本》(台北市：文史哲出版社)

董芳苑　1991.10.《原始宗教》(台北市：久大公司)

李昉等撰 1992.《太平御覽》(台北市：台灣商務印書館)

陳夢家　1992.《殷墟卜辭綜述》(北京：中華)

英・愛德華・泰勒撰　劉魁立主編　連樹聲譯　1992《原始文化》
　　Primitive Culture(上海：上海文藝出版社)

王景琳　1992.3..初版《鬼神的魔力──漢民族鬼神信仰》(台北市：
　　生活讀書新知三聯店)

基辛(R. Keesing)著，陳其南校定，張恭啓、于嘉雲合譯 1992.3.《文化
　　人類學》(當代文化人類學分編之二)(台北市：巨流圖書公司)

王小盾　1992.5.《神話 話神》(台北市：世界文物出版社)

何星亮　1992.5.第 1 版《中國之自然神與自然崇拜》(上海：三聯書
　　局)

洪英聖　1992.6《台灣風俗探源》(台中市：台灣省政府新聞處)

衛惠林 1992.6.《社會人類學》(台北市：台灣商務印書館)

伊‧凡‧亞布洛柯夫著 王孝雲、王學富譯 1992.9.15.初版《宗教社會學》(台北市：水牛出版社)

鄭志明 1992.12.《台灣的宗教與秘密教派》(台北市：台原出版社)

林本炫編譯 1993.《宗教與社會變遷》(台北市：巨流圖書)

張鶴泉 1993.初版《周代祭祀研究》(台北市：文津出版社)

周何 1992.初版《古禮今談》(台北市：國文天地雜誌社)

韋伯著 康樂、簡惠美譯 1993.《宗教社會學》(台北市：遠流出版)

高橋信次著 張杏如譯 1993.《心的指針---苦樂之源在心》(台北市：千華圖書出版)

吳庚 1993《韋伯的政治理論及其哲學基礎》(台北市：聯經出版社)

喬繼堂 1993.1.初版《中國人的偶像崇拜》(台北市：百觀出版社)

祖保泉 1993.5.第1版《文心雕龍解說》(安徽省：教育出版社)

馬書田 1993.10.《華夏諸神---道教卷》(台北市：雲龍出版社)

王祥齡 1993.10.《中國古代崇祖敬天思想》(台北市：台灣商務印書館)

王煒民 1994.《中國古代禮俗》(台北市：台灣商務印書館)

鄭志明 1994 初版《神明的由來》(台灣篇)(台北市：紅螞蟻圖書)

姜鎮義 1994.2.第3版《台灣的民間信仰》(台北市：武陵出版社)

逢佐哲‧李富華 1994.4.初版1刷《中國民間宗教史》(台北市：文津出版社)

潘重規老居士校定 1994.8.《敦煌壇經新書》(台北市：財團法人佛陀

教育基金會)

陳郁夫 1994.8.初版《人類的終極關懷---宗教世界概說》(台北市：
　　幼獅文化)

高拱乾 1994.9.《台灣府志》(台北市：台原出版社)

孫蓉蓉 1994.11.第1版《文心雕龍研究》(江蘇：教育出版社)

葛理翰‧肯狄(Graham Kendrick) 1995.初版《敬拜》(史濟蘭譯)(台
　　北市：橄欖基金會)

何亮星 1995.《中國自然宗教與自然崇拜》(上海：三聯書店)

高賢治主編 林普易、李添春等著 1995.《台灣宗教》(台北市：眾
　　文圖書)

姜鎮義 1995.4.《台灣的鄉土神明》(台北市：台原出版社)

馬昌儀 1996《中國靈魂信仰》(台北縣：漢忠文化出版社)

羅立乾注譯 1996.2.再版《新譯文心雕龍》(台北市：三民書局)

董芳苑 1996.3.初版《探討台灣民間信仰》(台北市：常民文化事業)

金澤著、劉魁立主編 1996.3.《中國民間信仰》(浙江省：教育出版社)

徐福全主編 1996.5.15《台灣民間祭祀禮儀》(新竹：台灣省立新竹教
　　育館印行)

阮昌銳 1996.6.《台灣的原住民》(台北市：台灣省省立博物館)

薩孟武 1996.8.增訂六版 《政治學》(台北市：三民書局)

賈玉銘編著 1996.9.2版《神道學》(台北市：歸主出版社)

林國平 1996.12.初版 《閩臺民間信仰源流》(台北市：幼獅文化事

業公司)

劉興隆　1997.3.《新編甲骨文字典》(台北市：文史哲出版社)

劉松來　1997.8.初版《禮記漫談》(台北市：頂淵文化)

肯內思・克拉瑪　方蕙玲譯　1997《宗教的死亡藝術》(台北市：東
　　大圖書)

姜義鎮　1997《土地公的信仰》(台北市：武陵出版)

郭樸、郝懿行注　1977.1.《山海經》(上海：古籍出版社)

許玫芳　1997《《紅樓夢》夢、幻、夢幻情緣之主題學發微---兼從精
　　神醫學、心理學、超心理學、夢學及美學面面觀》國立台灣師
　　範大學博士論文

林素英　1997《古代祭禮中之政教觀—以禮記成書前爲論》(台北
　　市：文津出版社)

王永馨　1997.《從生命禮儀中探討賽夏人的兩性觀》(台灣大學研究
　　所碩士論文)

姜義鎮　1997《台灣的民間信仰》(台北市：武陵出版社)

姜義鎮編著 1997.1.《玄天上帝---北斗七星》(台北市：武陵出版有限
　　公司)

張淑美 1997.4.初版《死亡學與死亡教育》(高雄市：復文圖書出版社)

Chirrs Herrick's 著 傅偉勳主編 王尚文譯　1998.第 1 版 *Baudrillard*
　　《布希亞》(台北縣新店市：立緒文化出版)

劉曄原　鄭惠堅等著　1998.9.《中國古代之祭祀》(台北市：台灣商

務印書館)

李亦園　1998《宗教與神話論集》(新店市：立緒文化)

陳文團　1998.3.初版《政治與道德》(台北市：台灣書店)

宗喀巴　　1998.8.《菩提道次第廣論》(台北市：福智之聲出版社)

清丁宴編、黃節注　1998.12.《曹子建集評注》(台北市：世界書局)

二、西文參考書目

Sir Gorge Frazer, O.M.FRS. F.B.A.　1926.3. *The Worship of Nature*(New York：The Macmillan Company)

Melford Spiro and R. G. Dandrade 1966 *Anthropological Approaches to the study of Religion*(London 　：Belhaven Press)

Laurence G. Thompson, 1989 *Chinese Religion* (Belmont,　California: Wordsworth Puling Company)

Adele GATT 1990.*Goddess, Mother of Living Nature* (Thames and Hudson Ltd.)

Edited by Stewart Suthland and Peter Clarke 1991 *The World's Religions* (Great Britain: MacKay's, Chatham)

Julia Ching.　1993. *Chinese Religions* (London：Macmillan　；Maryknoll, Obris Book)

Edited by Harold G. keening, 1998. *Religion and Mental Health* (London ：Academic Press)

三、單篇論文

陳夢家先生　1937〈祖廟與神主之起源〉，載於《文學年報》第
　　3 期

王禮卿　1978.6.〈雕龍頌讚析恉〉《文史學報》第 7 期、頁 3~11(台
　　中市：國立中興大學、文學院文史學報編輯委員會)

王更生　1978.6.〈文心雕龍析例〉《東吳文史學報》第 3 號(台北市：
　　東吳大學出版社)

楊慶堃　1979.5.〈儒家思想與中國宗教之間的功能關係〉輯於《中國
　　思想與制度論集》(台北市：聯經出版公司)

蔡家麒　1982〈關於原始宗教的研究〉中輯於《思想戰線》46：77-79(雲
　　南：雲南人民出版社)

李根蟠、盧勛合著　1984〈淺談原始思維若干特點〉輯於《哲學研究》
　　中，11：42-44(北京：人民出版社)

王道津　1984〈論文心雕龍的文體論〉《文心雕龍學刊》第 2 輯(山東：
　　濟南出版社)

董作賓　1990〈中國古代文化的認識〉輯於朱歧祥編《甲骨四堂論文
　　選集》(台北市：學生書局)

值本公明石撰　1990.9.第一版〈日本人之先祖崇拜〉(李東源譯)，
　　　輯於李德潤，張志立主編 古民俗研究》(長春市：吉林文史
　　出版社)

張茂桂、林本炫所編 1993.〈宗教的社會意像---一個知識
社會學的課題〉《中央研究院民族學研究所集刊》74：95-123

李筱文 1994〈耍歌堂與祖先崇拜〉輯於謝劍《新亞學術集刊—瑤族
研究專輯》213-239 (香港：中文大學新亞書院)

胡台麗 1995〈賽夏矮人祭歌舞的「疊影」現象〉輯於《民族學研究
所集刊》79：1-63

嵇童 1995〈「童乩研究」的歷史回顧〉輯於《北縣文化》37：36-
42

朱迎平 1995.7. 第一版 〈論文敘筆明綱領---《文心雕龍》文體論
體係及其影響〉《文心雕龍研究》第一輯.)(北京大學出版社)

張珣 1996〈光復後台灣人類學漢人宗教研究之回顧〉輯於《中央研
究院民族學研究所輯刊》81：163~215

1996.8.6〈臺灣對於基因治療嚴禁變生殖、美化細胞，
以避免被濫用「複製人」、「決定胎兒性別」、「變美
麗」等而鼓勵研究体細胞治療癌症等〉載於《自由
時報》國際新聞、生活新聞 7 版

1997.3.17.〈桃莉震撼〉載於《民生報》醫藥新聞第 29 版，星期 5

蕭靜怡 1997.5.28.〈從周代天官及地官二篇看周代祭祀問題〉 刊載
於《孔孟月刊》35：9：5-14

潘秋榮 1998《賽夏族祈天祭研究》國立政治大學民族學研究所碩士
論文

王永會　1998.10.〈簡論道教與佛教生死觀的差異〉載於《宗教哲學》
　　　4；4：150-157

四、新聞報導

〈複製猴子〉1997.3.13.台視晚間七點新聞亦報導科學家已成功的複
　　　製了一對猴子
〈帶有人類基因的複製羊〉　1997.7.25.臺視晚間七點新聞報導英國
　　　複製羊成功之例

（本論文曾於 1995 年北京大學所舉辦之《文心雕龍》國際學術研討會中發表，並於 1996 刊登《文心雕龍研究》第二輯中，今爲修改版）

《文心雕龍·原道》篇之文道觀及其

所呈顯之美感形態

　　文史科技傳衍著各民族之命脈，前二者關係著民族盛衰之命運，後二則流宕出新，予人類生機。劉勰《文心雕龍》承繼《典論·論文》、《詩品》及〈文賦〉謀篇命意之優點，爲中國文學理論奠定初基。劉勰不僅於以探討〈原道〉爲首，更於〈序志〉更將前五篇列爲「爲文之樞紐」，故必有其命名謀篇之意涵，一般學者亦視此五篇爲文源論之首，故必居全書之要。

　　在《文心雕龍》一書中，開宗明義第一章便提出劉勰自己對宇宙化成、自然之道、自然之文及人文之理解與闡釋。筆者將於第一單元中探究之。首從「文」之內蘊、淵源及其種類論起，將深入探討文種：「道之文」的真諦及其所涵蓋之種類，並闡說在「道之文」中初具文章建構之思想雛形，剖析作者伏筆於形文、聲文、情文之創作原則。且透過文學史觀之敘說，直指出「文漸勝其質，乃代變之常」。次論道之意解及其內容，兼及劉勰〈原道〉篇之中之「道」與各家之道作比較。末論文道間之傳媒(cable)—聖人經天緯地的橋樑及論述三者之關係。

　　至於有關美學部分，則至於第二單元討論。中國從老子書中對
美醜之界定起，直至南北朝時，美學概念與觀點才逐漸受到重視。然
將西方美學思想引進中國，並進一步獲得迴響者爲朱光潛，其所引發
中國之美學反思尤爲其貢獻所在。作者嘗試從文藝美學之角度深入分
析〈原道〉篇。或從以形傳神之直覺研析劉勰〈原道〉篇如何透過方、
圓等不同形體以寫其情及其貌。或以實驗美傳動聲韻美感，從中覓得
二物相激後所產生出之共鳴感，從而引發聽覺上之愉悅，以使心靈墜
入和諧之淵，並觸動抽象之和合安祥與大自然之實物起一連串之聯
想。或透過距離美感之運用，或透過光感與實物色彩交織出七彩光環
所呈現之美及美感經驗之鋪排以探究《文心雕龍・原道》篇所呈顯之
美感形態。本論文中有關《文心雕龍》引文之主要版本，將以范文瀾
註本《文心雕龍注》爲主。

一・《文心雕龍・原道》篇之文道觀

（一）「文」之淵源、種類及其內蘊

　　劉勰〈原道〉篇首一語道破文與天地並生之源起及文之偉大功能
論。其次，有關〈原道〉篇中所提及之文的種類及內涵，更是琳琅，
形聲情文並具。筆者嘗試論之。劉永濟主張一切之文均爲自然之文；
龔菱則二分爲道文與人文；王師更生《文心雕龍讀本》、《文心雕龍選
讀》均二分爲自然之文與人爲之文。沈謙博士論文《文雕龍之文學理
論與批評》將其三分爲天文、地文與人文；張詩少康則二分爲廣義之
文(指宇宙萬物的表現形式)與狹義之文(指人文)；而李建福〈《文心雕

龍》「道」義証析〉，則五分出天文、地文、人文、行文、聲文等。[439]實見人見智。筆者則主一切之文均為道之文，因劉勰於文中自云在《文心雕龍‧原道》篇之文道觀中，劉勰主張文源於道，故云天地日月山川，蓋道之文(案：劉勰以少總多，故道之文亦涵蓋動植之文及萬品之文)。其後又云：「文辭之所以鼓動人心者，蓋道之文」。(范文瀾注本，卷1，頁3)〈序志〉篇亦云：「蓋文心之作也，本乎道。」(范文瀾注本，卷10，頁727)，故不論自然之文或人文均為道之文；而道之文又可細分為：天文、地文、地文、人文、動物之文、植物之文、萬品之文、形文、聲文及情文。其中之「天文」以日月麗天、雲霞斑爛形容之，地文則以山川地理之形容之，此二者即就玄黃色雜、方圓體分之形象色調而言。劉勰言此為道之文，是自然而然之現象，皆為「自然之道」中之文彩。「人文」則言人性靈所鍾，實是氣化宇宙論之嫡論：既論形成源起，又敘人形貌之靈秀，而後論及文章之形成，即是人文。言「動物之文」，則以龍鳳虎豹之羽毛身彩言之。述「植物之文」，則以草木賁華譬之。至於雲霞雕色為無生物，泉石為礦物，此均為「萬品之文」，而劉勰未能細加明之，殆因品多而雜，故舉前例以類推萬品。至於微生物亦未列舉之，實因劉勰當時並無此概念，若以今日生物學之觀點言之，亦應列於萬品之物中。劉勰文中：「無識之物，鬱然有采」(范文瀾注本，卷1，頁1)一辭，四兩撥千金的說出重點，「以少總多」

---

[439] 劉永濟之文見於《文心雕龍校釋》頁4；王師更生《文心雕龍讀本》頁13、《文心雕龍選讀》頁50。龔菱《文心雕龍研究》頁74，沈謙之文在頁25；張師少康《文心雕龍新探》頁25；李建福之文在頁345。

筆法之關鍵。人為萬物之一，而劉勰獨標其出萬物之文外，必有其意義，目的或在於強調人為萬物之靈，應有其異於萬物之人文。文中又將動植之文，分列於萬品之外，亦同此理。劉勰對文類有等級之別，可見一斑。至於動植之文或萬品之文是否應被列於天文或地文之中？若未判歸而三分或五分之，均難服人心。劉勰既分而言之，則亦應就原典而解之。而形文與聲文是否該獨立標舉而出？在筆者前所述之文中，劉勰所譬舉者，近為外貌之形構色彩，均可將其歸為形文之類，亦是道之文。至於聲文，則劉勰提出「林籟結響，調如竽瑟，泉石激韻，和若球鍠。」（范文瀾注本，卷1，頁1）此為天籟與地籟所形成之自然聲調，亦即《莊子‧天道》篇所言之天樂。其與人類模仿自然所造之樂器一般優美與和諧，此聲文即「道之文」。然孔竅出聲，皆因風氣所致，固所有形體若欲風雨雷電，或形與形、形與風氣相互作用，便可能產生出聲文來。在劉勰〈原道〉篇理論中所言有關此中兩兩相激所蘊發出之聲文，亦屬自然現象。綜而言之，劉勰雖八分之，然實有萬種以上之文。其中劉勰所言及之形文應兼包天文、地文、人文、動物之文及萬品之文等；聲文指天籟、地籟而言。而此聲文部分，劉勰亦僅提及天籟、地籟，卻未言及人籟，此或亦為以少總多之運用。情文則應泛指所有有生物生命活躍之現象及無生物間相互運作所產生之自然情韻之形態。

至於人文部分，劉勰引《易經‧繫辭》之言而提出：「辭之所以能鼓動天下者，乃道之文」[441]已明言人文之創作乃「道之文」。而人文

---

[441] 見於藝文印書館十三經注疏本，頁3。

之創作中又分爲傳說之文與聖賢之文。劉勰首論系統 河圖孕乎八卦，洛書孕乎九疇，玉版金鏤之實，丹文綠牒之華。」(范文瀾注本，卷1，頁2)之作者不明，以爲乃神妙自然之理。[442]換言之，劉勰並未否認此不可解之謎，故仍將此歸於傳說之文比較妥當。劉勰次論《易經》乃庖犧畫卦，仲尼十翼(案：此處筆者不擬對劉勰所言仲尼十翼之真僞詳加考證，因歷來說法分歧不定)。易經藉由模擬外界山川風雷之象汲取譬人身耳鼻口目之象爲八卦構圖之雛稿。而十翼中文言特爲乾坤二卦伸其義理，爲文辭須重文彩之始，乃天地精華之所在，此實明言聖賢所作之文(簡稱聖賢之文)。其後又提及聖賢之文有：三墳在炎皋遺事、皋陶「元首之歌」、益稷陳謀、夏后九敘惟歌、商周之雅頌、文王之卦辭及繇辭、周公之典章制度及制詩緝頌、孔子之鎔鈞六經及組織辭令等。其中之三墳載炎皋遺事、唐虞文章、夏后之九敘惟歌、商周之雅頌，劉勰並未明言作者是誰，而此四者均是闡述聖賢遺事之文。此外，若依文章之編排形式而言，前後文相夾，時代一貫，劉勰將此視爲歷史承傳系統的聖賢之文，應是正確的。至於文之內蘊，其他書籍中有關文之意解有許慎《說文解字》：「文，錯畫也，象交文」[443]將文解爲飾者如《荀子‧儒效》云：「小雅而爲小雅者，取是而文之。」[444]將「文」解爲文章者，如《論語‧八佾》：「文獻不足故也。」[445]將文

---

[442] 黃侃《文心雕龍札記》(頁12)及張立齋皆以為神妙自然之理《文心雕龍校釋》(頁5, 12)，張立齋《文心雕龍註訂》皆主張此說，而張秀烈《文心雕龍「道沿聖以垂文」之研究 》(頁45, 47)，雜揉二者之說法。

[443] 見於《說文解字注》頁429。

[444] 見於王先謙《荀子集解》，頁238。

解為道藝者，如《論語・學而》：「則以學文。」[445] 謂文猶理也，如《莊子・應帝王》：「鄉吾視之以地文。」[447]。以上所論之「文」，乃從文字之象形釋起，乃至文字之各種用法均有之。在《原道》篇中劉勰首由文章之內涵功能侔于天地論起，續言「道之文」。文之意流轉於自然界之文彩、文理及社會制約中之文明、文化、文章、典禮制度、與法理之間。在「道之文」中，尚可發現初具文章建構之思想雛型：伏筆於形文、聲文、情文之創作原則者，如「形立而文生」指形文之產生；「聲發而章成」指聲文之產生；結合文生與章成，正是自然界文章之生成原理。若再透過人之感發，「心生而言立，言立而文明」，則指人類之創作基本條件已然而具。此外，劉勰又從文學史觀敘說文漸勝其質，乃代變之常，後出轉精，至孔子之繼聖獨秀，則為下文徵聖開篇。人文中「文」之價值意義深遠。

（二）「道」之意解及其內涵

《淮南子・原道訓》：「夫道者，覆天載地…包囊天地，秉受無形。」[448]其將道字解為覆天載地者，以為天地萬物生成於無形之中，是最早已〈原道〉名篇者。韓愈〈原道〉篇：「夫所謂先王之教，何也？博愛之謂仁，行而宜之之謂義，由是而之焉之謂道也…詩、書、

---

[445] 見於藝文印書館十三經注疏本，頁27。
[446] 見於藝文印書館十三經注疏本，頁7。
[447] 見於清・陳壽昌輯《南華真經正義》，頁61。
[448] 見於《淮南鴻列解》，頁1。

易、春秋…斯吾所謂道也。」[449]此指五經所教之道也，亦即仁義之道。其後章學誠《文史通義‧原道》篇之「原道」二字解爲：「道者，萬世萬物之所以然，而非萬世萬物之當然也。」[450]即萬物之所以如此之理。章氏自云其所釋之道，異於前三者之因：「道在事物，初不出乎人倫日用之間。」[451]其將道字解爲日常之道，而非宇宙萬世萬物生成之道，故謂天地之前無所知。唐君毅《中國哲學原論‧原道》篇則以論中國哲學之道的建立及其發展爲主。至於劉勰〈原道〉篇中之道字又應作何解釋？劉勰《原道》篇中道字之出現次數有七：「道之文」、「自然之道」、「原道心以敷章」、「道沿聖以垂文」、「聖因文以明道」、「道之文」、「道心惟危」等。其中之道字該如何意解？《原道》篇中天地日月山川之生成，已由「道之文」解題，此均爲道所生成及外現之文彩。而「自然之道」，實爲對道字之性質的描述。此外，劉勰又強調萬品之文、動植之文、雲霞之文、草木之文及人類秉性五才與鍾靈之秀無庸外飾，一切均本乎自然之旁證。故若將「原」解爲根源本，「道」解爲自然之道，「原道」二字解爲文本源於自然之道便迎刃而解。劉勰已將宇宙中自然的生成之理預設爲一實存之有，即是道乃萬物生成之因；其所強調者爲，道即太極，乃文之發端，人文之始，同時亦爲宇宙萬物生成之源。因此與前所論各家對「原道」之解釋有別，劉勰特別強調「文源於道」。除此之外，劉勰並未深入探討「道」之內涵，只概括的強調其化育生成之力及一切均秉乎自然之理。此「道」字與《老子》

---

[449] 見於《韓昌黎文集校注》，頁 7-8。
[450] 見於《文史通義校注》，頁 119。
[451] 見於《文史通義校注》，頁 123。

將「道」字解爲「有無之一體二面」者不同，但其所云道之形成「夫玄黃色雜，方圓體分」（范文瀾註本，卷1，頁1）與《老子》中之「有物混成，先天地生」[452]之精神卻有異曲同工之妙。《老子》第二章云：「人法地，地法天，天法道，道法自然。」[453]，其將宇宙間之次序，層層剝繭而出。劉勰所論之道即以自然之道爲依歸，此亦正的《老子》之道的精神所在。劉勰所論之道再與《莊子‧漁父》篇所云：「道者，萬物之由也。」[454]、《韓非子‧主道》篇所言：「道者，萬物之始，是非之際也。」及《韓非子‧解老》篇中言云：「道者，萬物之始，萬理之所稽也。理者，成物之文，成物之文，道者，萬物之所以成也。」[455]之道相較均以爲是萬事萬物之始同。至於孔子所謂「道」爲人生品德修養之最高境界的極至，是落在道德面上說，與劉勰將「道」字置於形上學中是截然不同的。

(三)文與道之關係

至於文與道之關係，劉勰論及天地、日月、山川之形成時，便已明言「文源於道」，其後所提之文種亦然。大宇宙(道)涵蓋小宇宙(各類

---

[452] 見於《老子王弼注》，頁35。
[453] 見於《老子王弼注》，頁35。
[454] 見於清‧陳壽昌輯《南華真經正義》《莊子‧漁父》（頁555）。
[455] 見於陳奇猷校注《韓非子集釋》《韓非子‧主道》（卷1，頁67）。
奇猷校注《韓非子集釋》（卷6，頁36）。

文種)之意象以印讀者深心。劉勰並提出文道關係之中介質---聖人，其乃彰顯文與道之傳媒(cable)。

首觀《原道》篇首段，劉勰文中揭露出文道思想流行於自然界中，後並標舉文道之間的傳媒---聖人。從庖犧氏始，歷經神龍氏、益、稷、夏禹、文王、周公，至孔子而集其大成。劉勰以爲孔子是素王，是述道者，而孔子以前之先王均是創立典制之聖人。歷來所有傳承系統之傳遞法則，必然創與述兼備，譬之使徒爲耶穌基督傳教、菩薩爲釋迦牟尼傳教，新儒學之爲儒學傳薪等，均同此理也，而中國這一文學脈絡之傳薪亦然。劉勰也明言，無論是創作者或傳述者均應秉持「原道心以敷章，研神理而設教。」(范文瀾註本，卷1，頁2-3)一爲順應自然之道的心態，一爲深入窮究神妙之理，借助參看天文、人文以了悟其中之奧，從而藉以發揮闡揚，並利人群。故知劉勰文道觀掌握了聖人爲立文之樞紐，除界定文道之概念外，又早已伏筆立文之本，因而至《情采》篇述及爲文之創作時，便圓融無礙。

以下筆者就前文所闡發，將文道關係繪圖以明之(見下頁)

```
                          ┌--天文(日月疊璧)
        (形文、聲文、情文)  ├--地文(山川綺煥)
                │自然之文─┤--動物之文(龍鳳以藻繪呈瑞)、(虎豹以炳
                │         │           蔚擬姿)
                │         ├--植物之文(草木賁華)
自然之道--道之文─┤─────────└萬品之文(無生物)---泉水、雲霞、礦石
                │                      (無識之物，鬱然有彩)
                │         ┌外貌之靈秀形構
                └人文──────├傳說之文-河圖洛書、玉版金鏤、丹文綠
        (形文、聲文、情文)  │                        圖
                          │         ┌述作(三墳、唐虞文章、九敘
                          └聖賢之文──┤    惟歌、雅頌)
                                     └創作(皋陶元首之歌，益稷陳
                                          謀，文王創卦辭、繇辭，周
                                          公之典章制度、制詩緝頌，
                                          孔子之鎔鈞六經組織辭令)
```

二、《文心雕龍・原道》篇所呈顯之美感

　　《文心雕龍・原道》篇一文中可從「道之文」分判出自然之文及人文二種重要文別。而自然之文中包括天文、地文、動物之文、植物之文、萬品之文、人文[指人外貌之靈秀形構]，且其中或有自然流洩出之形文、聲文及情文者；人文中則只獨立出人外貌之靈秀形構之外的創作或述作之文。此外，從〈原道〉篇之行文中，或可見出劉勰文中所呈顯之二種美感形態；一為自然美；一為藝術美。有關自然美與藝術美之之定義；黑格爾美學之闡述頗有可取，其以為美是一種理念：必須透過視覺之窗，由心靈感受而得。其對自然美下一定義：「理念的最淺近的客觀存在就是自然，第一種美就是自然美。」[456]定義不難，所難者在於讀者如何將文中所呈顯之美感形態，透過美感經驗娓娓道來而不失鑑賞之風格，又能將美學獨立於文學、哲學之外，才是最難能可貴。筆者尋繹劉勰〈原道〉篇中所呈顯之自然美，適可落于現象界中透過形象思維加以剖析，並可多角度的參研中西美學理論應證之；至於述及藝術作品時，黑格爾將藝術美闡述得最為透徹，並較康德、歌德及席勒更為明晰。[457] 然其所提出構成藝術美之基本要素：如能化成藝術美之「一般世界情況」，小說及戲劇中之「情境與衝突」、「動作和人物性格」及藝術家創造的想像活動等，若運用於文章之審

---

[456] 見於 *Helgel's Aesthetics*, p. 116. 原文為 "Now the first existence of the idea, and beauty begins as the beauty of nature." 中譯本見於黑格爾《美學》（一），第二章：自然美，頁 162。
[457] 可參閱蔣孔揚《德國古典美學》頁 326。作者有頗為詳盡之說明。

美活動中，似不敷使用，且因其未觸及散文或駢體文之審美範例及審美方式，以至於其理論並未能將藝術美真正普遍化。筆者盡量嘗試以黑格爾所論述之審美方式剖析〈原道〉篇。

(一)自然美

1、以形寫神傳訊聲妙之視覺美

〈原道〉篇首段，劉勰揭露出文道思想流行于自然中，並標舉「文」之內涵與功能之宏偉，相侔于自然之大。次種論及形體美之闡述，在中國早期以「羊大為美」時便強調「大」之審美觀，且《詩經・碩人》篇以「碩人其頎，衣錦褧衣」[458]形容齊侯之女儀表長麗美好，穿著華麗的披風時，予讀者想像中之飄逸之形象美，更是中國詩篇中形容中國美女之首章。《文心雕龍》中「大」之觀念的復現，可以近代實驗美學之論形體美解說人類心理之反映：「較大的東西、較煩的東西或較有趣的東西(總而言之，較重的東西)比較小的東西、較簡的東西或較乏味的東西(總而言之，較輕的東西)，都較易引起注意」[459]亦可由此心理反應看出〈原道〉篇中，劉勰以「大」描述「文」有如宇宙之浩瀚無邊及其原始不可知之謎，此正足以披展「文之內涵與功用」所傳釋予讀者之形上美感。此處一語雙關，道本體之無垠，亦在此種美感中流

---

[458] 見於十三經注疏本，《詩經》頁 219。
[459] 見於朱光潛《文藝心理學》頁 327。

露。除了「大」以外，比較具體之規矩「方」、「圓」用於天地及日月之形體之描述中，此純粹由現實視覺之感官所下之論斷；自古以來，已是定型玉律，其傳遞了正統美之思維。人之形相，由金、木、水、火、土構成靈秀之外貌，是以無形之質（五行）組織成有形姣秀之人文；有諸中必行於外，人體之美感頓然隱現。「大、方、圓及人之形相」均屬以形寫神之生動刻畫。至於以色彩呈顯美感，在〈原道〉篇中亦有三處值得探討：劉勰首先以五色觀中之玄黃論起天地，又以色雜泛論天地間之色彩，而後透過日月瑩華將炫麗之光感及色彩美，藉由讀者之想像以傳訊出視覺之美感，此種美感乃在祥和中浮現。較具震撼之色彩美是「龍鳳以藻繪呈瑞」及「虎豹以炳蔚擬姿」之敘述予人華富中顯現雄威之感，最是動人奧軀。從近代實驗美學對顏色之調查，結論是對色彩之偏好在不同年齡層有所差異及色彩可反映性格之說法，反觀劉勰文中所透露之信息，非以對色彩之偏好而有所感，而是以外在色相附加傳統概念中對龍鳳定位之直覺感受而行文。此種直覺在呈瑞與擬姿上傳訊出由靜而動之生妙視覺，同時也應證克羅齊美學原理中所主張的「每一個真直覺或現形同時也是表現」[460] 為美感形成因素之一。

2、以聲寫意傳訊逾悅與中和之美

次論聲音美，〈原道〉篇讓讀者在聽覺上能藉想像感受聲音之和

---

[460] 見於《美學原理》頁8。

諧者爲「林籟結響，調如竽瑟；泉石激韻，和若球鍠。」劉勰以「若」字表示對大自然林木泉石之自然聲韻美與人造樂器所演奏出之聲韻美作一聯想，此種聯想適可爲《禮記‧樂記》「…樂者，樂也。」[461]做一註腳；音樂之所以讓人產生歡樂、愉悅之感，乃在於中和之聲可導引人入一超越時空、祥和的精神境界。《禮記‧樂記》更云：「樂者，天地之和也；…和故百物皆化。」[462]由此可知音樂可將中和之聲從中和之效提升至化育功能上。對生物而言，樂之功效應有異乎常人所能理解以外之妙用。讀者藉由劉勰之聯想，再復現多角之聯想，則聲音美便橫生于耳際，此爲劉勰〈原道〉篇中強調自然美所呈顯「以聲寫意」之美感經驗。至於劉勰〈原道〉篇中聲音之化育部分，則在藝術美(人文：「元首載歌」、「九敘惟歌」表現。

(二)藝術美

西方論述藝術之概念者，從柏拉圖、亞理士多德…均有論述者，但特將藝術美定義者爲黑格爾，其所言之成變理路爲最詳盡(前已述及其理念之優越與不足，此處不再贅敘。)筆者以爲對藝術美或可如此定義：「一件事物能予人肅穆、愉悅及感動者，便具有藝術美之特質。」而後筆者嘗試由劉勰〈原道〉篇對人文部分美感領受敘述，加以解析。

1、時間意識鋪出文化脈動中之魅影

劉勰由蒙昧之上古時代爲源起，述及商周時集大成之孔子，此種有序之時間鋪排，在文學作品中屢用不鮮，而劉勰將此種「有序感」順應文化脈動，異時異地之文學、藝術或民情風貌，平和呈現而出。《禮記·樂記》:「禮者，天地之序也。•••序故群臣皆別。」[463]人文中禮所呈之有序感，在劉勰以時間意識鋪出文化脈動中之誘人魅影，亦正是此種有序感予人舒暢平和之美所能領受。此種感受迴異於十七世紀英國詩人 Robert Herrick 於其詩作〈無序的喜悅〉'Delight in Disorder'[464]所帶予人的另一種令人驚艷、讚嘆、訝意所呈現超乎精緻之形上美感。其次，當時間意識與傳統文化脈動中之早期傳說結合時，文章所突顯之浪漫氣息便一湧而出。傳說在代代口耳相傳中傳薪，傳說內容之「不合理性」爲讀者營造出無以言喻之迷惘，此種迷惘亦是心靈距離之心理因素所促成之美感。劉勰並未嘗試探究「龍馬負圖」

---

[462] 同注 21，頁 669。

[463] 藝文印書館十三經注疏本，頁 669。

[464] 有關〈無序的喜悅〉一詩可參閱《諾頓詩選集》*The North Anthology of Poetry* 原文爲:"A sweet disorder in the dress Kindness in cloth a wantonness. A lawn about the shoulders thrown Into a fine distraction; An erring lace, which here and there Enthralls the crimson stomacher; A cuff neglectful, and thereby Ribbons to flow confusely; A winning wave, deserving note, In the tempestuous petticoat; A Careless shoestring, in whose tie I see wild civility Do more bewitch me then when art Is too precise in every part."

及「神龜負書」真確性；取而代之的是以神妙解之。雖傳說多不可信，但劉勰對傳說所採取之不否認態度，反予讀者有更大之想像空間。

2、從大宇宙縮影小宇宙之魔幻藝術

《淮南鴻烈解‧精神訓》：「天有風雨寒暑，仁義有取於喜怒，故膽爲雲，肺爲氣，肝爲風，腎爲雨，脾爲雷，以與天地相參也。而心爲之主，是故耳目者，日月也；血氣者，風雨也。」[465](一)此乃擬人之官能于大自然之現象。在中國醫學上《皇帝內經‧素問》亦多有以人之官能與自然現象相擬而依症治病者。又劉勰《文心雕龍‧序志》篇亦有：「夫人肖貌天地，秉性五才，擬耳目于日月，方生氣乎風雷，其超出萬物亦以靈矣。」(范文瀾注本，頁725)強調人與天地相參之理。〈原道〉篇從大宇宙(道之文)縮影至小宇宙(人文)，乃從〈序志〉總綱天人相參之理衍生而來。開篇之理雖言之有物，劉勰對大宇宙之認定，是由混沌初開之朦朧意象始；其塑造出人類對現象界不可知之好奇面紗，以顏色之玄黃色雜樹立朦朧之意象，再借五行(金、木、水、火、土)之氣化宇宙生成論推演出人外在靈秀之形貌。此種虛幻特質之氣，實充人之本体，血氣之肉身也因之以成。虛靈之智及存有之體共住人之光陰年，此種虛幻特質之氣，便可將人推上形而上之精神世界。人文之創始，在乎人爲「有心之器」，藉此可透析人類心靈活動之過程及人類歷史之演化，此種由大宇宙轉化爲小宇宙之曲折精巧，呈

Robert Herrick 以爲藝術過於精確，反而缺乏失序之美的自然性。
[465] 見於頁3。

現出從宇宙秩序至社會文化秩序之魔幻藝術。由大變小之更替過程中，「變」是魔幻藝術之本質；就劉勰而言，其更是論變之專家，創作論中專章討論「通變」：「夫設文之體有常，變文之術無方。守常應變之理可豐富作者創作之泉源，亦爲文章進程魔幻藝術新變之路，若杼軸建功，煥然乃珍。

三、結論

劉勰主張「文」源於道，因此在《文心雕龍·原道》篇之文道觀中云天地、日月、山川，蓋道之文；其中涵蓋眾多物種，細分之下，則有天文、地文、地文、人文（指人之外貌形構）、動物之文、植物之文、萬品之文、形文、聲文及情文，均是自然之文。其中之雲霞雕色爲無生物，泉石爲礦物，均爲萬品之文而劉勰未能細加明之，殆因品多而雜，至於微生物亦未列舉，實因劉勰當時並無此概念。其間之形文、聲文、情文則含蓋于各種有形無形或有聲無聲之物種中，應非獨立存在，而是附加在各種活躍的文彩之中與之相惜相生。「人文」中除了秉性天然之人的外貌形構之外，又分爲傳說之文與聖賢之文。在道之文中，尚可發現初具文章建構之思想雛形，並伏筆於形文、聲文、情文之創作原則。此外，劉勰又從文學史觀敍說，文漸勝其質，乃代變之常，後出轉精，至孔子之繼聖獨秀，則爲下文徵聖之開篇。至於「道」，劉勰將其預設爲宇宙實存之有，強調其化育生成之力及一切均秉乎自然之理。

而文與道間之關係，劉勰以爲乃靠聖人當作傳媒(cable)，垂聖文

227

以久遠。從「道沿聖文以垂文」及「聖因文以明道」可看出三者之依
附關係，而此種關係是否可以等同於劉勰有著極深沉之「文以載道」
的使命感？雖然劉勰《文心雕龍》中有深厚之宗經思想，且無庸置疑。
回溯文學史中，幾乎一致公認王通《中說》爲「文以載道」之先聲。
因此，從文學史中初步認定隋以前並無「文以載道」之思想，而劉勰
爲魏晉南北朝之人，亦應是無「文以載道」之思想。試觀「聖因文以
明道」一詞，所強調的是聖人之目的止於闡明道之本體、範疇或功能
等，而文以載道所賦予文章之教化功能似乎太過於強化。「明道」與「載
道」就其內涵義言之，確然異義。雖然有謂劉勰之「道」指「文以載
道」之「道」或「聖賢之道」？[466]實則從〈原道〉篇中讀者所能看到
的，僅限於談論自然之道與聖賢之文而已；而有聖賢之文則有傳承聖
賢之道的必然性。至《徵聖》篇提及先王之教及孔子風采可從方策及
格言中窺得，同時聖人所遺留下之經典，在《宗經》篇中更是被視爲
政教之典模，由此可知：聖賢之道寓乎聖賢之文中，故亦寓乎自然之
道中。

　　《文心雕龍‧原道》篇所呈顯之美感形態可分爲自然美與藝術美
二種。自然界中自然之文搖曳生姿，透顯出以形寫神所傳訊出之生妙
之視覺美及以聲寫意所傳訊出之中和美。劉勰文中所流洩出的是，非
以對色彩之偏好而有所感，而是以外在色相附加於傳統概念中對龍鳳
虎豹之直覺感受而行文。此種感受在呈現與擬姿上傳訊出由靜而動之

---

[466] 紀昀與劉永濟均以爲劉勰之「道」是指「文以載道」之「道」；黃叔琳則以爲是指

生妙視覺，同時也應證克羅齊美學原理中所主張的「每一個真直覺或現形同時也是表現」爲美感形成因素之一。此外，對萬物而言，樂之調和人心之作用，在《禮記・樂紀》中已有記載。至於《文心雕龍・原道》篇所呈顯之藝術美，劉勰從時間意識鋪出文化脈動中之魅影論至從大宇宙縮影小宇宙之魔幻藝術。當時間意識與傳統文化脈動中之早期傳說結合時，文章所突顯之浪漫氣息便一湧而出。從道之文至人文部分，是大宇宙縮影爲小宇宙之曲折精巧，呈現出從宇宙秩序至社會文化秩序之魔幻藝術。

此外，讀者不免思索劉勰究以「自然美優於藝術美」或「藝術美超越自然美」？劉勰再〈原道〉篇強調自然美之重要：「有踰畫工之妙」、「無待錦匠之奇」，是劉勰思想之重鎮。至於在創作中論內容、辭藻並重之〈情采〉篇有「夫鉛黛所以飾容，而盼倩生於淑姿；文采所以飾言，而辯麗本乎情性。」（范文瀾註本，卷7，頁537）亦以爲本質姣好是基礎，再加以修飾才是美的構成要素。[467]故自然美是一切美之基石。柏拉圖以爲藝術模仿自然，僅是對物質世界之外貌模仿；亞理士多德以爲藝術模仿自然，是模仿自然之方法與程序，換言之，其以爲在藝術與自然結合過程中，具有創造性；黑格爾則以爲心靈及其藝術超越自然美，原因在於心靈才是最真實。不論各家如何說，從劉勰〈原道〉篇之原文觀之，其論自然美與藝術美之間，雖無分軒輊，但若無

「聖賢之道」而王禮卿《文心雕龍通解》以為只有聖賢之文而無聖賢之道。

[467]張師少康與韋海英〈《文心雕龍》與道家美學〉一文中云：「全書中鮮明的貫穿了他崇尚自然的審美理想」《文心雕龍學刊》（第五輯），頁8。王師更生亦云：「自然不僅可以洞風騷之情，亦《文心雕龍》美學之重要基礎。」《文心雕龍究》第四章，頁216。其均以為劉勰對自然美是極為推崇的。

自然美奠基，一切美均是海市唇樓。從文道關與美學之關係言之，無
論自然美或藝術美均指文采，再自然之道上斑爛瑩煌；文本源於道，
必然亙古光彩流行。

參考書目

一、中文專著

劉永濟　1954.3.台初版文心雕龍校釋》(台北市：正中書局)

1960.11.初版　《韓昌黎文集校注》(台北市：世界書局)

陳奇猷校注　1963.1.初版　《韓非子集釋》(台北市：學海出版社)

Bernadette Core 1968.10.《美學原理》正中書局編審會重譯 (台北市：正中書局)

張立齋　1971.2.台 3 版《文心雕龍註訂》(台北市：正中書局)

黃侃　1973.6.初版《文心雕龍札記》(台北市：文史哲出版社)

1974.《老子王弼注》(台北市：河洛書局)

耕齋宇　1976.3.《淮南鴻列解》(台北市：河洛書局)

清・陳壽昌輯　1977.7. 再版《南華真經正義》(台北市：學海出版社)

王先謙　1977.2.4 版《荀子集解》(台北市：藝文印書館)

許慎注　段玉裁注　1978.8.初版《說文解字》(台北市：南嶽出版社)

1979. 7 版　《禮記》十三經注疏本(台北市：學海出版社)

1979.3.7 版　《詩經》十三經注疏本(台北市：藝文出版社)

沈謙　1980.8.《文心雕龍之文學理論與批評》(師大博士論文)

黑格爾著、朱孟實譯 1981.5.18. 《美學》(台北市：里仁書局)

朱光潛　1982. 《西方美學史》(台北市：漢京文化)

龔菱　1982《文心雕龍研究》(台北縣：文津出版社)

章學誠　1984.9.10《文史通義校注》(上)、(下)，葉瑛校注，(台北市：

里仁書局)

紀昀評、黃叔琳注　1984.4.五版　《文心雕龍注》楊家駱主編，在《四部刊要》中，(台北市：世界書局)

唐君毅　1986.10.《中國哲學原論》(台北市：學生書局)

王禮卿　1986.10.　《文心雕龍通解》(台北市：黎明文化)

王更生　1989.10.增訂三版《文心雕龍研究》(台北市：文史哲出版社)

范文瀾註　1991.2.再版　《文心雕龍注》(台北市：學海出版社)

張少康　1991.7.　《文心雕龍新探》(台北市：文史哲出哲版社)

王更生　1991.9.初版《文心雕龍讀本》(台北市：文史哲出版社)

張秀烈　1992.4.　《文心雕龍「道沿聖以垂文之研究」》(國立台灣師範大學博士論文)

王更生　1994.10.1版《文心雕龍選讀》(台北市：巨流出版社)

朱光潛　未著錄出版年代、出版社《文藝心理學》

二、單篇論文

張少康與韋海英　1988.6.〈《文心雕龍》與道家美學〉輯於《文心雕龍學刊》(第五輯)(文心雕龍學會編)(山東：齊魯出版社)

李建福　1992.1.〈文心雕龍〉「道」義證析(國立中興大學學報第五期、國立中興大學中文系出版)

三、西文書目

附錄

Hegel　1975　*Hegel's Aesthetics*,　translated by T. M. Knox (Oxford University)

Robert Herrick　1995　'Delight in Disorder', in *The North Anthology of Poetry*, revised by W. W. Norton & Company